김유정 문학 콘서트

필자
양문규(梁文奎, Yang Mun-kyu) 강릉원주대학교 교수
최배은(崔培垠, Choi Bae-eun) 서강대학교 강사
박영기(朴英琦, Park Young-gi) 한국외국어대학교 교육대학원 조교수
이학주(李學周, Lee Hak-ju) 광주예술대학교 교수
심재욱(沈在昱, Sim Jae-uk) 강원대학교 강사
장수경(張壽慶, Jang Su-kyung) 목원대학교 교수
이규정(李揆定, Lee Gyu-jeong) 인천대학교 교수
우신영(禹臣映, Woo Shin-young) 인천대학교 교수
홍인영(洪寅榮, Hong In-young) 백석대학교 조교수
황영미(黃榮美, Hwang Young-mee) 숙명여자대학교 교수
오윤주(吳允珠, Oh Yun-joo) 수일여자중학교 교사

김유정 문학 콘서트

초판 인쇄 2020년 6월 10일 **초판 발행** 2020년 6월 22일
엮은이 김유정학회 **펴낸이** 박성모 **펴낸곳** 소명출판 **출판등록** 제13-522호
주소 서울시 서초구 서초중앙로6길 15, 1층
전화 02-585-7840 **팩스** 02-585-7848 **전자우편** somyungbooks@daum.net **홈페이지** www.somyong.co.kr

값 24,000원
ISBN 979-11-5905-539-3 93810

이 책은 (재)춘천문화재단의 '2020 문화예술육성지원사업'의 지원을 받아 출판되었습니다.

김유정 문학 콘서트

Kim Youjeong's Literature Concert

김유정학회 편

양문규 최배은 박영기 이학주 심재욱
장수경 이규정 우신영 홍인영 황영미 오윤주

소명출판

책머리에

올해는 매우 특별하다. 코로나19가 전 지구에 퍼졌다. 세계보건기구(WHO)가 팬데믹을 선포했다. 우리 학회뿐 아니라 사회 전반의 활동은 위축될 수밖에 없다. 학회는 연기되거나 취소되고, 국경은 폐쇄되고 있다. 그러나 우리나라는 그 어느 나라보다도 슬기롭게 극복해나가고 있다. 세계 모범 국가가 되었다. 언젠가는 이 난국에서 벗어날 것이다. 그때가 되면 우리 학회는 더욱 활기차게 도약할 것이다.

지난해에도 두 번의 학술대회가 있었다. 2019년 4월 27일. 강원대학교 춘천캠퍼스에서 제10회 학술대회가 열렸다. 대회 주제는 '김유정 문학과 세계문학'. 주제 발표에서는 양문규(강릉원주대), 심종숙(한국외대), 최배은(숙명여대) 등의 발표와 심재욱(강원대), 이미림(강릉원주대), 김윤정(인하대) 등의 토론이 있었다. 이어 오윤주, 박소희 작가의 창작 발표가 이어졌다. 오전에는 홍인영(서울대), 김지혜(강원대), 이만영(고려대), 장수경(목원대) 등의 개인 발표와 김항연(부광고), 최단(서울대), 박성태(고려대), 조은숙(춘천교대) 등의 토론이 있었다. 이상진(방송대), 노영일(한테크), 김형규(아주대), 박영기(한국외대) 등은 좌장을 맡았다.

2019년 10월 6일. 김유정문학촌 세미나실. (사)김유정기념사업회의 후원 속에 가을 학술 세미나가 있었다. 2019 김유정문학제의 프로그램과 함께 진행되었다. 대회 주제는 '2019 김유정 문학 콘서트'. 이미림(강릉원주대), 이규정(한국외대), 이학주(한국문화스토리텔링연구원), 황영미(숙명여대) 등의 발표와 홍순애(동덕여대), 한혜민(홍콩이공대), 홍단비(강원대), 오윤주(인천대) 등의 토론이 있었다. 정진석(강원대), 박진(국민대) 등은 좌장을 맡았다. 우리 학회 회원뿐 아니라 김유정문학촌 관계자 그리고 김유정과 그의 문학을 사랑하는 많은 분들이 참석하였다.

해마다 그렇듯이 우리 학회는 지난 해에 이어 한 권의 책을 세상에 내놓는다. 한 해 동안 회원들이 발표하고 연구한 것들을 모아 『김유정 문학 콘서트』라는 이름을 지었다. 이 책은 『김유정의 귀환』(2012), 『김유정과의 만남』(2013), 『김유정과의 산책』(2014), 『김유정과의 향연』(2015), 『김유정의 문학광장』(2016), 『김유정의 문학산맥』(2017), 『김유정 문학의 감정 미학』(2018), 『김유정 문학 다시 읽기』(2019)에 이어 아홉 번째다.

제1부에는 김유정 문학의 세계성과 지역성 차원과 관련한 네 편의 글이 수록되어 있다. 「김유정과 리얼리즘 · 바흐친 · 탈식민주의」(양문규)는 김유정 문학 연구사에서 1960~1970년대의 리얼리즘론, 1980~1990년대의 바흐친, 2000년대 이후의 탈식민주의 이론이 어떻게 김유정 문학을 조명하는지를 살폈다. 이는 김유정 문학을 세계문학의 가능성 속에서 조망한 것으로, 그의 소설은 특히 바흐친의 문학 이론에서 볼 때 두드러질 수 있다고 보았다.

「김유정의 「두포전」과 동아시아 아기장수 설화」(최배은)는 「두포전」이 김유정 소설의 큰 줄기에서 벗어난 듯 보이는 원인이 무엇인지 문제의식을 갖고 핵심 모티프인 아기장수 설화에 주목한다. 특히 한국, 일본, 몽골 등 동아시아 아기장수 설화와 비교를 통하여 그 의미를 분석한다. 김유정의 「두포전」을 일제 말기 식민지 극한의 시련을 표현한 작품으로 읽어 낸다.

「김유정과 그의 벗, 현덕의 문학 연구—들병이 소설과 「두포전」을 중심으로」(박영기)는 김유정과 현덕의 들병이 소재 소설과 「두포전」의 관계를 분석한다. 김유정이 출구 없는 현실을 아이러니, 해학으로 돌파했다면, 현덕은 노마라는 희망적 존재를 미래에 대한 전망으로 제시했다고 본다. 「두포전」에는 나라를 빼앗긴 조선의 상황과 이를 극복하고자 하는 열망이 담겨 있다고 해석했다.

「김유정 작품을 원천으로 한 〈김유정 아리랑〉 개발」(이학주)에서 김유정 작품 속에 등장하는 아리랑의 표상을 살펴 보고, 그의 소설을 대상으로 아리랑 노랫말을 만들어 제시한다. 특히 강원도아리랑 조의 고개 표상인 '홍의 고개'와 '삶의 고개'에 주목하였다. 그리하여 이를 통해 열네 개의 노랫말을 만들어 문화콘텐츠 확장을 도모하고자 하였다.

제2부에는 김유정 문학을 정치와 윤리 측면에서 접근한 세 편의 글이 수록되어 있다. 「김유정 문학의 미학적 정치성 연구」(심재욱)는 김유정 문학의 미학적 정치성 관련 논의를 리얼리즘적 시각과 텍스트의 무의식적 효과 차원으로 정리하고 그 한계를 점검한다. 이를 극복하기 위해 자크 랑시에르가 주장한 문학의 정치 개념을 통해 해석하고자 한다. 그리하여 김유정 소설은 문자 민주주의에 의한 탈주체화 대신 '정'의 주체라는 집단 주체를 구성하여 탈정체화를 이룬다고 보았다.

「김유정 소설에 나타난 수치심의 양상과 의미—「소낙비」, 「생의 반려」를 중심으로」(장수경)는 김유정 소설에 등장하는 '모멸', '모욕', '수치'와 같은 어휘에 주목하고, 특히 마사 너스바움의 논의를 참조하여 수치심에 초점을 맞춘다. 「소낙비」와 「생의 반려」를 분석한 결과, 그의 수치심은 식민지 당대 등장인물들이 위악한 현실에서 생을 지탱하기 위한 고투의 행위라고 읽어 낸다. 이는 긍정적인 자아 이미지를 갖도록 하는 현재적 의미가 있다는 것이다.

「김유정 소설에 나타난 눈치 문화」(이규정)는 김유정 소설 「봄·봄」과 「동백꽃」을 중심으로 맥락에 따라 나타나는 눈치 문화를 분석하고 있다. 맥락을 세 차원에서 접근하였다. 언어적 맥락에서는 화용론적 발화, 반어적 표현 등을 주목하였고, 상황적 맥락에서는 관계의 상호작용 속의 눈치를 읽어 냈다. 사회문화적 맥락에서는 계층, 사회 현실에 기인하는 눈치를 밝혔다. 한국어교육에 기여하고자 하였다.

제3부에는 김유정 문학을 문학교육 차원에서 논하고 있는 두 편의 글이 수록되어 있다. 「문학교육에서 김유정 문학 읽기의 지평과 전망」(우신영)은 김유정 문학이 어떻게 문학교육에 전유되고 있는지를 분석하였다. 소논문과 학위논문 등을 제목, 핵심어, 초록을 중심으로 분석한 결과, 교과서나 학습자 관련 연구가 많았고, 「동백꽃」을 성장소설에서 접근했으며, 한국어교육 논의가 상대적으로 많았다고 보았다. 교과서는 작품의 편중성과 해석어휘의 편향성이 있으며, 학생들의 글에서는 소설의 사회문화적 맥락 관련 언술이 많이 등장했음을 밝혔다.

「김유정 도시소설의 교육적 가능성 고찰」(홍인영)은 김유정 소설 가운데 반을 차지하는 도시소설에 주목한다. 특별히 그의 도시소설의 가치를 문학교육 즉 효과적인 심리 묘사를 통한 인물 교육, 관점의 다변화 및 신빙성을 고려한 시점 교육, 창작 당시 사회·문화적 맥락의 교육 측면에서 조명하였다. 김유정의 도시소설은 삶의 핍진성, 새롭고자 하는 문학 정신 등을 반영할 수 있다는 점에서 학습독자가 읽을 가치가 있다고 보았다.

제4부에는 김유정 문학 혹은 생과 관련된 소설 두 편이 실려 있다. 「명동의 달」(황영미)에는 친구 사이의 아련함이 한 편의 수채화 혹은 영화처럼 그려지고 있다. 소설의 제목과 관련된 대목은 김유정이 필승에게 보낸 장문의 마지막 편지에서 고백하고 있는 장면이다. 명동에서 친구들과 헤어질 때, 달빛은 참으로 아름다웠고, 참 좋은 친구들이라 자꾸 되뇌었다는 장면이 그것이다. 이 소설의 끝에 "친구 경희대 식품영양학과 고 오세영 교수에게 바침"이라 되어 있듯이, 그것은 암 재발로 죽음을 맞이하는 친구에 대한 작가의 그 어떤 헌사이기도 하다. 그것이 김유정과 박록주, 이미지와 김혜리, 작가와 장진수 등의 관계와 오버랩 되어 있다.

「유정을 읽다」(오윤주)는 유정을 읽는 일이 곧 자신을 읽는 일로 이어져 있다. 유정의 삶이 지난했듯이 주인공의 삶도 그와 썩 동떨어져 있지는 않다. 주인공이 읽어 낸 유정의 삶은 우울 그 자체인데, 그것은 그가 선택한 것이 아니다. 그런 삶에서 그가 웃는 것은 웃는 게 아니다. 주인공의 삶 역시 그렇다. 그녀는 김유정 관련 박사논문을 쓰지만, 그녀의 삶은 언니, 아버지의 죽음 그리고 가족의 파탄으로 우울함 속에 던져진다. 말미에서 유정이 주인공에게 내민 흙을 통해 짙은 허무 의식을 드러내고 있으며, 유정을 비롯한 가족 그 누구도 주인공과 함께 하지 못하는 고독과 우울을 확인해 준다.

이 책이 나오기까지 많은 분들이 땀을 흘리셨다. 옥고를 보내주신 저자와 작가님, 책이 책답게 나올 수 있게 해주신 소명출판 사장님과 편집진, 물심으로 학회를 지원해 주신 김유정문학촌의 촌장님과 학예사 여러분께 진심으로 감사드린다. 특별히 출판 비용을 지원해 주신 춘천문화재단에도 감사의 마음을 전한다. 또한 강원대 정진석 총무이사님, 이숙정 · 김다예 두 총무간사님의 노고에 고마움을 표한다.

이 책이 김유정과 그의 문학 관련 논의를 활성화시키는 일에 밀알이 될 수 있기를 바란다.

2020.6.

김유정학회장 임경순

차례

제2부 김유정 문학의 정치와 윤리

제1부 / 김유정 문학과 세계문학

김유정과 리얼리즘 · 바흐친 · 탈식민주의

양문규

1. 머리말

이 글은 그동안의 김유정 문학 연구사를 살펴보되, 세계문학 곧 서양문학의 이론이 김유정 문학의 본질 또는 문학적 성과를 드러내는 데 어떠한 역할을 했는지를 이야기해보고자 한다. 식민지 시기 마르크스주의 문예이론과 모더니즘 문학론 등이 등장하기는 했지만 서양문학 이론이 한국문학 연구에서 본격적으로 적용되는 것은 아무래도 해방 이후 한참을 지나고 나서다. 1950년대에도 신비평, 비교문학론 등이 수용되지만 아직 그것들이 한국문학을 본격적으로 연구하는 데 효과적 역할을 해내지는 못한다.

서양 문학이론이 한국문학을 분석하는 본격적인 움직임이 시작된 시기는 1960~1970년대 이후로 이 시기 리얼리즘론이 그 중심에 선다.

리얼리즘론은 1980년대 정점에 오르나, 이후 다소 수그러들면서 마르크스주의를 형식주의 또는 구조주의 등과 결합한 바흐친, 골드만 등의 문학텍스트 사회학 논의가 등장한다. 이어 1990년대 페미니즘과 문화연구 방법론, 그리고 2000년대 탈구조의 또는 탈식민주의 이론이 그 뒤를 잇는다.

김유정은 이러한 이론들이 등장할 때마다 주요한 연구대상이 되면서 그 문학의 본질과 성과가 지속적으로 갱신돼 왔다. 이 글은 그중에서도 1960~1970년대의 리얼리즘론, 1980~1990년대의 바흐친, 2000년대 이후의 탈식민주의 이론이 김유정을 어떻게 조명했는지를 살펴보고자 한다. 이를 통해 그동안 김유정 문학 연구가 보여준 성과를 살펴보고, 더 나아가 김유정 문학이 가지고 있는 세계문학으로서의 가능성이 무엇인지를 확인해보고자 한다.

2. 리얼리즘론

해방 전 김유정은 그다지 높은 평가를 받지 못했다. 김동인은 '신인작가' 김유정을 무난하다고는 평했으나, 소설적 결함으로 "문장이 너무 거칠어 읽기 거북한 점"을 들며 "문장 수련"을 요구하기까지 한다.[1] 프로문인들은 한술 더 떠 김유정 소설의 어휘들을 "극악한 언어의 마술성" 또는

1 김동인, 「3월 창작평 - 촉망한 신진, 김유정, 금 따는 콩밭」, 『매일신보』, 1935.3.26.(『김동인 전집』 6, 삼중당, 1976, 195쪽)

"형상의 신비화"[2]로 보며, 이를 예술지상주의의 폐단으로 비난한다. 프로 비평가들은 김유정을 구인회와 묶어 비판할 수 있는 작가로 가장 만만한 대상이라고 생각했던지 대단히 공격적인 비판을 한다.[3]

안함광은 김유정 소설의 문체를 "각설이패 식의 비속한 문장"[4]으로, 김남천은 "언어의 완롱과 문장 상 곡예"[5]을 보여준다며 맹공 한다. 프로문예 비평가들은 따라서 김유정 소설의 문체를, 민중성과도 거리가 멀고 사회성이 결여되어 있는 것으로 본다. 해방 후 백철은 김유정을 「백치 아다다」(1935)의 계용묵과 함께 '인생파 작가'라는 모호한 범주 안에 넣어, 나름 문체 계발에 힘쓴 작가이나, 별다른 주제의식, 문제의식을 보여주지 못했던 작가로 평가하는 데 그치고 있다.[6]

그러한 김유정이 우리 문학사에서 크게 부각되기 시작하는 것은 1970년대 이후다. 1948년 분단의 고착화, 그리고 1950년대 한국전쟁과 반공이념의 전면화는 문학의 현실에 대한 관심을 위축시킨다. 그러나 4·19라는 역사적 사건이 발생하면서 1960년대 한국문학은 이데올로기적 콤

---

2 한효, 「신진작가론－김유정론」, 『풍림』 2, 1937.1, 45쪽.

3 김유정은 구인회 후기 동인이다. 그가 구인회 들어오던 해인 1935년 「소낙비」가 『조선일보』 신춘문예 현상모집에 1등 당선되고, 「노다지」는 『조선중앙일보』 신춘문예 현상모집에 가작 입선 되는 등 문단의 주목을 끌었을 것으로 짐작된다. 유정이 구인회 가입하는 데 몇 몇의 반대가 있었고 이상이 우격다짐으로 가입시켰다는 회고, 이후 김유정은, 구인회의 좌장격인 이태준의 「가마귀」(1936)에 대해 세간의 평가와 달리 아주 비판적이었다는 진술 등을 보노라면, 김유정은 다른 이들도 사정은 비슷하지만 구인회 소속원이라는 정체성에 크게 구속되지 않았던 듯싶다.

4 안함광, 「작금 문예진 총검－김유정씨의 「산골」」, 『비판』, 1935.12.(김재용·이현식 편, 『인간과 문학』, 박이정, 1998, 231쪽)

5 김남천, 「사회적 반영의 거부와 춘향전의 애화적 재현, 김유정 「산골」」, 『조선중앙일보』, 1935.7.23.(정호웅·손정수 편, 『김남천 전집』 1, 박이정, 2000, 104쪽)

6 백철, 『조선신문학사조사 현대편』, 백양당, 1949, 307쪽.

플렉스에서 다소 벗어나 우리의 근대와 민족적 현실에 대해 그 관심을 돌려 리얼리즘론을 부활시킨다. 1970년대 『창작과비평』은, 사르트르의 앙가주망 이론에서 출발한 1960년대의 '참여문학론'을 서구 리얼리즘의 비평이론으로 체계화한다. 아놀드 하우저 등이 소개되고, 당대의 민족문학론과 결합된 서구의 리얼리즘론은 식민지 조선의 구체적 현실을 그린 1930년대 한국소설을 연구의 주요 대상으로 삼기에 이른다.

이의 결과로 1970년대 이전 시기까지 문학사의 중심에 놓여 있던 작가—이광수, 김동인, 이효석 등이 상대적으로 위축되고, 이들과는 대조적으로 염상섭, 현진건 그리고 새롭게 채만식, 김유정 등이 리얼리즘론과 민족문학론의 관점에서 부각된다. 그중에서도 신동욱은 농촌 현실을 그린 김유정에 주목하는데,[7] 김유정의 농촌소설을 이효석과 대비하는 방식으로 검토한다. 이효석의 「산」(1936)의 주인공인 '중실'은 농촌의 인물로 형상화되나, 실제로 중실은 작가 이효석의 분신에 불과하여, 이효석은 농촌현실을 개인 교양인의 감각을 갖고 방관자적으로 바라본다고 평가한다.

이에 반해 김유정은 농촌현실을 정직하게 관찰하여 농촌현실 자체에서 우러나오는 미학을 객관화한다. 그중에서도 김유정의 「만무방」(1935)은 일제 시 한국의 사회제도와 구조가 빚어낸 소외된 인간의 태도와 도덕의 문제를 제기한다. 또 김유정은 이를 통해 목가적 차원과 현실적 차원을 적확하게 대조하고 그 차이점을 발견해낸다. 덧붙여 「만무방」은 골

7 신동욱, 「김유정의 「만무방」」, 『한국현대문학론』, 박영사, 1972.

계의 미적 효과만을 드러내는 기교 중심의 작품만이 아니고, 문체적 특징이 주제, 인물들과 조화를 이뤄낸 작품으로 김유정은 판소리계 소설을 전승한 사실주의의 정통적 작가로 평가된다.

이주형은 김유정을, 역시 지난 시기까지 높은 평가를 받아온 김동인과 비교한다.[8] 김유정의 「소낙비」(1935)와 김동인의 「감자」(1925)두 작품은 모두 식민지하 한국 하층민들의 현실을 보여주며, 또 매음이라는 공통된 사건을 포함하고 있음에도 작가의 의도와 사회적 효과 면에서 양자는 상당한 거리가 있다. 「소낙비」는, 주인공의 매음이라는 사건이 농촌 지배구조의 모순 때문에 막다른 골목에 서게 된 인물들의 상황의 반어적 의미를 보여준다. 이에 반해 「감자」는 매음 사건을 통해 환경에 의해 인간들이 어떻게 변모하여 어떠한 사회악을 형성하는 것을 보여주려 한다.

「소낙비」에서는 대상을 인식하는 근저에 작가의 식민지인으로서의 자각이 보이며, 이를 통해 식민지 현실을 정당하게 극복해 나아가야 할 길을 찾아야 함을 작품의 근본 과제로 삼는다. 바로 여기서 김유정 작가의식의 건강성이 발견된다. 그러나 김동인의 경우, 「감자」에서 식민지민으로서의 자기 위치가 확정되지 않은 채 대상에 대한 자연주의적 인식만을 드러내, 당대 한국 하층민들에 대한 환멸만을 보여준다. 리얼리즘을 자연주의와 비교하여 김유정 소설의 리얼리즘 소설로서의 성과를 높이 평가한다.

이상과 같이 1970년대의 리얼리즘론은 김유정 소설을 카프의 리얼리

8 이주형, 「「소낙비」와 「감자」의 거리－식민지시대 작가의 현실인식의 두 유형」, 『국어교육연구』 8, 국어교육학회, 1976.

즘, 또는 비판적 리얼리즘과 같이 식민지 농촌사회의 모순과 이로부터 빚어지는 빈농의 현실을 구체적으로 형상화한 작품으로 평가한다. 이는 이전까지 김유정을 문체 계발에 힘쓴 작가이기는 하나, 별다른 주제의식, 문제의식을 보여주지 못했던 작가로 평가하던 논의를 넘어선다. 식민지 시대 비극적인 농촌 현실에 관한 김유정 소설의 뼈아픈 문학적 증언은 리얼리즘의 기준에서 손색없다. 그러나 바흐친이 1980년대에 수용되면서 김유정 소설을 사회의식을 담은 비판적 사실주의 문학에 국한시키지 않고, 좀 더 근원적인 민중의식을 보여주는 문학으로 그 평가의 방향을 다소 달리하게 된다.

3. 바흐친의 이론

1980년대 바흐친이 우리에게 적극적으로 수용되는 것은 그의 방법론이 마르크스적 입장에 있으면서도, 그것이 텍스트적 발화를 탐색하는 방식과 결합되기 때문이다. 마르크스주의자들에게도 문학예술작품은 사상의 특별한 표현이다. 그런데 바흐친은 이 사상의 특별한 표현 중에서 발화행위에 흥미를 갖는다. 바흐친은 작품이 반영하는 현실보다는, 이러한 현실과 결부되어 이미 하나의 실재를 구성하고 있는 말이나 의식에 대한 묘사에 초점을 맞춘다. 루카치에게서 예술적 질의 문제가 현실에 대한 올바른 반영에 있다면, 바흐친에게서는 이미 현실을 구성하고 있는 말들의 대화화와 맥락화가 예술적 질을 가늠하는 잣대가 된다.[9]

이 시기 한국문학연구는 바흐친에게서 텍스트 발화 이론, 가령 대화주의 이론보다는 쉽게 그 개념이 파악되는 '카니발carnival 이론'을 중심으로 김유정 소설을 새롭게 분석하고자 한다.[10] 바흐친은 도스토옙스키 소설의 핵심적 특성을 '다성악polyphony'이라고 부른다. 이러한 다성악적 특성을 설명하기 위해 몇 가지 근거들을 제시하는데, 그중 하나가 '카니발 이론'이다. 원래 '사육제'라는 뜻의 카니발은 '난장판의 축제 분위기'를 이르기도 한다. 바흐친의 표현을 빌리자면 카니발이란 "무대도 조명도 없고, 연기자나 관객의 구분도 없는 구경거리를 말한다. (…중략…) 여기서 연유하는 카니발의 삶이란 통상적 궤도에서 벗어난 삶이며, 어느 한도에선 '뒤집혀진 삶', '거꾸로 된 세상'이다".[11] 바흐친은, 이러한 카니발의 정신은 근대 현실에서는 점차로 사멸되어 가지만 그 세계관은 오랜 세월 동안 많은 문학 장르 속으로 흡수되는데, 소설을 바로 이 카니발적 뿌리를 근본적으로 삼고 있는 장르다.[12]

카니발 문학은 기존의 질서 체계에서 높이 평가된 도덕이나 인습 등을 물질적, 육체적 차원으로 격하시키는데, 소설에서는 인물의 위계질서가 뒤바뀌는 카니발 성격의 인물이 등장한다. 예컨대 우스꽝스러운 카니발적 인물은, '현명한 바보'와 '비극적 광대'의 상호모순 된 이중적 이미지를 갖는다.[13] 김유정 소설에는 이러한 카니발적 인물들이 주요하

---

9 변현태, 「바흐찐의 소설이론－루카치와의 비교의 관점에서」, 『러시아소비에트문학』 7, 한국러시아문학회, 1996, 116쪽.

10 김미현, 「김유정 소설의 카니발적 구조 연구」, 이화여대 석사논문, 1990.

11 M. 바흐찐, 김근식 역, 『도스또예프스끼 시학』, 정음사, 1988, 180～181쪽 참조.

12 위의 책, 162쪽.

13 위의 책, 219쪽.

게 등장하는데, 이들은 일상적인 규범을 거부하고 일상생활의 궤도로부터 이탈한 인물로, 윤리적이고 종교적인 설명으로부터 위안을 찾으려 하지 않고 인간에게 부과된 모든 과제와 가능성을 자유롭게 실현하려는 인물이다. 이들은 개인적 이해관계나 규범, 당대의 평가로부터 자유로우면서 공식적이고 관습적인 것을 격하시키는 역할을 담당한다.[14]

김유정의 「아내」(1935)에서 농민들은 식민지하 모순된 지배체제에 억눌려 나날이 피폐해져가는 삶을 경험한다. 그러나 그들은 열악한 삶 속에서도 결코 활력을 잃지 않는다. 민중들의 활력의 비결은 지배 체계의 왜곡된 논리에 오염되지 않은 순박함을 지닌 데 있다. 오히려 지배체 계의 논리는 노동, 순박함, 민중적 생산에 의해 뒤집어진다. 그리고 그 전복의 순간에 지배 체계에 의해 억압된 민중적 잠재력이 솟아오른다. 이 같은 전복의 미학은 바흐친이 '카니발 문학'이라고 불렀던 것에 상응한다. 카니발 문학은 지배 권력을 전복시키고 숨겨진 민중적 활력을 되살려내는 미학이다.[15]

바흐친의 카니발 이론은 김유정 소설의 농민을 식민지 체제 아래 핍박받고 착취 받는 수동적 대상이 아니라 지배체제를 뒤집고 민중적 활력이 넘쳐나고 있는 적극적인 대상으로 다시 평가한다. 이러한 논의의 연장선상에서 김유정 소설 주인공들의 성격을, 역사를 직선적이거나 단선적인 것으로 바라보는 것이 아닌, 즉 '탈근대' 또는 '근대극복'의 성격을 지닌 인물로 해석하기도 한다.[16] 김유정의 바보 인물은 연민 또는 동정의 대

14 김미현, 앞의 글, 67~69쪽 참조.
15 나병철, 『모더니즘과 포스트 모더니즘을 넘어서』, 소명출판, 2007, 298쪽.
16 양문규, 「김유정 소설에 나타난 전통과 서구의 상호작용」, 『김유정 문학의 재조명』, 소명출판, 2008.

상이 아닌, 오히려 '병든 근대'를 넘어, 이를 탈주하는 천진난만한 유쾌함과 즉물적 육체성을 갖춘 인물들이다. 구어체로 형상화되는 바보인물들은 민중적 활력이 넘친다.

만무방, 들병이, 깍정이, 따라지들 역시 근대로부터 끊임없이 이탈하는 자유분방한 인물들이다. 「만무방」의 '응칠'은 삶에 찌든 유랑농민이라기 보다는 홍명희의 '임꺽정'과 같이 질서 따윈 아랑곳하지 않는 유랑자로서 탈주의 상상력을 환기한다.

> 이까진 걸 못먹어 그래 홧김에 또 한 놈을 뽑아들고 이번엔 물에 흙도 씻을 새 없이 그대로 텁석어린다. 그러나 다른 놈들도 별 수 없스렷다. 이 산골이 송이의 번고향이로되 아마 일년에 한 개조차 먹는 놈이 드므리라.
>
> ㅡ흠, 썩어진 두상들!
>
> 그는 폭넓은 얼골을 이그리며 남이나 드르란듯이 이러케 비웃는다. 썩엇다, 함은 데생겻다 모멸하는 그의 언투이엇다. 먹다 남아지 송이 꽁댕이를 바루 자랑스러히 입에다 치트리곤 트림을 석거가며 우물거린다.[17]

이들이 드러내는 민중의 불멸의 감각은, 현존하는 권력과 지배적 진실이 결국 상대적인 것이라는 감각과 결합된다. 이들의 감각은 '근대'의 일상사에 대한 소시민적 진지함, 실생활의 경제적 이익에 대한 타산적인 진지함, 도덕주의자들과 위선자들의 음울한 교훈적 진지함으로부터 끊

17 「만무방」, 『조선일보』, 1935.7.18.

임없이 자유로워지려는 과정을 보여준다.[18]

카니발 이론 외에도 바흐친의 문학이론들은 김유정 문학의 또 다른 면모들을 밝혀주는 단서들을 제공한다. 루카치 등은 소설이 본질적으로 18세기에 발달하여 19세기에 완성된 부르주아 문화의 산물이라고 본다. 이에 반해, 바흐친은 소설 장르를 서구 시민계급 고유의 것으로 보지 않는다. 물론 소설이 완성된 형태를 갖추게 된 것은 시민사회 성립기의 일이지만 그 맹아는 지배적 공식문화에 맞서는 탈중심적 비공식 문화의 대항이라는 모습으로 이미 오래전부터 줄기차게 성장해왔다고 본다.[19]

이 때문에 바흐친이 보기에 소설의 탄생은 서사시나 신화 장르들과는 대조적으로 민속적 하급 장르들과 밀접한 관련을 갖는다. 이 저급장르들은 동시대의 현실을 주제로 하고 동시대 현실의 기존 위계질서적인 거리를 파괴하며 현실 세계에 리얼리스틱하게 접근하고자 노력한다.[20] 이들은 살아있는 실재의 무한히 풍부한 삶과 접촉하는 전통을 갖는데 이러한 전통들이 소설 장르의 단초가 된다. 바흐친은 서구 시민사회의 제반 소설들도 옛 민속적 하급 장르들의 전통을 계승하며 이들의 소박성을 극복하고 더욱 의식적으로 만들어, 그 가능성을 새롭게 인식하게 된다고 본다.[21] 위대한 작가들은 전통의 하급 장르들과 특별한 관계를 갖는다.

김유정은 우리의 민속적 하급 장르인 민담과 판소리 등을 적극적으로

---

18 미하일 바흐친, 이덕형 외역, 『프랑수아 라블레의 작품과 중세 및 르네상스의 민중문화』(아카넷, 2001)의 '카니발의 세계' 또는 '카니발의 언어' 참조.

19 설준규, 「대화론인가 대화주의인가」, 『창작과비평』, 1989. 봄, 404쪽.

20 이강은, 『반성과 지향의 러시아소설론』, 한국학술정보, 2009, 45쪽.

21 M. 바흐찐, 김근식 역, 앞의 책, 394쪽 참조.

계승하고 이를 패러디 한다. 바흐친의 관점에서 보자면 김유정 소설은 동 시대의 어느 작가들보다 장르들에 의해 전달되는 과거의 풍부한 자원들을 직관하고 있어 새롭고 독자적 근대소설로서의 가능성을 보여준다. 김유정 소설은 근대적 작가주의와 미적 엄숙주의 기준에서 볼 때 한낱 비문학적 이야기에 불과해 보이는 민담 등의 구비문학을 소설 안으로 끌어들인다.

예컨대 「산골 나그네」의 근원이 우리 민담 '이부열녀二夫烈女'의 이야기라든지,[22] 「만무방」에서 유랑 농민 부부가 가난 때문에 헤어져야 되는 장면은 '조신몽' 설화를 연상케 한다[23] 그밖에 「봄 · 봄」, 「동백꽃」은, 결혼 전이나 시험 결혼 기간 동안 장래의 장인을 위해 노동력을 제공하는 신부 노역에 종사하여 아내를 얻는 우리에게 익숙한 내용의 민담을 연상시킨다. 그리고 이미 안회남도 지적했듯이 "안해의 貞操를 팔어서 돈을 낙구게 하는 美人計의 內容을 이야기"[24]하는 「소낙비」 · 「솥」 등의 작품은 처의 지혜로 남자가 곤경에서 벗어나 부를 쌓는 민담 모티프의 왜곡된 변형이다.

민담 또는 야담 등은 물론 근대적인 문학 장르가 아니라 시효가 만료된, 한낱 항간을 떠도는 옛날이야기에 불과하다. 김유정이 활동했던 1930년대에는 이러한 민담을 포함한 야담 등이 당시 광범위하게 펼쳐지기 시작한 전통론 혹은 고전부흥론에 힘입어 '조선적인 것'을 보여줄 수 있는 것으로 부각된다.[25] 그럼에도 『야담』을 창간한 김동인은 '근대적

22 전신재, 「김유정소설의 구비문학 수용」, 『아시아문화』 2, 한림대 출판부, 1987, 38쪽.
23 최원식, 「1930년대 단편소설의 새로운 행보」, 『한국현대대표소설선』 3, 창작과비평사, 1996, 435~436쪽.
24 안회남, 「小說의 正常的 本質은?-九 · 十月 創作評」, 『조선일보』, 1936.10.13.

문학관으로부터 퇴락'이며, 혹은 『월간야담』의 윤백남 등은 애초에는 역사 계몽의 의지에서 출발했지만 이후 통속화되고 친일화했다는 평가를 받는다.[26]

이러한 점에서 볼 때 김유정 소설에 나타나는 전통의 민담적 요소들을 다음과 같은 두 가지 측면에서 의미를 갖는다. 민담을 근대적 소설 안에 재배치함으로써 첫째, 서구적 작가주의를 그대로 따르지 않는다는 점이다. 그리고 둘째, 근대소설이 문학적 전문인들만의 소통과 창조의 공간인 전문화를 넘어서 대중성을 획득한다는 점이다. 민담, 즉 활자화되기 이전부터 익숙하게 흘러 다니는 옛날이야기들은 뻔히 알고 있는 플롯을 가지고 있음에도 이야기 자체의 흡인력을 지니고 있다.

그런데 김유정 소설에서 중요한 것은 단순한 옛날이야기의 차용이 아니라, 그것이 서구의 소설 시학과 결합된다는 점이다. 가령 민담의 느슨한 이야기 구조를, 장면 중심의 구조 또는 급격한 장면의 전환 및 밀도 있는 플롯으로 변용하여 민담이 지향하는 해피 앤딩이 아닌 오히려 반전의 결말을 도출하는 예들이 그것이다. 즉 김유정은 본능적으로 옛날이야기에 밀착되어 있지만 문학창작의 기본적인 바탕은 서구 근대문학을 일정하게 섭취한 데서 온 듯하다.

이와는 대조적으로 이효석의 자신의 고향을 무대로 창작한 소설인 「메밀꽃 필 무렵」(1936)·「개살구」(1937)·「산협」(1941)의 영서삼부작은 "살아있는 동시대인들과의 친숙한 접촉" 속에 주어지는 민속적 저급장

25 차혜영, 「1930년대 『월간야담』과 『야담』의 자리」, 『상허학보』 8, 상허학회, 2002, 83쪽.
26 위의 글, 83·87쪽.

르의 세계가 아닌, "절대적 과거 안에 놓인 신화와 전설"[27]의 세계와 관련을 맺는다. 바흐친 관점에서 보자면 이효석 소설은 김유정 소설과 같이 '열린 현재'와 역사성을 근사하게 재현할 가능성이 결여돼 있다.

바흐친은 다성악적 소설의 구상의 조건으로 카니발론 말고도, 주인공과 주인공의 목소리가 누리는 상대적 자유와 독립성에 초점을 두고 살피기도 한다. 이러한 논의들은 김유정 소설에 등장하는 다양하고 독특한 화자話者들이 전통적 '이야기꾼'을 넘어서 '모더니즘 시대의 이야기꾼'[28]을 지향하고 있음을 설명하는 데 도움을 준다. 그밖에도 바흐친이 주장하는 소설의 인간간과 시간관, 즉 "인간은 닫히고 미리 만들어진 무엇이 아니라 완성되지 않고 열려 있는 존재"라는 생각, 따라서 "리얼리즘의 시간관은 완성과 기존의 반영된 시간이 아니라 끊임없는 불不완료성의 생성이 존재하는 현세적 시간"[29]이라는 생각은 기존의 리얼리즘론으로는 미처 해명하기 어려운 김유정 소설의 독자적 고유성을 밝히는 데 많은 암시를 던져주게 된다.

김유정 문학에서 민중성의 강조는, 이전 1970년대의 김유정 문학의 내용 중심적인 논의로부터 김유정 문학이 가진 미학적 고유함을 새롭게 발견하는 계기로 이끈다.[30] 김유정 소설에서 민중적 관점이 발견되는 것은 소설에 등장하는 농군들의 현실이 객체화된 대상이 아니라 실감으로

---

27 M. 바흐찐, 김근식 역, 앞의 책, 160쪽 참조.

28 최원식, 「모더니즘 시대의 이야기꾼―김유정의 재발견을 위하여」, 『민족문학사연구』 43, 민족문학사학회, 2010.

29 미하일 바흐찐, 이덕형 외역, 앞의 책, 563·735쪽.

30 윤지관, 「민중의 삶과 시적 리얼리즘」, 전신재 편, 『김유정문학의 전통성과 근대성』, 한림대 아시아문화연구소, 1997.

서 우리의 감각에 와 닿아 민중의 직접성을 획득하고 있기 때문이다. 김유정은 바로 민중 자신의 느낌을 자신의 시점으로 전달한다. 그는 민중의 체험과 심리가 스스로 말하게끔 하는데, 민중이 직접화자는 아니나 속속들이 그들의 삶에 얽혀 있는 삼인칭 시점에 의해 이루어지기도 하고 민중의 심리와 감각이 거기에 어울리는 언어와 표현을 통해 제시된다는 데 공통점이 있다.

김유정의 농촌 소재 작품들의 배경은 늘 동일하다. 사실 김유정의 농촌은 정작 농촌이라기보다 산촌에 가깝다. 동일성이 작품공간을 축소시키는 듯하지만, 오히려 우리는 김유정의 농촌소설 전체를 일종의 연작소설로 볼 수 있다는 사실에 주목할 필요가 있다. 연작소설적 요소는 작품에 등장하는 인물들이 사실은 서로 닮았다는 점에서도 입증된다. 김유정의 인물들은 그 나름의 독특한 개성을 보이면서도, 산촌의 농군들의 생각과 행동양식을 보편화한다. 더욱이 강원도 산촌의 척박한 환경은 지주-소작관계조차 안에도 놓이지 못하는 탈농의 현실을 그려내게 한다.

문체에서도 민중예술의 전통을 활용하여, 어순의 조절과 조사 및 어미의 생략을 적절히 구사하면서 전체적으로 일종의 내재율이 형성된다. 앞서 카프가 맹비난한 김유정의 「산골」에 나타난 문체를 예로 들어보자.

> 이뿐이는 어려서부터 도련님과 가치 자랐고 가치 놀았으되 제가 먼저 그런 생각을 두었다면 도련님을 벌컥 떼다밀어 바위넘어로 곤두박이게 했을리 만무이었고 궁뎅이를 털고 일어나며 도련님이 무색하야 멀거니 처다보고 입맛만 다시니 이뿐이는 그 꼴이 보기 가여웠고 죄를 저즈른 제 몸에 대

하여 죄송한 자책이 없던 바도 아니었마는 다시 손목을 잡히고 이 잣나무 밑으로 끌릴 제에는 윈 힘을 다하여 그 손깍찌를 버리며 야단친 것도 사실이 아닌건 아니나 그러나 어덴가 마음 한편에 앙살을 피면서도 넉히 끌리어 가도록 도련님의 힘이 좀더 좀더 하는 생각이 전혀 없었다면 그것은 거즛말이 되고 말 것이다.[31]

「산골」의 이러한 만연체가 어수선해 보일 수도 있으나, 이는 도련님을 향한 '이뿐이'의 복잡한 심정 즉 그녀의 정신적 리얼리티를 표현하기 위하여 이중부정법을 포함, 숨 가쁜 만연의 문장을 전개한 데서 빚어진 것으로 볼 수 있다. 오히려 이것을 분절화하면 이뿐이의 원 감정이 상투적인 것으로 표현되는 데 그칠 수도 있다.

김유정은 작품 속 인물의 심리에 따라 다양한 문체를 실험하는데, 가령 「산골 나그네」에서 깊은 가을 밤 뜻하지 않은 나그네를 맞이하게 된 산골 집주인의 놀라고 허둥대는 마음 속이, 어법의 정연한 순서를 떠나 구술성의 가락에 따라 표현된다. "**남정네도 아닌데 이 밤ㅅ중에 웬일인가, 맨발에 짚신짝으로. 그야 아무러튼—**"[32] 따위가 이러한 예로 이러한 종류의 기술 방법은 놀라움이나 기쁨, 슬픔을 표현하는 데 말과 감정 사이에 발생할 수 있는 반성 의식적 차이를 최소화시킨다.

---

31 『조선문단』, 1935.7, 14쪽.
32 『제일선』, 1933.3, 38쪽.

4. 탈식민주의론

2000년 이후 탈식민주의 이론이 큰 유행을 하면서 이 역시 한국문학을 새롭게 분석하는 데 일정한 역할을 수행한다. '탈식민주의'란, '제국주의'와 '식민주의'를 반대한다는 의미의 '반제국주의'를 넘어서, 이미 식민주의와 제국주의 시대가 끝났음에도 아직도 지속・강화되고 있는 식민의 상황에서 벗어나려는 의미를 갖는다. 스피박이나 바바 같은 인도 출신의 탈식민주의 비평가들은 영국을 비롯한 유럽의 식민주의가 인도인에게 행한 문화적 폭력과 그 결과로 인도인에게 남겨진 교묘한 식민주의 의식의 잔재를 분석하고 비판한다.

김양선은 탈식민주의 이론을 한국문학 연구에 생산적으로 적용하는데,[33] 특히 그는 이효석과 김유정이 이른바 '토속적 향토'를 재현하는 과정에서 발현한 '식민지 무의식'의 양가성을 밝힌다. 식민지 무의식이란 피식민자가 자신이 식민화될지도 모른다는 위기상황과 그것을 은폐하기 위해 식민 제국을 모방하는 과정에서 또 다른 타자와 야만을 발견하면서 형성된다. 일찍이 식민지 경험에서 출발한 우리의 불안정하고 불완전한 근대는 피식민자가 끊임없이 제국주의 모국이 발명한 담론과 이데올로기를 모방하려 하고, 자기 안에서 타자를 만들어내는 과정을 거쳐 왔다.

인식론적으로 타자의 발견에는 자신이 타자화되는 상태에 대한 불안

33 김양선, 「1930년대 소설과 식민지 무의식의 한 양상－김유정소설에 나타난 향토의 발견과 섹슈얼리티를 중심으로」, 김유정문학촌 편, 『김유정문학의 재조명』, 소명출판, 2008; 「이효석 소설에 나타난 식민지 무의식의 양상－향토와 조선적인 것의 발견을 중심으로」, 『현대소설연구』 27, 한국현대소설학회, 2005.

과 그것을 넘어서려는 안간힘, 즉 지배 담론에 대한 공모와 저항이 중첩되어 있다. 이 과정은 대단히 분열적이고 양가적인 양상을 띤다. 향토의 재현 양상 및 방식과 관련하여 이와 같은 양가성은 피식민자가 제국주의 식민 담론에 공모하면서 자기 안의 '타자'인 향토를 발견하는 과정과 근대 기획에 대한 회의 및 비판의 맥락에서 향토를 심미화하는 과정이 복합적으로 교호하면서 형성된다.

이효석 소설에서 향토는, 일단은 획일화된 근대의 논리에 포획되지 않는 반동적 기운(향토적 서정성, 에로틱한 성적 자질)이 가득 발산되는 곳으로 기호화된다. 그러나 이 역시 심층적 차원에서 보면 근대의 논리에 포섭된 것이다. 이효석 소설에 나타난 향토와 그 속의 원주민을 바라보는 작가의 시선은 내부자의 것이 아니라 국외자의 것에 가깝다.[34] 이효석 소설에 나타난 영서 지방의 자연은 당시 궁핍한 식민지 농촌의 현실과는 관계없이 풍성하고 아름답다. 그리고 한편으론 영서지방의 향토적 서정성의 이면에는 미개한 풍속, 원시성, 성적 욕망과 자본주의적 근대의 산물들이 혼종적으로 섞여 특유의 매혹과 파괴력을 발휘한다.

바로 이효석 소설의 서정성과 야만성이 공존하는 이 향토에는 식민지 지식인의 무의식이 투영되어 있다. 식민지에 의해 발견된 피식민지의 향토는 본능과 야만이 있고, 윤리의식이 부재하는 곳이다. 하지만 향토는 근대화에 지친 지식인들에게 본향으로의 회귀감을 촉발하는 서정적인

---

34 신형기의 「이효석과 '발견된' 향토」(『민족 이야기를 넘어서』, 삼인, 2003)에서도 이와 비슷한 얘기를 한다. 예컨대 「메밀꽃 필 무렵」의 향토는 버터 맛이나 커피 향을 즐긴 입장에서 새롭게 '발견'된 것이다. 「메밀꽃 필 무렵」은 서구를 향해 있던 시선이 찾아낸 토산품의 세계였다.

장소이기도 하다. 식민지 지식인은 마치 식민지배자처럼 향토를 때로는 매혹의 장소로, 또 때로는 미개하고 위험한 곳으로 의미화 한다. 하지만 이와 같이 향토를 포섭/배제하는 식민지 지식인의 양가성은 향토를 타자화하는 태도라는 점에서는 동일하다. 그리고 이들의 분열적인 양가성은 바로 피식민자인 자신이 타자화되어 있는 의식에서 벗어나기 위해 만든 일종의 내적 방어기제이다. 이러한 주장은 이효석 문학이 현실도피의 기제로 선택한 향토, 성 등을 이효석 개인의 취향이 아닌, 식민지 지식인의 심리적, 사회적 기반에서 묻는다는 점에서 기존의 리얼리즘 논의를 넘어선다.

그러나 이효석과 달리 김유정의 소설의 재현된 향토에는 두 가지 양상이 공존한다. 하나는 자본의 논리, 식민화의 논리와는 무관하게 서정적이고 생명력이 약동하는 공간이고(「봄 · 봄」 · 「동백꽃」), 다른 하나는 궁핍과 배신으로 얼룩지고 식민지 자본주의로 인해 피폐해진 농촌이다.(「만무방」) 김유정 소설에 재현된 향토는 '서정성'으로 봉합되지 않고 다양한 근대적 욕망이 충돌하고 모순이 현시되는 공간이기도 하다. 그곳은 유랑민으로 전락을 거듭해가는 장소이자, 원성, 반反이성, 야만과 미개로 얼룩져 식민지 근대의 욕망에 포획된 인간들이 그 욕망을 대단히 파행적인 방식으로 푸는 분열적인 공간이다.

김유정 작품 속에 재현된 농촌 내지 향토는 제국이 식민지를 타자화할 때 항용 사용하는 무지와 반이성, 야만성, 성적인 일탈이 고스란히 재현되는 장소로 볼 여지가 충분히 있다. 하지만 작가는 식민자가 피식민자를 타자화하는 방식을 모방하면서도 그 모방을 통해 식민지의 어두운 그늘을 식민자에게 되돌려주는 양가적인 방식을 취한다. 「만무방」의 '응칠'의 일탈적 행동이 근대적 법제도의 규제를 받으면서도 같은 농민들에서는 부러움을 받는 상황 등에서 알 수 있듯 이들의 일탈이라든가 야만성은 식민자에게는 피식민자의 열등성을 알려주는 증거이면서 동시에 공포를 불러일으킨다.

응칠을 통해 변칙적이고 일탈적인, 반근대적 방식으로 추구되는 것은 작가가 식민 담론의 권위를 좇아가면서도 이를 조롱하는 방식을 취하고 있음을 반증한다. 김유정의 작품은 얼핏 비열하고 순응적인 토착민을 전경화 하는 듯싶지만 식민자가 피식민자=토착민을 재현할 때 흔히 쓰는 일종의 정형을 모방하면서도 그것에 균열을 내는 방식을 택한다. 이는 식민자—피식민자의 경계선을 불안하고 양가적으로 만든다. 기존의 리얼리즘론과 바흐친의 카니발 이론은, 김유정 소설의 현실 비판적 성격과 민중적 성격 등을 설명해낸다. 탈식민주의론은 이러한 김유정 소설의 성격을 식민지 무의식의 양가성이라는 포스트주의 이론으로 좀 더 정치하게 설명해낸다.

그밖에 2000년대 우리 문학연구에서 탈식민주의론과 함께 또 하나의 축을 담당했던 문화연구론의 방법도 김유정 소설에 대한 새로운 연구를 시도해보았다. 1990년대 들어서 등장한 문화론, 문화연구는 본격문학과 대중문학의 경계를 허물고 탈정전적 경향의 대중문학에 관심을 둔다. 문화연구의 관심은 자연 정통문학 중심에서 영화, 잡지, 만화 등 모든 종류의 의미실천 행위로 넓어진다.

김유정의 경우 그의 소설을 1930년대 유행하기 시작한 탐정문학과의 관련 안에서 이해하고자 한다.[35] 탐정소설을 읽는 독자들의 일차적인 관심은 작품의 내용과 결말보다는 사건이 어떤 방식으로 어떻게 해결되는가에 쏠리게 된다. 탐정소설은 플롯의 주요한 법칙이라 할 놀람, 그럴듯함, 긴장, 통일성을 그 어떤 문학 장르보다 소중하게 생각하는 장르이다. 적어도 1930년대의 작가들은 서구 탐정소설의 시학을 접하면서 그로부터 기법 등의 원리에 영향을 받는다.

「만무방」의 이야기를 읽는 흥미로움 중의 하나는 '응오'의 볏단을 누가 훔쳐갔는가 하는 점에 놓인다. 우리 근대소설사에서 김유정만큼 반전의 수법을 즐겨 쓰는 작가도 없는데, 이것으로 미뤄 보건대 김유정의 탐정소설 번역을 우연한 일로만 돌리기 어렵다. 그러나 김유정 소설 기법의 원천으로 탐정소설을 유추해 본 이러한 논의들은 이전의 김유정 소설과 당대 현실을 문제적으로 연결해보고자 한 논의들과 멀어지며 소재주의적 문학연구로 떨어져 있다. 「만무방」은, 탐정소설과 관련되기 보다는 앞서 얘기한 우리의 전통 설화를 패로디한 작품이라는 점에 더 유의할 필요가 있다.

---

35 1930년대 탐정소설의 번역과 수용 양상은 탐정소설을 수십 권이나 독파할 정도로 굉장한 탐정소설 마니아였던 안회남의 진술 등을 통해 간접적으로나마 확인된다. 나아가 이 시기는 서양 탐정소설의 우리말 번역작업도 활발하게 진행되는바 양주동 · 이하윤 · 정인섭 · 김유정 · 김환태 등을 비롯한 상당수 문인들이 가명을 사용하거나 이름을 밝히지 않은 채 탐정 소설을 번역 · 소개하거나 그것을 읽고 있었다는 사실이 거듭해서 확인된다. 안회남이 김유정의 절친한 친구였고 이 시기의 이러한 분위기가 김유정이 탐정소설을 번역한 사실을 그다지 낯설게 하지 않는다. 조성면, 「한국의 탐정소설과 근대성」, 『대중문학과 정전에 대한 반역』, 소명출판, 2002 참조.

5. 맺음말

식민지시기를 거쳐 1970년대 이전까지 김유정은 문체 이외에 별다른 주제의식과 문제의식을 보여주지 못한 작가로 평가돼왔다. 그러나 1970년대 민족문학론과 결합된 서구의 리얼리즘론이 대두되면서 김유정 소설은 식민지 조선 농촌의 모순과 그 아래 핍박받는 농민의 모습을 사실적으로 형상화해낸 대표적 작가의 하나로 평가받는다. 1980년대 바흐친의 카니발 이론은 김유정 소설의 농민을 단순히 식민지 체제 아래 핍박받고 착취받는 수동적 대상이 아니라 지배체제를 뒤집고 민중적 활력이 넘쳐나 있는 주체적 대상으로 재평가한다. 2000년대 이후 탈식민주의 이론은, 김유정 소설의 농민들이 식민주의자들이 토착민들을 재현할 때 쓰는 것처럼 비열하고 순응적인 토착민의 정형으로 그려지고 있는 듯이 보이지만, 오히려 이러한 식민주의자들에 대한 흉내를 통해 지배이데올로기를 내부로부터 비판하며 식민지 권력의 균열을 만들어 낸다고 본다.

김유정 소설이 이렇게 새로운 세계문학 이론—서양 이론이 등장할 때마다 그 문학적 의미가 긍정적으로 갱신돼오고 있다는 사실 자체가 김유정 소설이 세계문학의 의미와 가능성을 가진 것이 아닌가 하는 생각을 갖게 한다. 이에 덧붙여 김유정 소설은 루카치나 벤야민, 골드만 등과 같은 서구의 이론가들이 생각했던 소설 장르의 성격보다는 바흐친의 그것에 더 부합되는 듯이 보인다. 이런 이유로 바흐친의 이론을 김유정 문학에 적용하는 작업을 좀 더 진행해보면 김유정의 세계문학으로서의 새로운 가능성을 찾아볼 수 있지 않을까 생각한다.

루카치 등은 소설 장르를 서사시의 곁가지로 보고 그 쇠퇴의 표현으로 본다. 그러나 바흐친은 오히려 소설을 서사시나 신화의 반대, 대립물로서 문학 및 문화 체계 내의 반反장르적이며 지속적이고 혁신적인 힘으로 간주하다. 소설은 부르주아 시민사회에서 쇠퇴한 것이 아니라 오히려 권위의 족쇄로부터 벗어나 담론의 해방을 발견하고자 한다.[36]

즉 바흐친이 보기에 소설 장르의 특징은 모든 특권화 되고 격식화되고 고착된 것에 대해 근본적으로 반대하는 데 있다고 본다. 소설 장르는 아주 오랜 전부터 민속적 하급 장르들과 교류하고 이의 전통을 계승하면서 원칙적 불완결성과 대화적 개방성을 지향하고 있기 때문이다. 그것은 "다른 세계가 가능한" 미래를 보거나 "많은 세계가 공존할 수 있는 하나의 세계로 향해" 나가는 것이다. 우리는 김유정 소설에서 이러한 가능성을 두드러지게 발견한다.

36 프라바카라 자, 「루카치, 바흐친, 그리고 소설사회학」, 여홍상 편, 『바흐친과 문학이론』, 문학과지성사, 1997, 286쪽.

김유정의 「두포전」과 동아시아 아기장수 설화*

최배은

1. 머리말

김유정의 「두포전」은 설화를 전용轉用[1]한 동화로, 1939년 1월부터 5월까지 『소년』(조선일보사)에 연재되었다. 김유정이 다 못 쓰고 세상을 떠나 7회~10회는 현덕이 집필한 것이다. 하지만 현덕이 김유정을 간호하며 그에게 들은 이야기를 쓴 것[2]이라고 한다. 무엇보다 이야기의 구성을

* 이 글은 『우리문학연구』 63(우리문학회, 2019.7)에 게재된 글을 재수록한 것이다.

1 '이야기 전용'이란 용어는 최시한이 제안한 것으로 "기존 이야기를 다른 이야기의 창출에 활용하는 행위를 뜻한다. 거기서 장르나 형태의 변화는 필수적이지만 매체의 변화는 필수적이 아니다. '전용된 이야기'와 '전용한 이야기' 사이의 공통성 / 반복성과 차이성 / 개별성이 서술상 드러나 있는 경우를 기본으로 삼는다. 이 용어는 이제까지 이야기의 재창작 활동에 관해 의식적 · 무의식적으로 사용되어 온 여러 말들-'변용', '매체변이', '장르전환', '재매개', '개작', '번안', '각색', '트랜스미디어 스토리텔링' 등을 두루 고려하면서, 그들을 포괄하는 넓은 의미로 사용하는 데 적합한 용어를 찾은 결과이다." 최시한, 「이야기 콘텐츠의 창작과 전용－원 소스 멀티유스(OSMU)를 중심으로」, 최시한 · 김경애 · 김지혜 · 김현주 · 안지나 · 엄미옥 · 최배은, 『문화산업 시대의 스토리텔링－OSMU를 중심으로』, 태학사, 2018, 25쪽.

볼 때 현덕이 쓴 결말부가 김유정이 쓴 부분과 배치되지 않기 때문에 여기선 「두포전」을 김유정의 의도가 앞서는 작품으로 본다. 「두포전」은 김유정이 비록 완성하지 못했지만 병마와 싸우며 사력을 다해 쓴 작품이므로 그의 문학세계에서도 그 의의가 적지 않다. 즉 일제 말기의 죽어가는 식민지 작가가 쓴 이야기를 전시체제의 식민지 아동들이 읽었다는 점에서 「두포전」에는 김유정을 비롯한 식민지 민중의 절박함이 배어 있다. 그 절박함은 아기장수 설화를 통해 매개된다. 「두포전」은 아기장수 설화를 소설화한 첫 작품이기도 하다.[3] 그러나 지금까지 「두포전」에 대한 관심과 연구는 부족한 편이다. 그 이유는 무엇보다 이 작품이 김유정의 미완성작이라는 데 있고, 나아가 "사망하기 직전 병석에서 지은 것으로서" "수정과 퇴고를 거치지 않은" "문학적 형상화에 실패한 작품"[4]으로 여기기 때문인 듯하다.

이러한 견해는 서대석의 「김유정 문학과 구비문학」에서 확인할 수 있는데, 서대석은 「두포전」을 설화와 영웅소설의 플롯 및 주인공의 행위와 비교하며 "두포전은 서사적 플롯이나 주제면에서도 뚜렷한 작가의 의도를 찾을 수 없는 희작에 불과한 작품"[5]이라고 혹평했다. 전신재도 「김유정소설과 이야기판」에서 "「두포전」은 아기장수 전설을 소재로 삼았음에

---

2 "여기까지 쓰시고, 그러께 봄에 金裕貞선생님은 이 세상을 떠나셨읍니다. 이 다음 이야기는 다행하게도 김선생님 병간호를 해드리며 끝까지 그 이야기를 횅히 들으신 玄德선생님이 김선생님 대신 써주시기로 하였습니다. 다음 호를 손꼽아 기다려주십시오." 『소년』, 1939.3, 59쪽.

3 "아기장수 이야기는 김유정이 「두포전」으로 소설화한 이래, 김동리의 「황토기」, 최인훈의 「둬어이둬어이」 등의 작품에서 현대소설로 재창작되기도 하였다." 김영희, 「아기장수이야기의 신화적 주제 탐색」, 『구비문학연구』 10, 한국구비문학회, 2000, 50쪽, 각주 2.

4 서대석, 「김유정 문학과 구비문학」, 김유정학회 편, 『김유정과의 향연』, 소명출판, 2015, 52쪽.

5 위의 글, 49쪽.

도 불구하고 피지배계층의 구비문학인 아기장수 전설의 심각한 비극성을 감당하지 못하고, 지배계층의 기록문학인 유충렬전 계통의 영웅소설의 작품정신을 취하여 동화로 재창조한 작품이"[6]라며 아쉬움을 드러내고 있다. 한편, 백현주는 「두포전 연구」에서 아기장수 설화의 비극성이 사라진 이유를 동화로 창작된 데서 찾고, 이 작품의 의의는 식민지 현실을 극복하려는 열망과 미래에 대한 전망을 담은 점에 있다고 한다. 그러면서 두포가 임금의 아들이라는 설정은 봉건적 질서로의 퇴행으로 해석할 수 있다는 모순된 견해를 보인다.[7]

이 연구들은 주로 「두포전」의 핵심 모티프인 아기장수 설화의 변용에 관심을 두고 있지만 그 원인과 의미를 충분히 해명했다고 보기 어렵다.

전신재의 토론을 맡은 김양선[8]이 지적한 것처럼 "김유정 소설이 농촌의 하층민, 유랑민들의 빈핍한 삶을 다루고 있다는 점에 비춰볼 때 「두포전」은 이런 김유정 소설의 큰 줄기에서 벗어난 듯이 보인다".[9] 정말 그러한가? 그렇다면 그 원인은 무엇일까? 이 연구에선 이러한 문제의식을 가지고 「두포전」의 핵심 모티프인 아기장수 설화의 변용의 의미와 의의에 대해 고구해보고자 한다. 이전 연구에선 주로 아기장수 설화에 내재한

6 전신재, 「김유정소설과 이야기판」, 김유정기념사업회 편, 『한국의 이야기판 문화』, 소명출판, 2012, 466쪽.

7 백현주, 「두포전 연구」, 『한국아동문학연구』 34, 한국아동문학학회, 2018, 139・143쪽.

8 전신재의 「김유정소설과 이야기판」은 김유정학회(2011.4.16. 강원대)에서 발표한 것이고, 그때 지정 토론자가 김양선이었다. 전신재, 앞의 글, 468쪽.

9 "김유정 소설이 농촌의 하층민, 유랑민들의 빈핍한 삶을 다루고 있다는 점에 비춰볼 때 「두포전」은 이런 김유정 소설의 큰 줄기에서 벗어난 듯이 보인다. 그저 작품이 범작에 그친 탓인지, 동화라는 장르 탓인지, 아니면 미완성 작품의 후반부를 현덕이 썼기 때문이지, 설화의 근대적 변주가 제대로 이루어지지 못한 때문인지 선생님의 평을 듣고 싶다." 김양선, 「「김유정 소설과 이야기판」에 대한 토론문」, 김유정기념사업회 편, 앞의 책, 471쪽.

민중성을 기준으로 「두포전」을 해석하고 평가했지만, 소설은 당대 사회의 모순과 작가의 욕망이 빚어낸 상징적 표현이므로 여기선 그 자체의 해명에 초점을 둔다.

그 문제에 답하려면 설화로 전승되는 공동체의 문화와 정서뿐 아니라 그 오래된 이야기를 다시 향유케 하는 당시 사회와 작가의 상황에 대한 탐구가 필요하다. 특히 동아시아 삼국(한국, 일본, 중국)은 고대부터 문화적 영향을 긴밀히 주고받았으며 「두포전」이 창작된 일제 강점기는 문화적 혼성이 일어나던 시기였다. 앞에서 지적한 것처럼 그동안 「두포전」은 한국 아기장수설화의 민중성에 제약되어 그 의미를 제대로 해명하기 어려웠다고 생각한다. 그래서 「두포전」을 동아시아 아기장수 설화와 비교, 고찰하면 그 변용의 의미와 의의를 보다 선명히 드러낼 수 있을 것으로 기대한다. 여기서 아기장수 설화는 '미천한 신분의 신이한 능력을 갖고 태어난 아기장수'를 주인공으로 한 설화로 다소 범박하게 정의한다. 그 일차적 이유는 우리나라 아기장수 설화의 기본 유형이 실패한 영웅 이야기인 데 반해, 다른 나라에선 성공한 영웅 이야기도 많기 때문이다. 보다 근본적인 이유는 '아기장수 설화'의 본령이 민중의 욕망을 상징화한 '아기장수'에 있다고 보기 때문이다.

아기장수는 아기처럼 작고 약한 존재에게 장수와 같은 신이한 능력이 부여된 인물로, 그를 주인공으로 한 이야기엔 힘없고 결핍된 자들의 욕망이 반영되어 있다. 아기장수는 '아기'라는 태생적 한계 때문에 양육자와 시간이 필요하다. 우리나라에선 양육자가 살해자가 되거나 아기장수가 성장하기 전에 그가 있는 곳을 발설하여 비극적 결말을 맺지만, 그

두 조건이 충족된 다른 나라 아기장수는 뜻을 이루어 완전한 존재로 거듭난다.

「두포전」의 주인공 '두포'는 적대자에게 생명을 위협당하지만, 양육자와 시간이 확보돼 행복한 결말을 맞는다. 즉 「두포전」에는 우리나라 및 다른 나라의 설화적 요소가 모두 담겨 있다. 물론 김유정이 전용한 설화는 우리나라 설화로 보이지만, 비극적 결말을 행복한 결말이 되도록 변형한 요소를 다른 나라의 성공한 아기장수 이야기와 비교하면 그 변용의 원인과 의미를 해석하는 데 도움이 될 것으로 보인다.

요컨대, 이 글은 「두포전」의 인물과 중심사건을 동아시아 아기장수 설화와 비교하여 그 변용의 원인과 의미를 당대 사회 및 작가의 상황을 고려하여 탐구할 것이다. 대상 설화는 한국의 「아기장수 설화」, 일본의 「모모타로우」와 「잇슨보우시」, 몽골의 「호왕의虎王衣」와 「귀만 한 작은 아이」[10]이다. 다른 나라 설화는 동아시아 아기장수 설화에 대한 기존 연구[11]를 참고하고, 한국에 번역된 동아시아 설화집을 조사하여 선정한 것이다. 그리고 각 지역에 널리 알려졌으며 「두포전」과 유사한 성공담을 기준으로 선정했다. 아울러 신체의 힘과 지혜의 힘이 부각된 유형으로 나눠 두 편씩 골랐다. 2절에서 「두포전」의 화소와 전용 설화를 밝혀 설화의 변용 양상을

10 중국의 아기장수설화를 찾지 못하였다. 동아시아 아기장수 설화를 연구한 강은해도 중국 설화를 찾지 못해 한국, 일본, 베트남 설화를 비교하고 있다.(강은해, 「동아시아 아기장수 설화의 전승과 사회교육 담론」, 『동아시아 설화문학연구』, 도서출판 태양, 2014, 138쪽) 그래서 지리적, 문화적으로 중국과 가까운 몽골 아기장수설화를 대상으로 삼았다.

11 위의 글; 김웅교, 「이야기를 통한 사회인식과 문화콘텐츠－한국 「아기장수설화」와 일본 「잇순보시」의 비교연구」, 『열상고전연구』 28, 열상고전연구회, 2008; 장두식, 「몽골의 영웅이야기 연구－내몽골지역의 영웅이야기를 중심으로」, 『국문학논집』 22, 단국대 국어국문학과, 2013.

파악한 뒤, 3절에서 한국·일본·몽골의 아기장수와 두포를 '신분, 적대자에 대한 행동, 성공의 비결'로 나누어 비교하겠다. 4절에선 이상의 분석 결과를 참고하여 「두포전」의 의미와 의의에 대해 해석하겠다.

2. 「두포전」의 전용轉用 설화

「두포전」은 강원도 춘천의 「아기장수 전설」과 「장수 전설」을 전용한 것으로 보이고 경기도 안산시의 「다리 잘린 윤정승 설화」에서 비슷한 모티프를 발견할 수 있다. 지금까지 춘천의 설화만 알려져 왔고, 안산시 설화는 여기서 처음 밝히는 것이므로 전자는 간략히 밝히고, 후자를 자세히 설명하겠다. 먼저 「두포전」의 화소를 밝히면 다음과 같다.

「두포전」의 중심 화소

① 강원도 장수골의 노부부에게 어느 날, 노승이 아들이라며 아기를 주고 가다.

② 아기 두포는 동냥젖을 먹고도 잘 자라고 어른보다 힘이 세다.

③ 동네 장사 칠태가 두포네 담을 넘었다가 두포에게 들려 밖으로 내쳐지다.

④ 칠태가 산에서 도끼로 두포의 목덜미를 내리찍다 도리어 왼쪽 눈을 잃다.

⑤ 칠태와 마을 사람들이 두포를 밧줄로 묶지만 두포가 힘으로 끊어내고, 두포 집에 불을 지르나 비가 내려 불이 꺼지다.

⑥ 칠태가 산에서 두포에게 도끼를 내려찍는데 도리어 자기 다리가 찍히다.

⑦ 노승이 나타나 칠태를 집에 데려다주며 타일렀으나, 칠태는 두포가 자기 다리를 못 쓰게 했다고 모함하다.

⑧ 칠태가 마을의 집들에 불을 지르며 두포 짓이라고 모함하다.

⑨ 칠태는 두포가 용마 탄 장수로 되어 나온 바위에 구멍을 뚫어 끓는 납을 붓고, 산이 무너져 죽다.

⑩ 칠태 때문에 두포는 장수의 기운을 잃었지만 태자 신분으로 돌아가 그 마을의 세금을 면해주고 떠나다.

위에서 보는 것처럼 「두포전」은 두포의 신이한 능력과 그것을 시샘한 칠태의 괴롭힘으로 사건이 전개된다. 적대자인 칠태는 감추어진 두포의 능력을 드러내고 갈등을 심화시켜 서사에 긴장과 재미를 준다. 전체 서사를 '두포 이야기'와 '칠태 이야기'로 구분할 수 있을 정도로 칠태의 비중이 높다. 하지만 지금까지 칠태는 별로 주목받지 못했다. 그 이유는 「두포전」에서 아기장수 설화만 전용됐다고 여겼기 때문이다. 그 화소를 정리하면 다음과 같다.

신동면 증리 「아기장수 전설」의 중심 화소[12]

① 신동면 증리 금병산 뒤 장수골의 가난한 부부가 아들을 낳다.

② 아기가 태어나자 용마도 함께 태어나다.

③ 아기의 양쪽 겨드랑이에 날개가 달려 있다.

12 춘천백년사편찬위원회 편, 『춘천백년사』, 춘천백년사 편찬위원회, 1996, 1381쪽에 수록된 자료를 참고하여 정리했다.

④ 동네 사람들이 아기의 날개를 잘라버리자 아기는 시름시름 앓다가 죽다. 혹은 일본 사람들이 아기에게 뜨거운 물을 부어 죽이다.

⑤ 아기가 죽자 용마도 따라 죽다.

위의 화소를 볼 때, 「두포전」에서 장수골의 가난한 집이라는 공간, 아기장수의 표징인 용마와 겨드랑이 날개, 가해자로서 동네 사람들, 신이성을 없애는 소재로 뜨거운 액체를 전용했다는 사실을 알 수 있다. 서면 금산리의 「장수전설」에서는 쇳물을 부어 장군에게 해를 가하는 모티프가 유사하다.[13] 칠태의 이야기는 그 전용 여부를 확정하기 어렵지만, 경기도 안산시 단원구 초지동의 「다리 잘린 윤정승 설화」에서 비슷한 모티프가 보인다. 그 전문을 소개하면 다음과 같다.

「다리 잘린 윤정승 설화」 전문[14]

둔배미 사람들은 모두 하나같이 체격이 크고 힘이 장사였다. 게다가 배를 타고 험한 바다를 누비는 뱃사람들인지라 무척 거칠었다. 어느 날 **윤정승의 동생(두포(杜浦) 자손**[15]이라 전하나 두포 자손이 무슨 뜻인지 제보자는 모르고 있음. 두포는 윤지완의 형 좌의정 윤지선의 호이며, 여기서 윤정승 동생이라 함은 윤지완을 이르는 것임)이 양짓말에서 둔배미로 이사를 왔다.

둔배미로 이사를 오니, 사람들이 모두 날쌔고 힘이 장사라 절구통 세 개

13 "우리나라 조정이 권력 다툼으로 혼란할 때 장군굴에서 장군이 태어났다. 나라에서 이를 알고, 그 장군을 장군굴에 몰아넣고 쇳물을 부어 죽였다." 위의 책, 1381쪽.

14 한국향토문화전자대전(http://www.grandculture.net/ko/Contents/Index).

15 이하 강조는 이해의 편의를 위해 필자가 표시하였다.

를 쌓아 놓고 모듬발로 뛰어넘기는 보통이고, 이로 절구통을 물어 올려 머리 뒤로 던지기까지 하였다. 윤정승의 동생이 원인을 알아보니 마을의 우물물이 신비하여 그 물을 먹고 사는 마을 사람들이 모두 장사라는 것이었다. 윤정승의 동생은 우물을 메우고 다시 양짓말로 이사를 갔다.

한번은 구주물 서낭(군자봉 성황)이 마을로 유가를 도는 중 동산골에 이르자 윤정승이 나와 멈추게 하고 "네가 그렇게 영험하다니 혼자서 서 보아라" 하고 서낭기에게 명하였다. 서낭기가 홀로 우뚝 서자 윤정승은 다시 "서기만 하지 말고 뛰어서 저 외나무다리를 건너 보아라" 하고 명하였다. 그러나 이번에는 꼼짝도 하지 않았다. 서낭기가 전혀 움직이지 않자 윤정승은 "영험하다는 게 모두 거짓말이었구나" 하며 비웃고 돌아섰다.

그런데 그날 밤 윤정승 꿈에 수염이 하얀 노인이 나타나 서낭님을 욕했으니 벌을 받기 전에 어서 사과하라고 하였다. 그러나 윤정승은 이에 응하지 않았다. 다음 날도 그 다음 날도 몇 번 다시 꿈에 나타나 빌지 않으면 네 자식들을 모두 잡아가겠다고 했으나 끝내 윤정승은 이를 거절하였다. 그 후 윤정승의 세 아들은 모두 이름 모를 병으로 세상을 떠났다.

아들이 죽은 후 노인은 다시 윤정승의 꿈에 나타나 사죄하라고 했으나 윤정승은 또 거절하였다. 그러자 노인은 "에이 지독한 놈!"하며 들고 있던 낫으로 한쪽 다리를 찍으면서 "너도 한쪽 다리로 뛰어서 외나무다리를 건너보아라" 하면서 꿈에서 사라졌다. 그 후 윤정승은 한쪽 다리를 잃었고, 구주물 서낭도 유가를 돌 때 동산골 앞은 절대로 지나지 않고 산을 멀리 돌아 둔배미로 왔다고 한다.

이 이야기의 주인공이 "윤정승의 동생(두포의 자손)"[16]이라 한 데서 「두포전」의 주인공 이름이 발견되고 윤정승의 동생 윤지완의 행위와 결과가 칠태의 이야기와 유사하다. 즉, 윤지완은 둔배미 사람들이 장사가 못되도록 우물을 메우고, 서낭을 욕보이고도 사과하지 않아서 다리가 잘렸다. 그 점이 칠태가 두포를 방해하고 여러 차례 기회를 주어도 뉘우치지 않아 천벌을 받은 점과 유사하다. 특히 칠태가 다리를 다치고 나서 노승이 나타나 타이르는 장면은 매우 유사한 모티프로 보인다.

요컨대 김유정은 「두포전」을 창작할 때 '하늘이 내린 아기장수를 사람이 죽이는 이야기(아기장수 설화)'와 '하늘의 뜻을 욕보인 자가 벌 받는 이야기(다리 잘린 윤정승 설화)'를 결합하여 '아기장수를 욕보인 사람이 벌 받는 이야기'를 형성한 것으로 보인다.

3. 한국 · 일본 · 몽골의 '아기장수'와 '두포'

1) 민중적 영웅과 귀족적 영웅

조동일은 한국의 설화에 등장하는 영웅을 그 신분에 따라 민중적 영웅과 귀족적 영웅으로 나눈 바 있다. 한국에서는 영웅의 신분에 따라 사건의 결말도 달라져서 귀족적 영웅은 위기를 투쟁으로 극복해 승리자가 되

16 "조선 후기 윤지완의 형 윤지선(호는 두포)은 좌의정을 지냈고, 윤지완은 우의정을 지냈는데, 형제 정승 중 동생 윤지완이 더욱 뛰어났다고 한다. 윤지완은 효심도 지극하였다. 부모님의 3년 상을 지내던 중 무릎이 동상으로 썩어 들어가고 있었음에도 불구하고 이를 무시하고 시묘하는 일에만 열중하였다. 그래서 그는 결국 다리를 잃는 고통을 당하였다. 그 후 사람들은 그를 '일각정승'이라 불렀다고 한다." 한국향토문화전자대전.

〈표 1〉 한국 아기장수 설화의 중심 화소

날개형	은신형
1. 가난하고 마천한 집에 아기가 태어나다.	1. 가난하고 미천한 집에 아기가 태어나다.
2. 태어난 지 얼마 안 되어 어른들이 집을 비운 틈에 아기가 천장에 달라붙어 있곤 했다는 사실(또는 시렁 위에 올라 앉아 있거나, 밤중에 몰래 빠져나가 바위를 들었다 놨다 하거나 나무 위를 날아다닌다는 사실)이 발견되다.	2. 어머니가 모심기를 하는데, 해질녘 어떤 남자가 하루 동안 심은 모가 몇 포기냐고 묻다.
3. 이 사실을 알고 부부가(또는 동리 사람들이나 집안 어른들과)서로 의논하다.	3. 어머니가 대답을 못 하자, 아기가 당신은 오늘 하루 동안 걸어온 발자국이 몇 발자국이냐고 되묻다.
4. 이 아기로 인하여 집안에(또는 동리에) 화가 미칠 것을 두려워하여 아기를 죽이기로 결정하다.	4. 집으로 돌아와 아기는 일정 기간 동안(주로 30일) 땅 속에(또는 바위 밑) 숨어 있을 테니 어머니에게 콩 서 말, 팥 서 말(또는 조 서 말)을 볶되 절대 하나라도 먹지 말라고 하다.(또는 그냥 그것들을 구해달라고만 함. 그랬을 경우 5번은 생략되어 있음).
5. 서답돌로 눌러 죽이다(또는 맷돌 한 쌍으로 눌러 죽이거나, 재륷으로 찔러 죽임).	5. 어머니가 볶다가 맛을 보기 위해 하나 먹어보다.
6. 아기가 죽은 후에 용마가 나와 뒷산(앞산, 집 위, 마을 어귀)에서 사흘 동안 울다 죽다.	6. 아기가 자기 숨은 곳을 절대 아무에게도 가르쳐 주지 말라고 하고 땅 속으로 들어가다.
	7. 예전의 그 사람이(또는 관군이나 일본군이) 아기를 찾으러 오다.
	8. 어머니는 처음엔 가르쳐 주지 않다가 살해 위협에 못 이겨 가르쳐 주다.
	9. 그곳을 파보니 아기가 막 말 등에 올라타려고 하고 있었고, 콩과 팥은 군사가 되어 있었으나 빛이 들어가자 사라지다(또는 콩과 팥으로 관군과 싸웠으나 하나가 모자라 죽음).

며, 민중적 영웅은 실패하여 비극적 결말을 맺는다.[17] 한국의 아기장수 설화는 민중적 영웅의 대표적인 유형이다. 전국에 분포된 설화인데 크게 날개형과 은신형(곡물형)으로 나뉜다. 그 화소를 정리하면 〈표 1〉과 같다.[18]

17 조동일, 『한국 설화와 민중의식』, 정음사, 1985, 118쪽.

은신형이 날개형보다 아기장수에게 성장할 시간을 주고 양육자가 직접적인 살해자가 되지 않도록 하지만 양육자의 두려움이 아기장수가 죽음에 이르도록 한 것은 마찬가지이다. 한국 아기장수 설화에서 비극의 일차적 원인은 지배 세력이 금기시하는, 피지배계층의 가정에서 아기장수가 태어났기 때문이다.

「두포전」에선 아기장수 두포의 신분을 태자로 바꿔 이야기의 비극성을 원천봉쇄한다. 하지만 두포는 일반적인 귀족적 영웅과 달리, 갓난아기 때부터 15세까지 가난한 산골에서 양육되었으므로 민중의 삶이 체현된 인물로 볼 수 있다. 또 「두포전」은 한국의 아기장수 설화와 비교할 때 부모의 신분뿐 아니라 나이도 변형되었다. 아기를 낳을 수 있는 젊은 세대에서 노인 세대로 바뀐 것이다. 이것은 일본과 몽골의 설화에서도 발견되는 모티프이다. 대상 설화의 처음 부분을 예시하면 다음과 같다.

가) 옛날 옛날, 어느 곳에 할아버지 할머니가 살고 있었습니다. 「모모타로우」

나) 옛날 옛날, 어느 곳에 할아버지 할머니가 있었습니다. 아이가 없었기 때문에 아이가 너무 갖고 싶어서 매일 신에게 빌었습니다. 「잇슨보우시」

다) 옛날에 어느 한국(汗國)에 한 가난한 아르트(백성)가 있었다. (…중략…) 그의 아내는 모두 세 아이를 낳았었으나 불행하게도 모두 죽고

---

18 『구비문학대계』에 채록된 이야기들을 대상으로 개관한 강유리의 「「아기장수」 설화 연구—이데올로기 수용의 관점에서」(『한국고전연구』, 한국고전연구학회, 1996, 266~267쪽)자료를 참고하여 정리한 것이다.

그들 부부만 남아 쓸쓸하고 괴로운 인생을 살아가고 있었다. 어느 해 겨울에 이 아르트의 아내는 갑자기 한 사내 아기를 낳았다. 「호왕의」

라) 옛날 옛날에 두 노인이 살고 있었다. 「귀만 한 작은 아이」

위와 같이, 다) 몽골의 「호왕의」만 빼고 모두 가난한 할아버지, 할머니가 아기장수의 부모로 등장한다. 노인은 일반적으로 아기를 낳을 수 없기 때문에 이러한 설정은 아기의 신이성을 높여준다. 모모타로우는 할아버지, 할머니가 먹으려고 가져온 복숭아에서 태어났으며, 잇슨보우시는 매일 신에게 빌어 낳은 아이고, 귀만 한 아이는 할아버지가 염소를 죽여 그 귀에 흙을 넣어 생긴 아이다. 두포는 자식을 원하던 할머니가 용꿈을 꾸고, 노승의 시험에 통과한 후 얻었으므로 앞선 설화들과 상통한다.

요컨대 두포는 미천한 신분의 동아시아 아기장수와 달리, 임금의 아들이지만 아기 때부터 15세까지 산골 마을에서 양육되어 민중성을 체현한 귀족적 영웅으로 볼 수 있다. 한편 그 양육자를 노인 세대로 설정하여 일본과 몽골의 설화에서처럼 인물의 신이성을 강화하고 있다.

2) 공격형 장수와 방어형 장수

한국의 아기장수 설화는 기본형이 비극적 결말을 맺는 것이지만, 일본과 몽골의 설화에선 행복한 결말인 것이 많고 잘 알려져 있다. 그 점에선 일본과 몽골의 설화가 「두포전」의 구조와 유사하다. 하지만 인물의 행동방식에서 차이를 보인다. 따라서 여기선 적대자에 대처하는 인물의 행동을 중심으로 설화의 아기장수와 두포를 비교하겠다. 특히 일본 설화의 주인공들과 그 차이점이 두드러지므로 일본 설화를 중심으로 비교하겠다. 실상 한국 설화의 아기장수는 아기가 성장할 시간을 갖지 못하고 살해되기 때문에 아예 행동할 기회를 잃는다. 또 살해자(부모, 마을사람들)가 적대자가 아닌 피해자이므로 아기장수는 오히려 부모가 자기를 죽일 수 있도록 돕는 경우[19]도 있다.

일본의 대표적인 아기장수 설화는 「모모타로우」와 「잇슨보우시」이다. 그 중심 화소를 정리하면 〈표 2〉와 같다. 표에서 보는 것처럼 모모타로우와 잇슨보우시는 둘 다 길을 떠나 소원을 성취한다. 두포처럼 힘이 세고 영리한 모모타로우는 사람들을 괴롭히는 귀신을 퇴치하기 위해 그들이 살고 있는 귀신 섬으로 간다. 개, 원숭이, 꿩이 그 일에 동참하고, 귀신 섬에서 인간의 보물을 되찾아오는 것으로 보아 평소 귀신들이 인간 세상에서 나쁜 짓을 많이 했음을 알 수 있다. 이러한 적대자를 물리치는 모모타로우의 방식은 매우 공격적이다. 마을에 침입한 귀신을 물리치는 것이 아니라 아예 그들의 본거지로 쳐들어가 대장의 항복을 받아낸 것이다. 잇슨보우시는 모모타로우처럼 장사는 아니지만 용감하고 지혜롭다. 그는 손가락만 한 몸으로 강을 건너 먼 수도로 가서 영주의 환심을 사 부하가 된다. 무엇보다 그의 신이한 능력은 인간이 못 보는 귀신을 볼 수 있다는 것이다. 귀신들이 영주 딸을 납치하려 하자, 그는 발 빠르게 귀신의 눈을 찔러 물리친다. 정체를 모르는 존재에게 기습을 당한 귀신들은

19 "아이를 죽이려고 볏섬을 올려놓고 누르거나 돌덩이를 겹쳐 놓아도 아이는 쉽게 죽지 않았다. 이때 아이가 자기 엄마를 불러 말했다. 엄마, 나를 죽이려면은 나락섬 위에 맷돌(혹은 댓돌) 두 개를 포개놓고 누르세요. 그러면 내가 죽을 거예요." 김창현, 「아기장수설화에 나타난 한국 민중들의 생명관」, 『인문과학』 33, 성균관대 인문과학연구소, 2003, 117쪽.

〈표 2〉 일본 아기장수 설화의 중심 화소

모모타로우	잇슨보우시
할머니가 강에서 주운 복숭아에서 아기(모모타로우)가 태어나다. 모모타로우는 매우 영리하고 대단한 장사로 자라나 일본 제일의 아이가 되다. 어느 날, 모모타로우는 수수경단 도시락을 만들어 귀신 섬의 귀신을 퇴치하러 가다. 가는 길에 개, 원숭이, 꿩을 만나 함께 가다. 모두 힘을 합쳐 귀신과 싸워 이기고 보물을 찾아 집에 오다.	아이가 없던 노부부가 신에게 빌어 손가락보다 작은 아이(잇슨보우시)가 태어나다. 어느 날, 잇슨보우시는 밥그릇, 젓가락, 바늘을 가지고 출세하기 위해 수도로 가다. 밥그릇 배와 젓가락 노를 저어 수도에 무사히 도착하다. 영주 집에 가서 그의 부하가 되어 그의 딸과 함께 지내다. 어느 날, 영주의 딸과 자기를 납치하려는 귀신을 바늘로 물리치다. 귀신이 두고 간 도깨비 방망이로 키가 커져 영주의 딸과 결혼하다.

공포에 휩싸여 도깨비 방망이도 챙기지 못하고 도망친다. 이와 같이 일본의 아기장수들은 적대자를 먼저 공격하여 승리하고 그 전리품을 획득한다.

이에 반해 두포는 먼저 공격하지 않는다. 두포는 칠태와 마을 사람들에게 네 번씩 공격을 당하는데 두포가 나서서 대응한 것은 각기 처음 한 번뿐이다.

가)

아무리 생각하여도 두포의 재주에는 놀라지 않을 수가 없었습니다. 광문 앞에서 필연, 두포가 칠태의 몸을 번쩍 들어 공중으로 팽개친 것이 분명합니다. 그래놓고는 그 몸이 대문 밖 밭고랑에 가 떨어지기 전에 날쌔게 뛰어나가서 두 손으로 받은 것이 아니겠습니까. 그렇지만 않았다면 칠태는 땅바닥에 그대로 떨어져서 전병같이 되고 말았을 것입니다.[20]

---

20 전신재 편, 『원본 김유정 전집』, 강, 1997, 353쪽.

나)

그때 동리 사람 삼십 명은 한꺼번에 와짝 달겨들어 두포를 사로잡았습니다. 어떤 사람은 팔을 뒤로 꺾고, 또 어떤 사람은 모가지를 밧줄로 얽어다립니다. 이렇게 두포를 얽었을 때, 두포는 조금도 놀라는 기색이 없습니다. 그냥 묶는 대로 맡겨두고, 뻔히 바라보고 있을 따름입니다. (…중략…) 이때 묵묵히 섰던 두포가 두 어깨에 힘을 주니, 몸을 몇 고팽이로 칭칭 얽었던 굵은 밧줄이 툭툭 나갑니다. (…중략…) 이렇게들 얼이 빠져서 멀거니 서 있을 때, 두포가 두 팔을 쩍 버리고 몰아냅니다.[21]

가)는 칠태가 두포네 담을 넘었을 때 두포의 행동을 인용한 부분이다. 두포는 "이놈! 다시 그래봐라. 이번엔 허릴 끊어 놀 테니"[22] 하고 엄포를 놓긴 하지만, 칠태가 다치지 않도록 대문 밖에 던지곤 달려 나가 두 손으로 받아준다. 나)에서처럼 동네 사람들이 몰려와서 두포를 밧줄로 묶었을 때도 마찬가지 반응을 보인다. 그냥 힘으로 밧줄을 끊어내고 동네 사람들을 몰아낼 뿐이다. 칠태의 악행에 맞서 눈을 잃게 하고 다리를 다치게 하며 결국 죽음에 이르게 한 것은 "하느님"[23]이다. 마을 사람들이 두포네 집을 불로 태우고, 물에 수장시키려 할 때 역시 그에 맞선 것도 "하느님"이다. 두포는 그 덕분에 자기의 능력을 생명을 살리는 데 쓰지 해치

21 위의 책, 357~358쪽.

22 위의 책, 353쪽.

23 "그제야 칠태는 자기가 천벌을 입은 줄을 깨닫고 "아아, 하느님 제 죄를 용서하십시사" 하고 비는 것이나 이미 몸은 쏟아져내리는 돌 밑에 묻히고 말았습니다." 위의 책, 371쪽. 이와 같이 '하늘, 하느님'이라는 말이 이 작품에 총 네 번 나온다.

는 데 쓰지 않는다. 두포는 산에서 뜯어온 약풀로 늙은 부모의 생명을 연장하고, 생명이 위독한 동리 사람들을 구한다.

일본 설화의 아기장수들과 비교할 때 두포는 방어형 장수다. 하지만 그 차이는 용기와 능력 때문에 생긴 것이 아니라 적대자의 성격 때문에 생긴 것이다. 일본 설화에서의 적대자는 인간을 괴롭히는 귀신들로 공동체 외부의 존재이다. 그들을 무찌르는 것은 공동체의 행복과 평화에 이바지한다. 하지만 「두포전」에서의 적대자는 공동체 구성원이다. 그것도 힘없고 가난한 민중들이다. 두포가 칠태와 마을 사람들을 해치기라도 하면 두포는 더 이상 그 공동체에 머물 수가 없다. 무엇보다 두포가 노승에게 술법을 배우며 용마를 타고 훈련했던 것은 미래의 군왕으로서 이 민중들을 지키기 위함일 것이다. 그러므로 두포는 아무리 마을 사람들이 괴롭혀도 적극적인 공격을 할 수가 없다.

이와 같이 적대자가 내부자일 때 아기장수들은 좀 더 곤란한 상황에 처한다. 그 자의 신분이 백성들을 괴롭히는 권력자일지라도 외부의 적대자들처럼 먼저 공격해선 도덕적 정당성을 잃기 쉽다. 몽골의 아기장수 설화에선 적대자가 바로 이 내부의 권력자로 설정되어 있다. 다음 절에서 몽골의 설화를 중심으로 살피며 이 양상에 대해서도 검토하겠다.

3) 대결로 쟁취한 왕과 인내로 되찾은 왕

몽골의 아기장수 설화는 한국처럼 지배 권력이 아기장수의 능력에 위협을 느껴 아기장수를 해치려는 이야기가 많다.[24] 그중 아직 어린 신분으로 왕과 대결하여 승리한 이야기 두 편을 들면 〈표 3〉과 같다.

〈표 3〉 몽골 아기장수 설화의 중심 화소

「호왕의(虎王衣)」	「귀만 한 작은 아이」
어느 해 겨울, 세 아이를 잃은 가난한 부부가 갑자기 아들, 꾸난을 낳다. 꾸난은 시간마다 자라고 하루에 양 한 마리씩 먹어 치우더니 3일째 일거리를 찾아 나서다. 꾸난은 황제에게 가 그의 호위병이 되다. 사냥하러 가서 꾸난이 호랑이를 잡아오자 황제가 그 가죽을 갖고서 호왕의 욕심이 생겨 꾸난에게 호왕을 잡아오라고 하다. 꾸난은 어떤 늙은 아르트가 준 조랑말을 타고 길을 가다 소녀, 거북의 목숨을 구해 예물과 수정구슬을 얻다. 어느 동네 노인이 호왕에게 외딸을 빼앗겼다고 구해달라고 하다. 꾸난은 예물과 힘으로 호왕을 죽이고 아가씨를 구하여 아가씨와 결혼하다. 황제는 꾸난의 아내에게 호왕의를 짓게 한 뒤 잔 치를 벌이다. 황제가 호왕의를 입자 호랑이로 변하여 사람들을 마구 덮치다. 꾸난은 힘으로 그 호랑이를 죽여 고이 묻어주고, 백성들은 즐겁게 살다.	옛날에 가난한 노부부가 살고 있었는데, 어느 날 할아버지가 염소를 죽여 그 귀에 흙을 넣어 귀만 한 아들이 생기다. 어느 날 아들이 없어져 가축을 다 죽여도 찾지 못하다. 늑대 뱃속으로 들어간 아이는 늑대가 가축우리에 가면 소리를 질러, 굶어죽게 된 늑대는 스님에게 방법을 묻다. 늑대가 스님이 준 약을 먹고 바람을 거슬러 달려가다 똥을 싸니 아이가 섞여 나와 똥을 닦다. 아이는 지나가는 젊은이들이 자기를 무시하자 힘겨루기 시합을 제안하다. 왕의 황소 훔치기 내기에서 아이가 이기다. 왕이 그들에게 찾아오지만 구두 밑창과 모자 꼭지를 도둑맞았단 사실을 몰랐던 점을 부끄럽게 여겨 왕위를 건 시합을 제안하다. 아이는 지혜로 왕의 여의주를 획득해 내기에서 이겨 왕이 되다.

「호왕의」의 꾸난은 한국의 아기장수, 일본의 모모타로우처럼 성장 속도가 빠르고 일반인이 따라올 수 없는 엄청난 힘을 가진 존재이다. 꾸난도 일본의 아기장수들처럼 집을 나서는데 그 원인이 먹거리를 얻기 위해서란 점이 다르다. 또 꾸난도 잇슨보우시처럼 권력자의 부하가 되는데, 권력자가 적대자로 기능한다는 점이 다르다. 「호왕의」에서 황제는 자기 탐욕을 위해 백성을 희생시키는 자이다. 그래서 황제가 죽자 백성들은 자유와 평화를 얻어 서로 사랑하며 즐겁게 지낸다. 하지만 꾸난은

24 주채혁이 옮겨 엮은 『몽고 민담』(정음사, 1985)에 「산아이」, 「빠린의 씨름꾼」 등이 있다.

황제에게 처음부터 적대적 태도를 취한 건 아니다. 오히려 그의 부하가 되어 그의 명령을 따르며 그를 지켜준다. 꾸난이 황제를 죽이게 된 계기는 황제가 호왕의를 입고 호랑이로 변해 사람들을 마구 해칠 때였다. 즉 같은 존재일지라도 황제의 형상일 때가 아니라 호랑이였을 때 죽인 것이다. 꾸난은 그 호랑이가 황제임을 알고 고이 묻어주기까지 한다. 이런 점을 볼 때 꾸난이 황제를 죽이긴 하지만 그것이 지배 체제의 전복을 꾀하는 것이 아님을 알 수 있다. 그래서 이 이야기에서 꾸난은 왕이 되지 않는다.

「귀만 한 작은 아이」는 「호왕의」에서처럼 힘으로 대결하는 것이 아니라 훔쳐오기 대결을 한다. 여기서 대결의 계기는 손상된 자존심이다. 첫 번째 시합은 젊은이들에게 무시당한 아이가 제안한 것이고, 두 번째 시합은 왕의 권위가 훼손당했다고 느낀 왕이 제안한 것이다. 왕은 여의주를 지킴으로써 손상된 권위를 회복하려고 했지만, 결국 아이에게 도둑맞아 왕위까지 내어준다.[25] 여기서 귀만 한 아이는 지혜로 어른들뿐 아니라 왕까지 이겨 신분이 상승한다. 두포도 결말에 이르러 왕이 된다는 점에서 이 설화와 상통한다. 하지만 왕이 되기 위해 필요한 능력이 다르다.

귀만 한 아이에게 왕과의 대결에서 이길 수 있는 지혜와 용기가 필요했다면, 두포에겐 칠태와 마을 사람들의 괴롭힘을 견디는 인내가 필요했다. 그것은 둘의 신분 차이에 기인한다. 귀만 한 아이는 미천한 신분이기에

25 이 장면은 우리나라 「반쪽이」 설화에서 '혼인형'과 유사하다.

왕보다 뛰어난 능력을 입증해 그 자리를 쟁취해야 한 반면, 두포는 잃었던 자리를 되찾을 때까지 목숨을 보전해야 했다. 두포가 칠태나 마을 사람들에게 억울한 누명을 쓰면서도 묵묵히 있었던 이유는 바로 더 위협적인 적대자가 마을 외부에 있었기 때문일 것이다. 작품 후반부로 갈수록 칠태는 두포를 궁지에 몰아넣는데 그 절정은 두포가 온갖 악행의 혐의를 뒤집어쓰고 관가에 고발당한 것이다. 만약 역신이 그대로 세력을 가지고 있었다면 두포는 목숨을 부지하기 어려웠을 수 있다. 하지만 마침 역신이 물러나고 중앙 관리들이 찾아와 두포는 왕이 될 수 있었다.

이상의 논의를 정리하면, 「두포전」의 두포는 한국의 아기장수와 달리, 양육자와 성장 시간이 확보돼 행복한 결말을 맞이하지만 일본, 몽골의 아기장수와 비교할 때 독특한 양상이 보인다. 신이한 능력, 양육자, 성장 시간, 승리와 성공의 결말은 같지만 적대자에 대한 인물의 행동 방식이 방어적이고, 인물에게 인내력이 요구된다는 점이다. 그 이유는 근본적으로 두포가 '은신형 인물'인 데서 찾을 수 있다. 일본과 몽골의 아기장수들은 모두 집을 떠나 다른 공간에서 외부의 적이나 권력자와 대결하여 승리한다. 하지만 두포는 적대자를 피해 은신한 곳에서 그의 능력을 시샘한 마을 사람들의 괴롭힘을 당한다. 이러한 설정은 살해자가 곧 피해자였던 한국의 아기장수 설화와 상통한다. 김유정은 「두포전」을 통해 한국 아기장수 설화의 비극성을 극복하고자 한 것으로 보이며, 그를 위해 하늘(조력자)의 기능을 강화하고 두포의 신분을 하늘이 끝까지 책임지는 태자로 변형한 것으로 보인다.

4. 극한의 시련을 견디는 힘, 천우天祐 판타지

지금까지 김유정의 「두포전」을 한국, 일본, 몽골의 아기장수 설화와 비교하여 분석해 보았다. 그 결과, 작품의 세계는 한국의 '은신형 아기장수 설화'를 전용하면서 중심 사건은 '다리 잘린 윤정승 설화'를 활용하여 '하늘이 내린 장수를 사람이 죽인 이야기'를 '하늘이 내린 장수는 보호하고 그 장수를 괴롭힌 사람이 벌 받는 이야기'로 변형했음을 알 수 있다. 그러다보니 대개의 영웅 이야기와 달리, 영웅의 활약이 드러나지 않아 서사의 파탄이 아닌가라는 오해도 샀다. 하지만 그것은 서사의 파탄이라기보다 당시의 사회모순과 작가의 욕망이 빚어낸 최선의 판타지로 보인다. 일제 말기의 죽어가는 식민지 작가가 아기장수 설화를 떠올린 것은 쉽게 납득할 만하다. '아기장수'는 본래 힘 있는 자에겐 금기시되고, 힘없는 민중의 소망을 상징하고 있기 때문이다.[26] 동시에 그 이야기는 처절한 민중의 현실이 반영되어 아기장수를 좌절시킨다. 이제 그 아기장수를 살려 민중의 희망이 되는 이야기를 쓰고 싶다. 어떤 방법이 있을까?

일본의 아기장수처럼 우리를 괴롭히는 외세를 물리치는 이야기를 쓸 수도 있고, 몽골의 아기장수처럼 탐욕적인 지배자와 대결하여 승리하는 이야기를 쓸 수도 있다. 그러나 현실을 견디기 위한 판타지도 현실에 제약될 수밖에 없다. 일본의 「모모타로우」나 「잇슨보우시」가 일본

---

26 일제 말인 1939년 김동리도 아기장수 설화를 전용한 소설 「황토기」(『문장』, 문장사, 1939.5)를 썼다.

의 대표 설화로 자리잡게 된 것은 근대 일본 사회의 요구—국민국가 형성과 성공하는 인간형 교육—를 바탕으로 널리 활용된 때부터라고 한다.[27] 몽골의 아기장수 설화가 사회를 풍자하며 탐욕적인 지배자를 물리치는 내용이 많은 것도 그들의 생활상을 반영하는 것[28]이면서 몽골의 민담들이 20세기 초 사회주의 혁명 이후에 기록된 상황[29]과도 관

27 "「桃太郎」는 일본인이라면 누구라도 알고 있는 이야기이다. 이 설화의 발생은 정확히 알 수 없지만 에도시대의 출판물에 많이 보이고 있다. 그러나 실제로 「桃太郎」가 일본인 사이에 널리 알려지게 된 것은 메이지 시대 이후의 일로 그것은 활자 인쇄에 의한 보급과 학교 교육이라는 제도에 힘입은 바 크다. 메이지 중기에 국정 교과서의 국어독본에 실린 이후 「桃太郎」은 국민적 영웅으로서 다양한 얼굴을 지니게 된다. (…중략…) 「桃太郎」가 현재와 같은 스타일로 고정된 것은 이와야 사자나미가 편찬한 『日本昔話』에서부터이다. 이와야는 아동잡지 『소년세계』의 편집장으로 있으며 구연동화운동을 전국적으로 확산시켰다. 구연동화운동 이후 널리 알려지게 된 「桃太郎」은 어린이들 사이에 급속하게 퍼졌으며 전국 각지에 桃太郎의 동상이 세워질 정도였다. 이와야는 『桃太郎주의의 교육』이라는 교육 평론을 썼는데 그 속에서 「桃太郎」는 민족주의의 선전재료가 되었으며 근대 학교교육을 통해 만들어진 소년의 모델로서 이데올로기적인 상징이 되었다." 김영남, 「모모타로우(桃太郎)에 나타난 모방적 욕망과 공동체의 형성」, 『인문과학』 35, 성균관대 인문과학연구소, 2005, 105~106쪽. "현재 알려져 있는 잇슨보시는 1670년에 출판된 『오토기조오시』에 처음 실렸다. (…중략…) 이 책 『오토기조오시』는 시집가는 딸에게 주는 교훈서였다. 이 이야기의 교훈은 키가 작거나 능력이 없는 남편이라도 언젠가는 큰 역할을 할 테니 참아야 한다는 교훈성이 있었다고도 해석한다. (…중략…) 이후 잇순보시 이야기는 제2차 세계대전 때는 교과서에 실려 군국주의적 입장에서 해석되어 적국에 전진하는 잇순보시의 모습이 강조되었다. 1960년대 이후에 일본의 고도 성장기에 잇순보시는 성공의 상징으로 교육되어왔다. 이후에도 계속 교과서에 실려 왔으며 중요한 교육교재로 교사들이 사용하는 문학의 교양과정(1965)에도 잇순보시를 어떻게 교육하는지에 관해 실려 있다. (…중략…) 초기에 여성에게 교훈을 주는 이야기로 출발했던 잇순보시 이야기는 현재 성공하는 인간형으로 일본인에게 인식되고 교육되고 있다." 김응교, 앞의 글, 497~508쪽.

28 "몽골 설화의 모습을 주목해보면, 왕과 귀족, 승려 등의 봉건 계급에 반대하는 평민들의 투쟁을 보여준다는 것을 알 수 있다. 주인공은 양치기, 소치기인 고아 소년 등의 형상으로 나오며, 직면한 모든 어려움을 극복하고 지혜로써 왕이나 귀족을 이기며, 종국에는 이들이 행복을 누리게 된다는 줄거리를 가지고 있다." 데・체렌소드놈 편저, 이안나 역, 『몽골의 설화』, 문학과지성사, 2007, 38쪽.

29 "1917년 10월의 사회주의 대혁명 이후 소비에트 연방의 몽골 학자들이 몽골 연구를 더욱 큰 규모로 발전시켜 구비문학 연구를 새로운 단계로 끌어올렸다. (…중략…) 몽골 구비문학의 걸작들이 1921년 민중 혁명 승리 초기에 출간되어 나온 것은 결코 우연한 일이 아니다. (…중략…) 몽골 구비문학의 장르, 좀더 분명히 말하면 설화 갈래는 형제 관계에 있는 몽골과 러시아 두 나라의 학자들이 1920년대부터 공동으로 연구하고 출판을 시작한 것에 시대적 전통이

련 있어 보인다.

그렇다면 일제 말 식민지 작가가 일본이나 몽골의 아기장수 설화와 같은 소설을 쓰는 것이 가능했을까? 설사 그렇게 씩씩하게 투쟁하는 영웅 이야기를 썼다손 치더라도 그것이 과연 문학적 진실을 담지할 수 있었을까? 오히려 또 하나의 「모모타로우」로 오독될 위험이 있지 않았을까? 이런 측면에서 생각해 보면, 「두포전」은 일제 말기의 식민지 작가가 극한의 시련을 표현한 한 방식으로 볼 수 있다. 자기 능력을 맘껏 발휘할 수 없는 은신의 상황에서 장수에게 가장 요구되는 것은 시간을 견디는 힘이다. 그리고 인간이 한계 상황에서 마주하는 판타지는 하늘의 도움이다. 김유정이 「두포전」에서 구현하는 천벌, 천우 모티프가 바로 그러한 천우 판타지라 할 것이다. 그리고 이 판타지는 1939년, 이 소설을 읽는 아동들에게도 유효했다고 본다. 전시체제 아래, 군국주의의 첨병으로 동원되며 생명이 위협 당하던 시절, 아직 힘을 발휘하기 위해 성장할 시간이 필요한 때, 그 시간을 견디며 희망을 잃지 않도록 해준 「두포전」은 그 의의가 적지 않다고 본다.

있다. (…중략…) 몽골에서 구비문학을 학술적인 면에서 채집하고 연구하는 작업은 1921년 민중 혁명 이후 시작되었다." 위의 책, 19~21쪽.

참고문헌

기본자료

데・체렌소드놈 편저, 이안나 역, 『몽골의 설화』, 문학과지성사, 2007.

전신재 편, 『원본 김유정 전집』, 강, 1997.

주채혁 역편, 『몽고 민담』, 정음사, 1984.

춘천백년사편찬위원회 편, 『춘천백년사』, 춘천백년사편찬위원회, 1996.

츠보타 죠우지, 박소현 역, 『일본의 옛날이야기집』, J&C, 2002.

한국향토문화전자대전(http://www.grandculture.net/ko/Contents/Index).

논문 및 단행본

강봉근, 「중국 조선적 설화에 나타난 아기장수 설화의 변이양상」, 『한국언어문학』 52, 한국언어문학회, 2004.

강유리, 「「아기장수」 설화 연구－이데올로기 수용의 관점에서」, 『한국고전연구』 2, 한국고전연구학회, 1996.

강은해, 『동아시아 설화문학 연구』, 도서출판 태양, 2014.

김영남, 「모모타로우(桃太郎)에 나타난 모방적 욕망과 공동체의 형성」, 『인문과학』 35, 성균관대 인문과학연구소, 2005.

김영희, 「아기장수이야기의 신화적 주제 탐색」, 『구비문학연구』 10, 한국구비문학회, 2000.

김유정기념사업회 편, 『한국의 이야기판 문화』, 소명출판, 2012.

김유정학회 편, 『김유정과의 향연』, 소명출판, 2015.

김응교, 「이야기를 통한 사회인식과 문화콘텐츠－한국 「아기장수설화」와 일본 「잇순 보시」의 비교연구」, 『열상고전연구』 28, 열상고전연구회, 2008.

김창현, 「아기장수설화에 나타난 한국 민중들의 생명관」, 『인문과학』 33, 성균관대 인문과학연구소, 2003.

박유희, 「김동리 소설에 나타난 아기장수설화의 변용과 의미－「황토기」와 「사반의 십자가」를 중심으로」, 『현대소설연구』 10, 한국현대소설학회, 1999.

백현주, 「두포전 연구」, 『한국아동문학연구』 34, 한국아동문학학회, 2018.

서대석, 「동아시아 영웅신화 비교 연구」, 『구비문학연구』 11, 한국구비문학회, 2000.
아세아설화학회 · 최인학 편저, 『한중일 설화비교 연구』, 민속원, 1999.
윤주필, 「베트남 아기장수설화의 특징과 소설적 활용」, 『온지논총』 49, 온지학회, 2016.
장두식, 「몽골의 영웅이야기 연구－내몽골지역의 영웅이야기를 중심으로」, 『국문학논집』 22, 단국대 국어국문학과, 2013.
전상국, 『김유정, 시대를 초월한 문학성』, 건국대 출판부, 1995.
조동일, 『한국 설화와 민중의식』, 정음사, 1985.
최시한 · 김경애 · 김지혜 · 김현주 · 안지나 · 엄미옥 · 최배은, 『문화산업 시대의 스토리텔링－OSMU 를 중심으로』, 태학사, 2018.

김유정과 그의 벗, 현덕의 문학 연구[*]

들병이 소설과 「두포전」을 중심으로

박영기

1. 들어가는 말 – 김유정과 현덕의 인연

1937년 아동잡지 『소년』 창간호에는 김유정의 「소꿉질」이라는 짧은 글이 수록되어 있다. 김유정은 이 글을 시작으로 하여 1939년 같은 잡지에 「두포전」(총 1~10장, 1939.1~5)을 발표하는데, 7장부터 작가가 김유정에서 현덕으로 바뀐다. 「두포전」은 김유정(1908.1.11~1937.3.29)이 지병으로 세상을 뜬 후, 미완성이었던 작품을 현덕이 완성하고 잡지에 발표한 것이다. 김유정이 아동잡지에 이름을 올린 경우는 흔치 않아서 1935년 『신아동』[1]과 1937~1939년 『소년』이 거의 유일하다. 김소운의 친일 아동잡지 『신아동』은 일본어를 기본어로 하며 조선어로 된 작품이 부분적

---

* 이 글은 『문학교육학』 62(한국문학교육학회, 2019)에 수록된 논문을 재수록한 것이다.

1 『신아동』에 대한 본격적인 연구는 전무한 상황이다.

으로 수록되는 체제를 갖추고 있었다. 박태원, 정지용, 김유정, 김해경(이상) 등 구인회 멤버들과 이광수의 아동문학 작품이 눈에 띄는 것으로 보아 김유정은 구인회[2]와의 인연으로 이 잡지에 작품을 싣게 된 것으로 보인다.[3] 『소년』[4]에도 박태원, 이태준, 이효석, 정지용 등 구인회 멤버, 당시 '조선일보' 부사장을 지낸 이광수의 글과 함께 김유정의 글이 수록되어 있다. 이 잡지는 1937년 창간된 이래 매월 작가들의 소소한 추억을 소개하는 코너를 마련하였는데 김유정은 창간호에 어린 시절 누이들과의 소꿉놀이 추억을 실어서 축하의 메시지를 대신했다. 이 또한 김유정이 구인회의 여러 벗들과 그간 맺은 이런저런 인연 속에서 이루어진 것이었다.

「어릴 때 하던 장난」, 『소년』 창간호, 1937.4.1.

안회남[5] : 조조잡기

---

2 "1933년 8월에 첫 회원으로 가입한 아홉 사람은 김기림, 이효석, 이종명, 김유영, 유치진, 조용만, 이태준, 정지용, 이무영이었다. 그러나 창단 동인 가운데 이종명, 김유영, 이효석이 탈퇴하고 대신에 박태원, 이상, 박팔양이 가입하였으며, 다시 얼마 지나지 않아 유치진, 조용만이 물러간 자리에 김유정과 김환태가 가입하여 (…중략…) 1936년 3월 창간 겸 종간호로 낸 동인지 '시와 소설'에는 박팔양, 김상용, 정지용, 이태준, 김기림, 박태원, 이상, 김유정, 김환태가 최종적인 동인으로 남게 되었다." 이강언, 「구인회의 두 작가」, 『나랏말씀』 4, 대구대 국어교육과, 1989, 102쪽.

3 김기림이 이상을 추억하는 글을 보면 『신아동』을 만든 김소운이 일본에서 병든 이상을 매일 방문해 주었다는 내용이 적혀 있다. "음식은 그 부군에 게신 허남용 씨 내외가 죽을 쑤어 준다고 하고 마침 素雲이 동경에 와 있어서 날마다 찾아 주고 주영섭, 한천, 여러 친구가 가끔 들러 주어서 과히 적막하지는 않다고 한다."(김기림, 「故 이상의 추억」, 『조광』, 1937.6월호) 김소운과 이상의 친분을 확인할 수 있는 글이다.

4 1930년대 『소년』에 대한 연구를 정리해 보면 다음과 같다. 송수연, 「잡지 『소년』에 실린 1930년대 후반 아동소설의 존재 양상과 그 의미」, 『아동청소년문학연구』 7, 한국아동청소년문학학회, 2010; 박영기, 「1930년대 아동잡지 『소년』에 나타난 중국인 이미지」, 『한중인문학연구』 58, 한중인문학회, 2018; 진선희, 「일제 강점 말기 『소년』 수록 동시 연구」, 『청람어문교육』 58, 청람어문교육학회, 2016; 류수연, 「탐정이 된 소년과 '명랑'의 시대－아동잡지 『소년』의 소년탐정소설 연구」, 『현대문학의 연구』 61, 한국문학연구학회, 2017.

김유정 : 소꿉질

이석훈[6] : 전쟁노름

나는 어릴 적에 나처럼 쪼꼬만 누님들과 소꿉질을 하고 놀았습니다. 어머니께서 어쩌다 떡 한 조각을주시면 그걸 가지고 한 스문아문번이나 넘게스리 반기를 논습니다. 그러니까 조막만한 떡 조각을 가지고라도 우리는 참으로 꽤 많이 오래도록 애껴먹고 놀 수가 있습니다. 그런데 한가지 나쁜 것은 누니들이 사알살 꼬여가며 자꾸만 먹자구만드는데는 아주 질색입니다.[7]

이처럼 김유정은 아동잡지에도 글을 실으면서 구인회 문우들과의 우정을 돈독히 쌓았는데 미완으로 끝난 「두포전」을 완성한 것은 구인회의 벗들이 아니라 후배 격인 '현덕'이다. 현덕은 1932년 『동아일보』 신춘문예에 동화 「고무신」이 뽑히면서 등단하였으며, 본격적인 활동은 1938년 『조선일보』 신춘문예에 소설 「남생이」가 당선되면서 시작된다. 주로 『조선일보』에는 일반소설, 『소년조선일보』에는 동화, 『소년』에는 아동소설을 발표하였다. 현덕은 장르별로 지면을 달리하는 방식을 취하면서 1940년 이후 일제의 탄압으로 대부분의 신문, 잡지가 폐간될 때까지 작품 활동을 이어갔다. 특별히 이 무렵 『소년』에는 7편의 소년소녀소설을 발표하는 등 이 아동잡지를 주요 무대로 맹렬한 창작 활동을 하였다.[8] 현

---

5 안회남은 현덕과 마찬가지로 『조선일보』에 신춘문예 「발(髮)」이 당선되어 공식 등단했다. 이러한 인연으로 『조선일보』의 3대 잡지 『소년』과 인연을 맺게 된 것으로 보인다.

6 1930년 후반기부터는 윤석중의 뒤를 이어 이석훈이 『소년』의 주간 겸 편집인을 맡았다.

7 김유정, 「소꿉질」, 『소년』 창간호, 1937.4.1.

덕은 당시 조선일보 기자였던 구인회 멤버 김기림을 중심으로 '조선일보 계열 매체'[9]를 통해 김유정과 인연을 맺었다. 이 글에서는 김유정과 그의 벗, 현덕의 관계에 초점[10]을 맞추어 들병이 소재 소설과 「두포전」에 나타난 그들의 작품 세계를 살펴볼 것이다.[11]

---

8 박영기, 「현덕의 소년소녀 소설연구 – 조선일보 발행 『소년』 수록 작품을 중심으로」, 『어린이문학교육연구』 17-2, 한국어린이문학교육학회, 2016, 197~214쪽.

9 『소년』지 1937년 7월호를 보면 조선일보 출판부 발행 3대 잡지로 『朝光』, 『少年』, 『女性』의 표지를 소개하면서, "朝鮮日報는 날마다 집집이, 三大雜誌는 다달이 집집이"라는 구호를 적어 놓았다. 이 밖에 1938년 11월호를 보면 金應柱의 「나는 『소년』이외다」라는 글에서 "남이 나를 『소년』이라고 부릅니다. 나의 이름도 『소년』이외다. 나는 올해 두 살이에요. 나이는 어려도 『소년』이랍니다. 나의 아버지 이름은 『조광(朝光)』이구요, 나의 어머님 이름은 『여성(女性)』입니다. 나는 부모님을 사랑합니다. 그리고 나는 왼 세상에 소년소녀를 다 만나보고 싶습니다"라고 하였다.

10 지금까지의 연구는 들병이 작품이나 「두포전」을 각각 단편적으로 다룸으로써 김유정과 현덕의 생애 세계 전반에 걸친 서로 간의 영향 관계와 문학세계를 포괄적으로 조망할 수 없었다. 이 글은 아동문학 분야에서 활동했던 김유정의 이력과 작품들을 새롭게 발굴하고 분석하여, 두 작가의 작품에 나타난 공통적인 세계관과 차이점에 대해 조명하고 이를 통해 두 작가 연구의 지평을 확장하고자 했다는 점에서 의미를 가질 것으로 본다.

11 이 글의 전반부는 비교문학연구의 성격을 띠고 있다. 김유정 작가의 사상과 철학이 현덕과의 교유 속에서 어떻게 전파되고 영향을 주었는지를 생애 관계와 문학작품분석을 통해 실증적으로 탐구한다. "비교는 문학비평에서 매우 중요한 요소이다. 커든(J. A. cuddon)은 문학비평이 문학작품의 '비교', '분석', '해석', '가치평가'라는 4가지 요소로 이루어진다고 보고, '비교'를 그 첫 단계에 놓은 바 있다. 맨러브(C. Manlove) 역시 단독으로 한 작품을 들여다 볼 때 드러나지 않는 한 작가의 특성이나 개성에 대한 이해를 비교를 통해 높일 수 있다고 보고 비교를 문학비평의 핵심적 작업으로 꼽았다."(서영수, 「동서 비교문학을 위한 방법론 모색」, 『동서비교문학저널』 28, 한국동서비교문학학회, 2013, 160쪽 참고) 따라서 김유정과 현덕의 작품세계를 비교해 봄으로써 두 작가와 문학작품에 대한 이해의 폭이 더 넓어질 것이다. 후반부는 아동문학 작품으로 맺어진 두 작가의 인연과 김유정이 아동문학을 통해 보여주려 했던 문학적 지향을 살펴볼 것이다.

2. 들병이 모티프 소설

김유정과 현덕의 관계를 밝힌 연구자들은 전신재, 원종찬, 유인순이다. 전신재는 "김유정이 이 세상에서의 마지막 몇 달 동안 가장 친하게 지낸 동무는 현덕이다. 이상이 1936년 10월 동경으로 떠난 다음에 김유정의 허한 마음을 채워 준 사람이 현덕이다. 같은 해인 1936년에 이상은 희망을 찾아 서울을 떠나 일본 동경으로 갔고, 현덕은 일본에서 절망하고 서울로 되돌아온 것이다"라고 하면서 두 사람의 관계를 명료하게 정리했다.[12] 원종찬은 김유정의 조카 김영수의 증언을 토대로 "서로 특별한 연고가 없는 점으로 보아 김유정이 신춘문예로 등단한 1935년을 전후로 해서 만났을 가능성이 크며, 김유정이 1937년 사망했으므로 두 사람의 교류는 무척 짧았던 것으로 추정"[13]하였다. 유인순은 "안회남의 「겸허—김유정전」에는 1937년 3월초 유정이 경기도 광주로 떠나던 날 현덕과 그의 동생 현재덕이 차부에 나와 배웅했다"[14]고 하여서 유정의 마지막을 함께한 친구가 현덕이었다는 사실을 밝혔다.

김유정과 현덕의 교류가 직접적으로 확인되는 시기는 1936년부터이다. 김유정은 「밤이 조금만 짤럿드면」에서 동무의 편지를 받고 감격의

12 전신재, 「부권상실에 대응하는 두 가지 방법—김유정과 현덕」, 『어문학보』 33, 강원대사범대 국어교육과, 2013, 87쪽. 이상은 동경으로 떠나면서 김유정에게 함께 죽자고 제안한 일화로 유명하며, 소설 「김유정」(이상, 「김유정」, 『청색지』, 1939.5)을 통해 김유정과의 각별한 친분을 보여주었다.

13 원종찬, 『한국 근대문학의 재조명』, 소명출판, 2005, 76쪽 참고.

14 유인순, 「들병이문학연구—김유정, 안회남, 현덕의 들병이 소재 작품을 중심으로」, 『어문학보』 33, 강원대사범대 국어교육과, 2013, 25쪽.

눈물을 흘리는데, 이 동무가 바로 현덕이다. 또, 현덕은 두 페이지 가량으로 축약한 자서전 「자소서전」의 마지막 두 줄에 자신을 문학의 길로 이끈 것이 김유정이었다는 것을 밝혔다. 현덕이 자서전에 언급한 유일한 문인이 바로 김유정이었다.

> 이것은 나의 이 사실을 인편으로 듣고 너무도 놀란 마음에 황황히 뛰올려 하였으나, 때마침 자기의 아우가 과한 객혈로 말미암아 정신없이 누었고, 그도 그렇건만 돈 없이 약 못쓰니 형된 마음에 좋을 리 없을테니 이럴가 저럴가 양란지세로 그 앞에 우울히 지키고만 앉었는 그 동무의 편지였다. 한편에는 아우가 누었고, 또 한편에는 동무가 누었고, 그리고 이렇게 시급히 돈이 필요하련만 그에게는 왜 그리 없는 것이 많았던지……. 세상은 이런 어리석은 청년에게 처세의 길을 열어줄 수 없어 그대로 내굴렸르니 드디어 말없는 변질이 되어 우두머니, 앉었는 그를 눈앞에 보는 듯하다. 아 나에게 돈이 왜 없었든가.[15]

> 한 번은 대판 와사회사에 품을 팔러 갔다가 흙보구니를 지지 못하고 쓰러지고 쓰러지고 하다가 결국 그곳 감독에게 쫓기어나고 말았다. 그날긴 요도가와(淀川)뚝을 걸으며 울다 웃었다. 탄식하다가는 마침내는 도저히 그대로 지탱해 갈 수 없는 몸임을 깨달으며 동시 그 쓰일 수 없는 몸으로 할 수 있는 최후의 한 가지 일로 지금까지 추항과 같이 동경해 오던 문학의 길을 밟아 보겠다는 생각으로 귀경하였다. 그리고 지기 고 김유정 형을 얻어 더욱

15 김유정, 「밤이 조금만 짤럿드면」, 『조광』, 1936.11월호, 111~114쪽.

뜻을 굳게 하고 그 길을 밟던 중 금년 조선일보 신춘문예에 당선으로 적은 대로 그 길에 자신 같은 것을 가져 보며 현재에 이르렀다.[16]

현덕이 김유정에게 문학적으로 영향을 받았다는 사실이 잘 드러나는 것은 바로 '들병이'를 모티프로 한 소설이다. 현덕은 「남생이」에서 들병이 엄마와 소년 '노마'를 등장시켜 김유정의 들병이 소설과 모티프를 공유하고 있다.

김유정은 수필 「조선의 집시—들병이 철학」에서 '남편이 있는 신분으로 술병을 들고 거리로 나선 아내들(들병이)'의 생태에 대해 자세히 설명한 바 있는데, 그의 소설 「아내」에 나오는 들병이는 수필에서 묘사하고 있는 그 모습과 거의 같다.

> 들병이가 되면 밥은 식성대로 먹을 수 있다는 것과 또는 그 준비에 돈 한 푼 안 든다는 이것에 그들은 미혹된다. 아내의 얼굴이 수색이면 더욱 좋다. 그렇지 않더라도 농촌에서 항상 유행하는 가요나 몇 마디 반반히 가르치면 된다. 남편은 아내를 데리고 앉아서 소리를 가르친다. 낮에는 물론 벌어야 먹으니까 그럴 여가가 없고 밤에 들어와서는 아내를 가르친다……. 아내의 등에 자식을 업혀가지고 이렇게 남편이 데리고 나간다. 산을 넘어도 좋고 강을 명식 건너도 좋다.[17]

16 현덕, 「자서소전」, 『신인단편걸작집』, 조선일보사, 1938.
17 김유정, 「조선의 집시—들병이 철학」, 『원본 김유정 전집』, 강, 2012, 414~415쪽. 이하 이

그러나 년이 떡꾹이 농감을 해서 나보담 항결 의뭉스럽다. 이깐 농사를 지어 뭘 하느냐. 우리 들병이로 나가자. 고. 따는 내 주변으로 생각도 못했던 일이지만 참 훌륭한 생각이다. 미찌는 농사보다는 이밥에, 고기에, 옷 마음대로 입고 좀 호강이냐. 마는 년의 얼굴을 이윽이 뜯어보다간 고만 풀이 죽는구나.

"들병이가 얼굴만 이뻐서 되는게 아니라던데. 얼굴은 박색이라도 수단이 있어야지 — "

"그래 너는 그거 할 수단 있겠니?"

"그럼 하면하지 못할게 뭐야"

소리나 몇 마디 반반히 가르쳐서 데리고 나스면 고만이니까.[18]

김유정의 들병이 소설 가운데 '성노동이 겸업형이고 직거래적이며 일정기간 지속적인 것'이어야 한다는 '들병이의 조건'에 딱 들어맞는 작품은 「총각과 맹꽁이」, 「솥」뿐이다.[19] 「아내」라는 작품에도 들병이 소재가 나오기는 하지만 남편이 아내를 들병이로 내보내기 위해서 소리며 여러 행실을 가르치다 마지막에 포기해 버리기 때문에 엄밀히 말해서 들병이 소설이라고 할 수 없다. 「총각과 맹꽁이」에는 들병이에게 환심을 사서 혼인하려는 총각이, 「솥」에는 들병이에게 빠져서(여기서는 가난한 생활이 싫어서 아내를 버리고 들병이가 가진 능력에 의탁해서 잘 먹고 잘 살려는 무능한 남자) 집안의 모든 물건을 빼다 주지만, 들병이의 남편이 나타나 뜻을 이루

18 김유정, 「안해」, 『원본 김유정 전집』, 강, 2012, 174쪽.
19 유인순, 앞의 글, 27쪽 참고.

지 못한 남자가 등장한다. 이때, 들병이는 누군가의 강요에 의한 것이 아니라 스스로의 선택과 남편의 협조에 따라 된 것이다. 이러한 이유로 김유정의 들병이 소설에서 주목되는 것은 '들병이로 나서는 아내와 남편의 관계'이다. 자신의 아내를 거리의 여자로 내보내는 이러한 생태에 대해서 지금까지 여러 의견이 있었다.[20] 이 가운데 비정상적인 관계를 통해서라도 가정을 유지해 가는 당시 현실의 반영을 윤리적 파탄이나 여성의 타락으로 해석하기보다는, '아내 팔기'를 통해 미약하지만 일제의 통치 질서에 균열을 일으키는 최소한의 저항을 보여주었다는 긍정적 평가가 많았다.

> 김유정의 소설은 1930년대 식민지 경제정책으로 인한 농촌의 몰락과 지주로 인한 횡포로 인하여 남편들이 아내팔기를 통해 기존이 가치 질서에 대해 저항하도록 해 준다. 김유정 소설의 미학은 주체의 행로 변화를 인물들의 상호 관계에서 재배치하면서도 도덕과 비도덕의 경계란 무엇인지에 대해 의문을 제기한다.[21]

---

20 김미영, 「병상(病床)의 문학, 김유정 소설에 형상화된 육체적 존재로서의 인간」, 『인문논총』 71-4, 서울대 인문학연구원, 2014; 김미현, 「숭고의 탈경계성—김유정 소설의 '아내팔기' 모티프를 중심으로」, 『한국문예비평연구』 38, 한국현대문예비평학회, 2012; 김종호, 「김유정 소설에 나타난 '들병이'에 대한 일고찰」, 『한민족어문학』 43, 한민족어문학회, 2003; 장수경, 「정념의 관점에서 본 김유정 소설의 미학」, 『한민족문화연구』 55, 한민족문화학회, 2016; 배상미, 「1930년대 농촌사회와 들병이—김유정의 소설을 중심으로」, 『민족문학사연구』 51, 민족문학사학회, 2013; 최성윤, 「김유정 소설의 여성 인물과 '情操'」, 『한국문학이론과 비평』 53, 한국문학이론과비평학회, 2011; 유인순, 「김유정 문학의 부싯깃—술, 여자, 노래를 중심으로」, 『강원문화연구』 22, 강원대 강원문화연구소, 2003; 유인순, 앞의 글.

21 장수경, 앞의 글, 264쪽.

김유정의 소설 안에서 들병이의 유랑하는 삶은 일제 정책에 대한 적극적인 저항도 아닐뿐더러, 농민들이 놓여 있는 삶의 조건도 바꿔내지 못한다. 그러나 유랑하며 성 서비스를 판매한다는 들병이의 정체성은 식민지 근대 농촌의 규율정책을 넘나들면서 일제의 통치 질서에 균열을 일으킨다. 들병이가 가지는 이 같은 존재성은 일제의 통치 질서에 불만을 느끼고 있던 농민들과 공감대를 형성한다.[22]

아내를 거리의 여자로 내보내고 이를 묵인하는 남편의 모습은 현덕의 「남생이」에 그대로 나타난다. '노마 아버지'는 부당한 마름의 횡포에 앞장서 싸우다가 땅을 빼앗기고 항구마을로 들어와 병을 얻었으며 아내는 들병장수로 나서서 뭇 남자들에게 웃음을 팔게 되었다. 노마 아버지는 아내가 '털보'라는 사내와 가깝게 지내는 사실을 알면서도 어찌하지 못하고 들병이 생활에 길들여져 가는 아내와 그녀의 애인 털보, 노마와 함께 살아가는 기형적인 생활을 이어간다. 때로는 일 나가는 아내의 술병을 빼앗으며 성냥갑 붙이는 일감을 얻어도 보지만 이내 선지피를 토하고 마는 것이 병든 그의 처지였다.[23] 털보가 자신의 집에까지 찾아오면 슬그머니 자리를 비워주고 나가버리는 것으로 이들의 삼각관계는 유지된다. 털보가 "쥔 어딜 가슈, 같이 앉아서 노시지 않구"라면서 자신을 붙잡을 때도 "편히 앉아서 노슈" 라고, 거리낌없이 아내의 손님을 대한다. 아내의 손님을 대하는

22 배상미, 앞의 글, 473～474쪽.

23 박영기, 「현덕연구－「경칩」, 「남생이」를 중심으로」, 『한국아동문학연구』 12, 한국아동문학학회, 2006, 105～116쪽 참고.

아버지의 우호적인 태도는 김유정의 「솥」에서 계숙의 남편이 근식에게 보인 태도와 흡사하다. 계숙의 남편이 마을을 떠나면서 근식에게 자신의 부부와 같이 떠나자는 믿기 어려운 제안을 하는데, 현덕의 작품에도 이러한 삼인의 기이한 관계가 공통적으로 나타난다.

털보는 때로 노마 집으로도 왔다. 그 안에 들어와서도 그는 모자를 손에서 놓지 않는다. 아랫목에 도사리고 앉았는 노마 아버지에게 하는 조심이리라. 곧 돌아갈 사람처럼 엉거주춤 발을 괴고 앉았다. 슬며시 노마 아버지는 몸을 일으킨다. 침을 뱉으려는 것처럼 허리를 굽혀 방문 밖에 머리를 내놓더니, 발 하나가 나가 신발을 더듬자 객은 주인을 부른다.

"권 어딜 가슈, 같이 앉아서 노시지 않구."

"요기 좀 갈 데가 있어서. 편히 앉아서 노슈."

그러나 털보는 아버지가 누웠던 자기에 요를 엎어 깔고 다리를 뻗고 앉는다. 그는 두루마기를 벗고, 노마 어머니는 소반귀에 촛불을 붙인다.[24]

그들은 산모롱이를 꼽들어 피언한 언덕길로 성큼성큼 나린다. 안해를 앞에 세우고 길을 자추며 일변 남편은 위에 우뚝 서 있는 근식이를 돌아다보고

"왜 섰수, 어서 같이 갑시다유—"

하고 동행하기를 간절히 권하였다.

그러나 근식이는 아무 대답 없고 다만 우두머니 섰을 뿐이다.

24 현덕, 「경칩」·「남생이」, 『北으로 간 作家選集』, 을유문화사, 1988, 50~51쪽.

이때 산모롱이 옆길에서 두 주먹을 흔들며 헐레벌떡 달려드는 것이 근식이의 안해이었다. 입은 벌렸으나 말을 하기에는 너무도 기가 찼다. 얼굴이 새빨개지며 눈에 눈물이 불현 듯 고이드니,

"왜 남의 솥은 빼가는 거야?"[25]

그러나 아이가 등장하는 장면에서 두 작품의 성격이 달라진다. 김유정의 들병이 소설 속 갓난아이는 소재로서의 기능만 할 뿐 수동적이지만, 노마는 병든 아버지와 물질주의적 질서에 동화되어 버린 어머니를 바라보는 하나의 비판적 시선으로 존재한다. 김유정은 「야앵」, 「만무방」, 「솥」, 「떡」에서 아이를 등장시킨 바 있지만 이들 작품에 등장하는 어린아이의 상황은 결코 긍정적이지 않다. 어머니와 헤어진 후 병든 아버지의 손에서 자라나는 어린아이나, 한 데와 다름없는 물방앗간에서 젓을 빨고 있는 갓난아이의 모습에서 미래에 대한 밝은 전망을 기대하기란 어렵다. 김유정의 다른 소설에서도 밝고 활기찬 모습의 어린아이의 형상을 발견하기는 쉽지 않다. 많은 작품에서 아버지는 어린아이에 대해 무심하거나 가혹한 존재로 그려지고 있다. 들병이에 혹해 언제든 가정을 버릴 준비가 되어 있는 「솥」의 아버지나 식탐을 했다는 이유로 자식을 위협하고 학대하는 「떡」의 아버지가 대표격이다.[26] 들병이 소설이며 갓난아이가 등장하는 「솥」의 경우, 주인공 근식이 들병이 계숙과 새로운 생활을 꿈꾸면서도 그녀의 갓난아이는 탐탁지 않게 여기는 장면이 나온다. 근식

25 김유정, 「솥」, 『원본 김유정 전집』, 강, 2012, 154쪽.
26 최성윤, 앞의 글, 280쪽 참고.

이 그리는 미래는 '계숙이를 따라 다니면서 벌어먹는 새로운 생활' 즉, 계숙에게 얹혀서 굶주리지 않고 맘 편히 사는 것이다. 그는 그런 생각을 하면서 잠도 오지 않을 만큼 기뻐하다가 옆에서 자는 계숙의 갓난아기를 보면서 생각하면 할수록 싫다는 생각을 한다. 이 장면은 당시 들병이로 나선 여성들 가운데 아직 어린 젖먹이를 안고 다니는 경우가 많았으며, 김유정의 들병이 소설 속에서 갓난아이가 그리 환영받지 못한 존재였다는 점을 말해준다.

> 한 구석에 쓸어박엿든 아이가 별안간 잠이 깨었다. 징얼거리며 사이를 파고 들려는 걸 어미가 야단을 치니 도루 제자리에 가서 찍소리 없이 누웠다. 매우 훈련 잘 받은 젖먹이였다.
>
> 그러나 근식이는 그놈이 생각하면 할수록 되우 싫었다. 우리들이 죽도록 모아 놓으면 저놈이 중간에서 써 버리겠지. 제 애비번으로 노름짓도 하고 에미를 두들겨패서 돈도 뺏고 하리라. 그러면 나는 신선놀음에 도끼자루 썩는 격으로 헛공만 들이는게 아닐가 하고 생각하니 당장에 곧 얼어죽어도 아깝지는 않을 것이다. 허나 어미의 환심을 살려니까
>
> "에 그 놈…… 착하기도 하지."
>
> 하고 두어번 그 궁둥이를 안 뚜덕일수도 업스리라.[27]

27 김유정, 「솥」, 『원본 김유정 전집』, 강, 2012, 143쪽.

현덕의 「남생이」에는 김유정의 들병이 소설처럼 갓난아이가 등장하지는 않는다. 갓난아이가 커서 어린이가 된 듯 '노마'라는 소년이 등장하여 들병이 어머니와 아버지를 안타깝게 바라본다. 노마는 가족의 불행과 고단한 삶 가운데 가장 순수하고 건강한 내면성을 가진 어린아이이다. 병든 아버지와 가장 가까운 곳에 있으며 들병이 어머니와는 일정한 거리를 두고 존재한다. 작품에서 들병이 노릇을 하는 어머니의 생활은 어린 노마의 순수한 세계와 대비적으로 그려지며, "도덕적 모성을 갖지 못한 엄마는 끝내 자신의 아들에 의해 부정된다".[28] 김유정이 출구가 없는 현실을 아이러니, 해학, 체념으로 돌파하였다면[29] 현덕은 '어린이'를 내세우면서 김유정과 다른 독특한 전망을 보여준다. 처음에 노마는 비단 옷을 입고 항구의 아저씨들에게 귀여움을 받는 어머니의 모습을 보고 놀라기도 하지만 한편으로 그런 어머니를 자랑스러워하는 순진한 아이의 모습을 보여준다. 그러다가 "너희 어머닌…… 그런다지? 너의 어머닌 달아난대?"라며 놀리는 영희의 말을 듣고 이내 자신의 현실을 깨달으며, 점차 소년으로 성장하게 된다.

노마 저는 모르지만 여기엔 자기네답지 않게 어머니만이 인조견이나 무

---

28 강진호, 「일상을 서사화하는 수필과 동화의 형식」, 『현대소설연구』 41, 한국현대소설학회, 2009, 24~25쪽 참고.

29 예컨대 「솥」의 마지막 부분에서 계숙의 남편이 나타나 근식에게 함께 떠나자는 장면에서 근식이는 그저 어이없이 서 있을 뿐이었다. "김유정은 농촌이 안고 있는 문제성을 많이 노출시키고 있지만 그 문제성이 현장의 아픔을 그대로 그리기보다는 웃음으로 대치시키면서 구조화한다." 이재선, 『현대소설사』, 홍성사, 1976, 372쪽.(김한식, 「절망적 현실과 화해로운 삶의 꿈-구인회와 김유정」, 『상허학보』 3, 상허학회, 1996, 313쪽 재인용)

늬 있는 비단옷을 입고 다니는 것이며 선창에 나가 많은 사람에게 귀염을 받는 것에 대한 샘이 크다. 어머니는 이른바, '항구의 들병이 장수'다.

노마는 이런 어머니를 보았다. 몰래 어머니의 뒤를 밟아 선창엘 갔었다. 그러다, 마당 군중 가운데서 어머니를 잃었다. 다시 찾았을 때 노마는 좀더 놀랐다. 목선 쌓아올린 볏섬 위에 올라 앉아서 어머니는 사오 인 사나이들과 섞여 희롱을 하고 있다. 어깨에 팔을 걸고 몸을 실린 조선 바지에 양복 저고리를 입은 자에게 어머니는 술잔을 입에다 대주려 하고 그 자는 손바닥으로 먹으며 고개를 젓고 그리고 술을 받아 마시고 나서 또 빈잔에다 술병 아가리를 기울이는 어머니를 제 무릎 위에 앉히려 하고 아니 앉으려 하고 나머지 사람들도 모두 어머니를 중심으로 희희낙락하는 것이었다. 노마는 그런 어머니를 전혀 꿈에도 본 적이 없다.[30]

아버지는 노마가 양버들 나무에 올라갈 수 있게 된 날 세상을 떠나고, 노마는 아버지의 죽음 앞에서 가짜 울음으로 청승을 떠는 사람들을 보면서 '거짓'을 느낀다.[31] 노마가 함부로 던져진 아버지의 신발을 가지런히 정리하는 마지막 장면은 김유정의 「솥」의 결말과 사뭇 다르며 비장감마저 느끼게 한다. 「솥」의 결말 부분이 '어이없이 서 있는 근식과 솥을 내 놓으라며 달려드는 아내의 우스꽝스런 모습'으로 헛웃음을 유발하게 하는 것과는 다른 양상이다. 현덕은 들병이 모티프를 수용하면서도 김유정의 해학적 결말보다는 더 적극적으로 사회 현실에 대해 비판적 시선을 드러냈다.

30 현덕, 『北으로 간 作家選集』, 을유문화사, 1988, 41쪽.
31 박영기, 앞의 글 참고.

3. 현덕이 완성한 김유정의 「두포전」

「두포전」은 김유정 사후인 1939년 1월 아동잡지 『소년』에 발표되었다. 이 작품이 유작으로 발표된 사연은 확실하지 않지만 1937년 5월 『조광』에 김유정의 유작 「정분」(1934.8.16 탈고)[32]이 수록되면서 '김유정을 추도하는 의미로 싣는다고 밝히고 있는 것으로 보아 이 경우도 비슷할 것으로 여겨진다. 두포전이 탄생될 무렵 김유정의 궁핍한 생활은 극에 달해 있어서[33] 약간의 원고료를 손에 쥐고자 방송국 동화 구연용으로 혹은 아동잡지에 투고하기 위해 두포전을 썼을 가능성이 크다.[34] 김유정은 「두포전」의 총 10장 가운데 1장부터 6장까지를 집필하고 이를 발표하지 못한 채 눈을 감았다. 김유정과 깊은 우정을 나눈 현덕은 평소 김유정에게 들었던 이야기를 바탕으로 7장부터 마지막 장까지를 집필했다. 1939년 3월 「두포전」 6장 '이상한 노승'의 말미에는 "여기까지 쓰시고 그러께 봄에 김유정 선생님은 이 세상을 떠났습니다. 이 다음 이야기는 다행하게도 김 선생님 병간호를 해 드리며 끝까지 그 이야기를 횅히 들으신

32 1935년 발표된 「솥」의 초고로 알려져 있다.

33 김유정이 세상을 뜨기 11전에 안회남에게 보냈다는 편지를 보면 그의 생활고를 잘 알 수 있다. "나에게는 돈이 時急히 必要하다. 그 돈이 없는 것이다. 필승아. 내가 돈 百圓을 만들어 볼 작정이다. 동무를 사랑하는 마음으로 네가 좀 助力하여 주기 바란다. 또 다시 探偵小說을 飜譯하여 보고 싶다. 그 외에는 다른 길이 없는 것이다. 허니 네가 보던中 아주 大衆化되고 興味 있는걸로 한 둬券 보내주기 바란다. (…중략…) 그 돈이 되면 于先 닭을 한 三十마리 고아 먹겠다. 그리고 땅군을 디려, 살모사, 구렁이를 十餘뭇 먹어보겠다. 그래야 내가 다시 살아날 것이다. 그리고 궁둥이가 쑥쏘구리 돈을 잡아먹는다. 돈, 돈, 슬픈 일이다. 3월 18일 김유정으로." 김유정, 「필승前」, 『원본 김유정 전집』, 강, 2012, 473~474쪽.

34 김영관, 「김유정의 동화 '두포전'－조선일보 발행 『소년』지 연재 유고 동화」, 『아동문학평론』 33-4, 아동문학평론사, 2008, 178~180쪽 참고.

현덕 선생님이 김 선생님 대신 써 주기로 하였습니다. 다음 호를 손꼽아 기다려주십시오"[35]라는 안내글이 붙어 있다.

> 김유정, 「두포전」, 『소년』, 1939.1 : 1. 난데 없는 업둥이 2. 행복된 가정
>
> 김유정, 「두포전」, 『소년』, 1939.2 : 3. 놀라운 재복 4. 칠태의 복수
>
> 김유정, 「두포전」, 『소년』, 1939.3 : 5. 두포를 잡으려다가 6. 이상한 노승
>
> ……………………………………………………………………………
>
> 현 덕, 「두포전」, 『소년』, 1939.4 : 7. 이상한 지팡이 8. 엉뚱한 음해
>
> 현 덕, 「두포전」, 『소년』, 1939.5~9. 칠태의 최후 10. 두포의 내력

이 작품은 '산중기담'[36]으로 소개되어 있으며 내용은 '아기장수 설화'를 변용한 것이다. 김유정은 1935년 아동잡지 『신아동』에 고전소설을 변용시킨 「홍길동전」을 발표한 바 있는데[37] 공교롭게도 많은 연구자들이 '아기장수 설화'와 '홍길동전'이 공통적인 구조를 공유하고 있다고 말하고 있다.[38] 이혜화, 임철호는 '홍길동전'의 일생이 신화적 주인공의

---

35 김유정, 「두포전」, 『소년』, 1939.3월호, 59쪽.

36 1940년 1월 1일 같은 잡지에 황갑수의 「동물기담 호랑이 사냥」이란 글이 수록되어 있는 것으로 보아 여기서 '기담'이란 기이하고 재미있는 이야기 정도로 볼 수 있다.

37 김유정은 한 설문에서 가장 감명 깊게 읽은 조선문학 작품으로 홍길동전을 든 바 있고, 한 서간문에서 홍길동전이 제임스 조이스의 율리시즈보다 훨씬 뛰어난 예술적 가치를 가진 작품이라고 지적한 바 있다. 김유정, 앞의 책, 23쪽.

38 곽정식, 「아기장수 전설과 홍길동전의 비교 고찰」, 『문화전통논집』 1, 경성대 부설 한국학연구소, 1993; 이혜화, 「아기장수 전설의 신고찰」, 『한국민속학』 16, 한국민속학회, 1983; 권도영, 「영웅이야기에 나타난 분노 표현 양상의 문학치료적 의미-「아기장수」, 「이공본풀이」, 「홍길동전」을 중심으로」, 『문학치료연구』 39, 한국문학치료학회, 2016; 임철호, 「아기장수 설화의 전승과 홍길동전」, 『천잠어문학』 12, 전주대사범대 국어교육과, 1997; 김나영, 「고전서사문학에 나타나는 영웅적 특성과 그 의미-주몽신화, 아기장수, 홍길동전을 중심

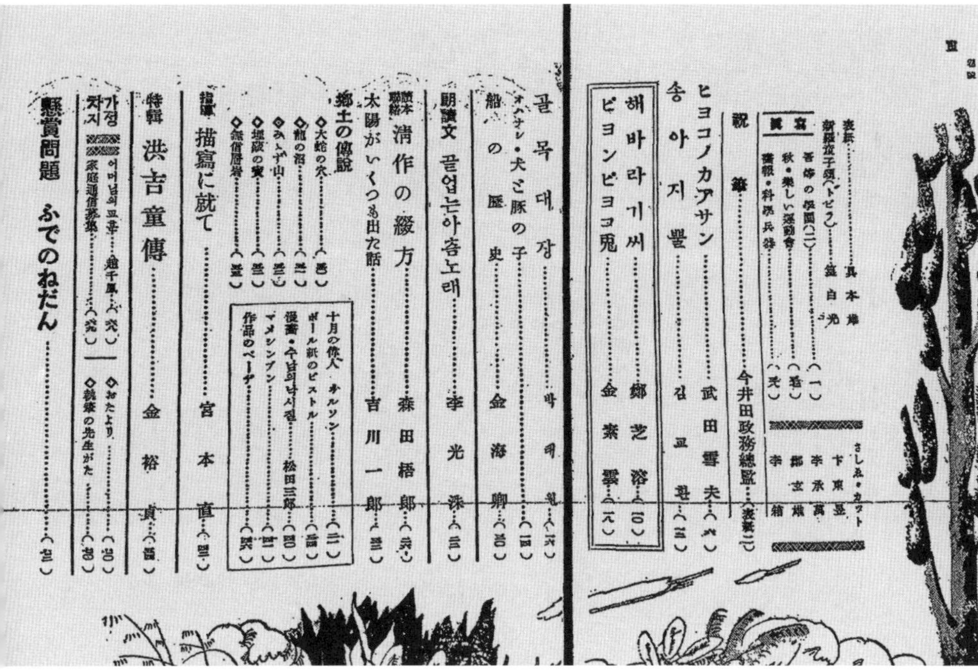

그림 1〉『신아동』 목차 제1권 제2호. 1935.10.10.

'영웅의 일생'과는 거리가 있으며, '아기장수 설화'가 다양한 변이와 전개 과정을 거치면서 신화 구조와의 결합을 통해 '홍길동전'으로 형성된 것으로 보았다. 즉, 홍길동전은 영웅 소설의 불변구조라 할 ①탄생 ②축출 ③복귀 ④화합에 맞지 않으며, 그는 결코 소속 집단으로 복귀하여 기존 질서 체제에 화합하지 않았다. 오히려 ①탄생 ②갈등 ③좌절 및 죽음으로 이어지는 아기장수 전설의 구조에 가깝다[39]면서, 제재적 측면에서 아기장수 설화를 홍길동전의 근원 설화로 보았다. 순서상 「홍길동전」이

으로」, 『돈암어문학』 13, 돈암어문학회, 2000.

39 이혜화, 앞의 글, 278쪽.

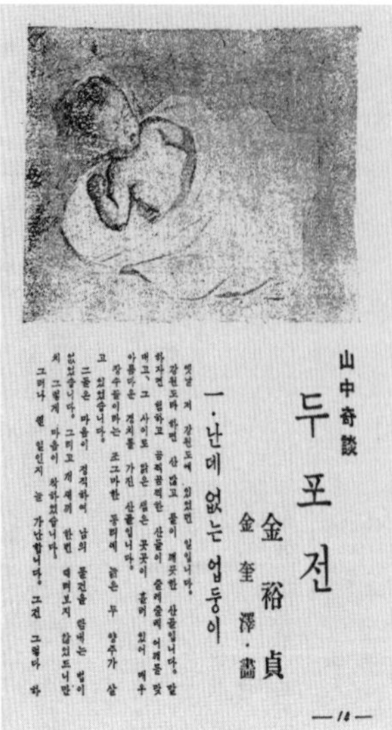

山中奇談

두포전

金裕貞

金奎澤·畵

一·난데없는 업둥이

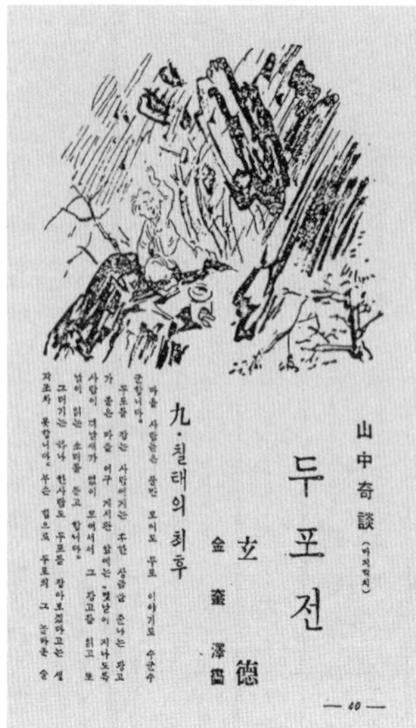

山中奇談

두포전

玄德

金奎澤畵

九·칠태의 최후

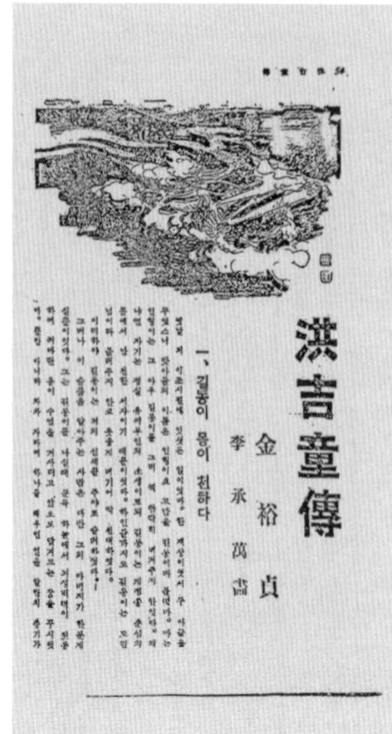

洪吉童傳

金裕貞

李承萬 畵

一, 길동이 몸이 천하다

〈그림 2〉『소년』, 1939.1과 『소년』, 1939.5.

〈그림 3〉『신아동』 1-2

먼저 쓰였지만 김유정은 이러한 종류의 설화에 대해 관심을 갖고 있었던 것으로 추측해 볼 수 있다.

「두포전」은 아동잡지에 수록된 까닭에 『신아동』에 수록된 「홍길동전」과 마찬가지로 세상에 알려지지 않았다가 1976년 9월 『문학사상』 48호에 '다시 발굴한 김유정의 유고'로 소개되어 조명을 받게 되었다. 문학사상사의 자료조사연구실은 이 작품을 '동화체 소설'로 보았다. 그리고 '강원도에서의 어느 우화적인 전설을 소재로 하여 씌어진 이 작품엔 인간 본연의 선과 악의 숙명적인 대결이 비참하게 그려져 있지 않고 오히려 자연스럽게 전개되며 승화되어 있다. 그의 작품 성격이 이 동화에서도 여실히 드러나 있음을 알 수 있다. 그리고 그의 독특한 서술체 문장도 다른 작품에 비해 다를 바 없는 것이다'[40]라고 평가하였다. 즉, 민중의 비극성보다는 현실 긍정성에 주목하여 작품을 승화시키는 김유정의 작가의식이 '동화'[41]에도 그대로 드러났다고 본 것이다. 김유정의 「두포전」은 산골 부부에게 맡긴 아기장수가 '왕'으로 등극하게 되는 결말로 변용되어 있다. 기존 설화처럼 아기장수가 죽는 것이 아니라 다시 왕궁으로 돌아가게 하는 해피 엔딩이다.

옛날 어느 평민의 집에 아기가 태어났다. 부모가 아기를 홀로 두고 나갔다가 오니 누워 있던 아기가 없어졌다. 자세히 찾아보니 아기는 날아 높은 곳에 올라가 있었다. 부모가 놀라 아기의 몸을 살펴보니 겨드랑이에 날개가 달려 있었다. 부모가 평민의 집안에 내어난 장수는 장차 역적이 되어 가문을 망하게 할 것이라 생각하여 아기장수를 죽였다. 아기가 죽자 하늘에서 용마가 내려와 울다가 용소에 빠져 죽었다. 그 흔적이 지금도 남아 있다.(아기장수 설화의 기본 줄거리)

"그대에게 십오 년 전에 맡기고 간 아기는 바루 이 나라 태자이시던거요. 이제야 역신을 물리치고 국토가 바루 잡혀서 다시 등극하시게 되었으니 그대들은 기뻐는 할지언정 아예 섭섭해 하지는 마시오" 하고 그대로 두포와 떨어지기를

---

40 자료조사연구실, 「童話體小說의 귀중한 문헌」, 『문학사상』 48, 문학사상사, 1976.9, 212쪽.
41 金榮琪는 『김유정－그 문학과 생애』(1992)에서 이 작품을 '소설'로 보았다. "김유정의 두포전은 금병산 아기장수 전설을 '소설화' 한 것이다. 그가 죽은지 2년 후에 소년이라는 잡지에 두포전이 미완성 작품으로 발표되었다. 두포전은 산중기담이라는 꼬리표를 앞에 붙이고, 삽화는 김규택이 그렸다." 김영관, 앞의 글, 178～180쪽 참고.

섭섭해 하는 노인 양주를 위로하였습니다. 그렇습니다. 지금으로부터 십오년 전 당시 나라 임금께서 믿고 사랑하시던 신하 한 사람이 배심을 품고 난을 일으켜 나라 대궐에까지 쳐들어 왔습니다. 그런 위태로운 중에서 그 때 정승 벼슬로 있던 지금 노승이 어린 태자를 품에 품고 겨우 난을 벗어나 노승으로 차리고는 팔도로 돌며 태자를 맡아 기를만한 사람을 물색했던 것입니다. 그러다가 강원도 산골에 극히 가난하고 착하게 사는 노인 양주를 매우 믿음직하게 여기어 아기를 맡기었습니다. 그리고 자기는 멀지 않은 산속에 머물러 있어 난이 가라앉기를 기다리는 한편 태자로 하여금 일후 영주가 되시기에 합당한 모든 것을 가르쳤던 것입니다.

만약에 칠태가 그 바위에 납을 끓여 붓지만 않았더라면 두포는 어깨에 날개가 돋친 장수로 온갖 도술을 부릴 수 있겠으니 그런 임금이 다스리는 나라의 장래가 어떠할 것은 길게 말할 필요도 없습니다. 그러나 좋습니다. 태자는 그런 놀라운 기운과 술법을 잃어버린 대신 끝없이 착한 마음과 덕기를 갖출 수 있어 이만해도 성군이 되기에 넉넉합니다.

「두포전」은 숨겨졌던 태자가 왕이 되는 설정으로 고전소설의 가부장적 질서와 전형적 결말을 그대로 답습하고 있는 한계를 보여주고 있지만, 왕의 아들을 민중에게 보냈다는 점, 태자가 '시골 노부부와 노승에게 착한 마음과 덕기를 배우고 자라서' 성군의 자격을 갖춘 지도자가 될 것이라고 말하는 내용에서 민중의 성품과 내면성을 긍정하는 작가 의식을 드러낸다. 또, '배반을 품은 이가 난을 일으켜 대궐까지 쳐들어 왔다'는 설정은 나라를 빼앗긴 조선의 상황을 빗대어 표현한 것으로 마지막에

'두포가 잃어버린 세자의 지위를 찾는 것은 과거 잃어버린 국가와 왕조에 대한 회복 열망'이라고 볼 수도 있다.[42] 결말을 현덕이 일방적으로 바꾼 것이 아닌지 생각할 수도 있겠지만 김유정이 허균의 '홍길동전'을 개작하여 「홍길동전」으로 발표했을 때에 결말 부분을 아예 삭제한 것으로 보아 최소한 김유정은 개작 동화와 소설을 쓸 때에 그 내용을 변용하는 것에 거부감을 갖지 않았던 것으로 볼 수 있다.[43]

> 길동이는 자랑스럽게 떡 버티고 궁전으로 들어갔다. 임금님 앞에 가 절을 깍듯이 하고나서, "저의 죄가 큰데도 용서하시고 병조판서까지 나리어 주시니 너머나 감사합니다" 하고 마즈막으로 하직을 하였다. 대문 뒤에서는 길동이 나오기를 고대하며 손에 땀이 나도록 도끼를 힘껏 잡고 있었다. 그러다 길동이가 문간으로 나오는 것을 보고 틀림없이 머리위에 나려지도록 도끼를 꼭 견양을 대고 있었다.
>
> 그러나 길동이는 어느 틈에 알았는지 문간까지 한 서너 발자국을 남기고 공중으로 후루루 솟아 흰 구름을 타고 가는 것이 아닌가. 모두들 고개를 들고 닭 쫓든 개모양아로 하늘만 멀뚱이 쳐다보았다. 임금님도 그제서야 길동이의 참 재조와 그 인격을 아르시고 비로소 뉘우치셨다. 저런 길동이를 신하로 데리고 일을 하였으면 얼마나 행복이었을까. 또는 얼마나 정사를 편히 할 수가 있었을까.

42 백현주, 「「두포전」 연구」, 『한국아동문학연구』 34, 한국아동문학학회, 2018, 139쪽.

43 김유정은 허균의 '홍길동전'을 1935년 동화로 고쳐 만들면서 줄거리를 간결하게 가다듬었다. 홍판서의 첩 초란이, 홍길동을 체포하려다 실패는 우포장, 홍길동의 두 아내가 되는 백 소저와 조 소저를 빼버리고, 율도국을 건설하는 과정과 그 이후의 이야기도 아예 빼 버렸다. 그리고 홍길동을 괴롭힌 것도 형 '인형'으로 바뀐다. 김유정, 「홍길동전 해설주」, 『원본 김유정 전집』, 강, 2012, 23쪽.

이렇게 생각하시고 옆에 서 있든 신하에게 "홍길동이를 한번 더 보고 싶다" 하고 멀리 노쳐버린 길동이를 매우 아깝게 말씀하셨다. (끝)[44]

김유정이 이 동화를 개작했던 1930년대는 신식 독서물을 즐겨하는 독자층이 점차 증가하면서 독서 시장이 재편되는 시기였으므로 작가나 출판사는 돈벌이를 위해 고전소설을 독자의 감각에 맞게 다시 쓰기 해서 내놓기 시작했는데 이러한 배경하에 김유정의 개작물들도 놓여진다.[45] 김유정이 「홍길동전」, 「두포전」의 순서대로 동화로 개작하면서 「홍길동전」에서 임금이 마지막에 뉘우치는 것으로 결말을 맺고 「두포전」에서는 왕자였던 아기장수가 왕이 되는 것으로 서사를 변용시킨 것은 현실 화합과 해피 엔딩이라는 방식으로 기존 설화를 '동화(동화체 소설)'의 성격에 맞게 변용한 것이다. 김유정은 '놀라운 기술과 술법을 잘 부리는 왕'보다 '착한 마음과 덕을 갖춘 성군'을 갈망하는 지향점을 구체적으로 보여주었는데, 이는 아동문학 작품을 거의 쓰지 않았던 김유정의 입장에서 그가 이해한 바대로의 아동문학에 대한 인식을 작품에 반영한 것이다. 이러한 점은 때론 '논리적 비약'[46]이라는 한계로 지적되기도 한다. 그러나

44 김유정, 「홍길동전」, 『신아동』 1-2, 신아동사, 1935.10, 66~67쪽.

45 이민희, 「김유정 개작 『홍길동전』(1935) 연구」, 『인문학연구』 45, 조선대 인문학연구원, 2013, 352쪽 참고.

46 이민희는 김유정의 「홍길동전」이 아동문학작품으로서 적절한 길이, 단순한 갈등, 일관된 서사전개, 등장인물의 축소와 평면화, 합리적인 해결 추구 등의 요소들이 아동 독자를 겨냥한 이유 있는 서사 전략이라고 인정했지만, 아동문학용이라고 논리적 비약이나 성급한 결말처리까지 용인될 수 있는 것은 아니라고 보았으며, 섬뜩하고 과장된 표현이 상투적 표현에 가깝게 느껴지므로 서사 전개 및 표현의 문제를 신중히 고려해야 한다고 한계를 지적했다. 위의 글, 359~360쪽 참고.

1930년대의 시기 어린이용 국어 교과서에 오로지 '착함'만을 보여주는 「흥부전」이라든지 '일본 설화'와 맥을 같이하는 「혹부리 영감」 같은 설화만이 반복적으로 수록되고 진취적인 어린이상이나 사회적 불의에 대적하는 인물이 등장하지 못했던 점을 고려해 볼 때, '작은 영웅'의 이야기를 다룬 김유정의 두 작품은 어린 독자들에게 깊게 각인되었을 것이다. 비록 좌절된 영웅들이지만 그의 개작물에서는 희망적으로 이야기를 마무리함으로써 어린이들에게 긍정적 메시지를 주고 있기 때문이다.

이처럼 평소 아동문학 분야에서 활발한 활동을 전개했던 현덕과 생계를 위해 아동문학을 쓸 수밖에 없던 김유정의 우정은 「두포전」이라는 작품에 오롯이 남아 있으며, 현재 「두포전」은 김유정과 현덕의 작품 연보에 공통으로 올라가 있다.

4. 결론

신진작가 좌담회에서 박노갑이 '김유정의 작품과 상통'한다는 말이 있는데 그에 대해 어떻게 생각하느냐고 묻자 현덕은 "있을 것입니다. 영향도 많이 받았으니까요"하고 대답했다.[47] 현덕은 김유정의 들병이 모티프를 차용하여 자신의 소설에서 보다 비판적인 시선을 담아내는 방식으로 그 영역을 확장시켰다. 현덕은 김유정의 대표적인 들병이 소설 「솥」

---

47 「신진작가 좌담회」, 『조광』, 1939.2, 1939.

처럼 「남생이」에서 들병이를 등장시켜 김유정 소설과 모티프를 공유했다. 김유정의 작품에는 갓난아이를 안고 다니는 들병이가 나오며, 현덕의 경우 들병이 엄마와 소년 노마가 등장한다. 김유정이 출구 없는 현실을 아이러니, 해학으로 돌파했다면 현덕은 노마라는 희망적 존재를 미래에 대한 전망으로 제시하였다. 또, 현덕은 「두포전」의 일부를 집필하고 미처 발표하지 못한 김유정을 대신해 마지막 부분을 완성했다. 이 작품은 아기장수 설화의 모티프를 차용한 전래 동화로 결말 부분이 변용되어 있다. 생전 김유정이 들려 준 이야기대로 마지막 부분을 현덕이 쓴 것인데 나라를 빼앗긴 조선의 상황과 이를 회복하고자 하는 열망이 담겨 있다. 평소 아동문학 작품을 많이 쓴 현덕과 생계를 위해 아동문학을 쓸 수밖에 없었던 김유정, 두사람의 우정은 「두포전」이라는 작품으로 승화되었다.

"어떠한 경우에도 삶 자체를 긍정하는 생명의 고양, 민중의 삶에 눈길을 주면서도 계급의 도식에 빠지지 않고 풍부한 시정을 불러일으키는 묘사, 토속성과 해학 등의 측면에서 현덕 문학은 김유정 문학과의 관련성 속에서 생각해 볼 수 있다"[48]는 지적처럼, 두 작가는 많은 공통분모를 갖고 있었다. 그러나 한편으로는 자기만의 개성과 작가의식을 각자의 작품 속에 여실히 보여주었다.

48 원종찬, 앞의 책, 78~79쪽 참고.

참고문헌

기본자료

김기림, 「故 이상의 추억」, 『조광』, 1937.6.

김유정, 「홍길동전」, 『신아동』 목차(1-2), 1935.10.

_____, 「밤이 조금만 짤럿드면」, 『조광』, 1936.11.

_____, 「소꼽질」, 『소년』, 1937.4.1(창간호).

_____, 「나는 『소년』이외다」, 『소년』, 1938.11.

_____, 「두포전」, 『소년』, 1939.3.

_____, 「다시 발굴한 김유정 遺稿－두포전(150매)」, 『문학사상』 48, 1976.9.

_____, 『원본 김유정 전집』, 강, 2012.

현　덕, 「자서소전」, 『신인단편걸작집』, 조선일보사, 1938.

_____, 「경칩」, 「남생이」, 『北으로 간 作家選集』, 을유문화사, 1988.

이　상, 「김유정」, 『청색지』, 1939.5.

_____, 『이상전집』 1・2, 가람기획, 2004.

원종찬 편, 『현덕전집』, 역락, 2009.

『문학사상』 48, 1976.9.

「신진작가 좌담회」, 『조광』, 1939.2.

논문 및 단행본

강진호, 「일상을 서사화하는 수필과 동화의 형식」, 『현대소설연구』 41, 한국현대소설학회, 2009.

김미영, 「병상(病床)의 문학, 김유정 소설에 형상화된 육체적 존재로서의 인간」, 『인문논총』 71-4, 서울대 인문학연구원, 2014.

김미현, 「숭고의 탈경계성－김유정 소설의 '아내팔기' 모티프를 중심으로」, 『한국문예비평연구』 38, 한국현대문예비평학회, 2012.

김영관, 「김유정의 동화 '두포전'－조선일보 발행 『소년』지 연재 유고 동화」, 『아동문학평론』 33-4, 아동문학평론사, 2008.

김종호, 「김유정 소설에 나타난 '들병이'에 대한 일고찰」, 『한민족어문학』 43, 한민족어문학회, 2003.

김한식, 「절망적 현실과 화해로운 삶의 꿈－구인회와 김유정」, 『상허학보』 3, 상허학회, 1996.

류수연, 「탐정이 된 소년과 '명랑'의 시대－아동잡지 『소년』의 소년탐정소설 연구」, 『현대문학의 연구』 61, 한국문학연구학회, 2017.

박영기, 「현덕연구－「경칩」, 「남생이」를 중심으로」, 『한국아동문학연구』 12, 한국아동문학학회, 2006.

______, 「1930년대 아동잡지 『소년』에 나타난 중국인 이미지」, 『한중인문학연구』 58, 한중인문학회, 2018.

______, 「현덕의 소년소녀 소설연구－조선일보 발행 '소년' 수록 작품을 중심으로」, 『어린이문학교육연구』 17-2, 한국어린이문학교육학회, 2016.

박헌호, 「'구인회'를 어떻게 볼 것인가」, 『상허학보』 3, 상허학회, 1996.

방민호, 「김유정, 이상, 크로포트킨」, 『한국현대문학연구』 44, 한국현대문학회, 2014.

배상미, 「1930년대 농촌사회와 들병이－김유정의 소설을 중심으로」, 『민족문학사연구』 51, 민족문학사학회 민족문학사연구소, 2013.

백현주, 「「두포전」 연구」, 『한국아동문학연구』 34, 한국아동문학학회, 2018.

서영수, 「동서 비교문학을 위한 방법론 모색」, 『동서비교문학저널』 28, 한국동서비교문학학회, 2013.

손정수, 「모더니즘의 시선으로 이상의 '김유정' 읽기」, 『구보학보』 16, 구보학회, 2017.

송수연, 「잡지 『소년』에 실린 1930년대 후반 아동소설의 존재 양상과 그 의미」, 『아동청소년문학연구』 7, 한국아동청소년문학학회, 2010.

원종찬, 「구인회 문인들의 아동문학」, 『동화와 번역』 11, 건국대 동화와번역연구소, 2006.

______, 『한국 근대문학의 재조명』, 소명출판, 2005.

유인순, 「김유정 문학의 부싯깃－술, 여자, 노래를 중심으로」, 『강원문화연구』 22, 강원대 강원문화연구소, 2003.

______, 「들병이문학연구－김유정, 안회남, 현덕의 들병이 소재 작품을 중심으로」, 『어문학보』 33, 강원대 국어교육과, 2013.

이강언, 「구인회의 두 작가」, 『나랏말씀』 4, 대구대 국어교육과, 1989.

이민희, 「김유정 개작 『홍길동전』(1935) 연구」, 『인문학연구』 45, 조선대 인문학연구원, 2013.

장수경, 「정념의 관점에서 본 김유정 소설의 미학」, 『한민족문화연구』 55, 한민족문화학회, 2016.

전신재, 「부권상실에 대응하는 두 가지 방법—김유정과 현덕」, 『어문학보』 33, 강원대 국어교육과, 2013.

정주아, 「신경증의 기록과 염인증자(厭人症者)의 연서쓰기」, 『현대문학의 연구』 57, 한국문학연구학회, 2015.

조동길, 「김유정의 창작 동력에 관한 연구」, 『한국문학이론과 비평』 65, 한국문학이론과 비평학회, 2014.

진선희, 「일제 강점 말기 『소년』 수록 동시 연구」, 『청람어문교육』 58, 청람어문교육학회, 2016.

최성윤, 「김유정 소설의 여성 인물과 '情操'」, 『한국문학이론과 비평』 53, 한국문학이론과 비평학회, 2011.

홍기돈, 「김유정의 홍길동전—「홍길동전」 다시-쓰기'에서 나타나는 유정의 무의식과 작가의식」, 『근대서지』 5, 근대서지학회, 2012.

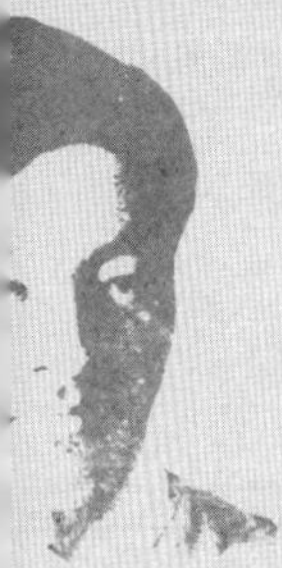

김유정 작품을 원천으로 한 〈김유정아리랑〉 개발

이학주

1. 머리말

이 글의 목적은 김유정 작품 속에 등장하는 아리랑이 어떤 표상을 담고 있는가를 알아보고, 김유정 소설을 대상으로 아리랑 노랫말을 만들어서 문화콘텐츠로 보급하자는 취지에서이다.

김유정 소설은 김유정이 살았던 당대의 생활상을 사실적으로 그려내고 있다. 그것도 하층민들이 살아가는 모습이다. 그 때문에 김유정 소설을 읽으면 그 당시 경제, 놀이, 사랑, 풍속 등을 한 눈에 볼 수 있다. 물론 김유정의 눈으로 본 생활상이지만 일정 부분은 도움이 되는 것이 사실이다. 그 가운데 우리가 관심을 둬야할 부분 중 하나가 소설 속 인물들이 생활에서 불러대는 노래이다. 김유정 소설에서 가장 많이 등장하는 노래는 아리랑이다. 그리고 개화기에 외세의 영향으로 불리기 시작한 창가唱

歌가 등장한다. 이처럼 우리의 민요가 김유정 작품에 등장하고, 민요 가운데 아리랑이 가장 많이 등장하고 있다.

그렇다면 김유정은 작품을 쓸 때 아리랑이 표상하고 있는 진실을 알고, 아리랑을 작품 속에 등장시켜 작품에서 추구하는 주제를 드러냈다고 볼 수 있다. 이 글에서는 이런 김유정의 의도를 살려 2차적으로 김유정의 작품을 또 다른 아리랑가사로 만들어 대중들에게 불러지게 하고자 한다. 김유정의 작품이 원천콘텐츠가 되어 〈김유정아리랑〉으로 창작되어 불러질 때 김유정의 선양사업은 물론이고, 또 다른 문화콘텐츠로 확산할 수 있기 때문이다.

이미 김유정 작품 속 아리랑에 대해서 관심을 갖고 연구한 논문이 2편이나 있다. 하나는 「들병이와 아라리」라 해서 김유정 소설에 나오는 들병이라는 술과 몸을 파는 직업군과 아리랑을 관련시켜 논의하면서 김유정 작품 전반에 관한 아리랑을 검토한 논문이다.[1] 또 하나는 「김유정과 아리랑」이라는 제목으로 그 의미와 역할 등을 연구한 논문이다.[2] 두 논문은 김유정이 쓴 31(30편?)편의 소설과 18편의 수필을 검토하여 그 속에 내재한 아리랑을 모두 모아 그 속성을 연구했다. 이 글을 작성하는 데 많은 도움이 됐다.

이 글을 쓰게 된 계기는 의병아리랑을 다시 불러 항간에 알리게 한 기연옥 민요가수의 생각에 의한 것이다. 기연옥 민요가수는 〈춘천의병아리랑〉을 불러 널리 알리는 역할을 했다. 이 노래는 단순히 공연에 그치

1 유명희, 「들병이와 아라리」, 『한국의 웃음문화』, 소명출판, 2008, 525~548쪽.
2 유인순, 「김유정과 아리랑」, 『비교한국학』 20-2, 국제비교한국학회, 2012, 205~232쪽.

는 것이 아니라, 우리나라 의병의 중요성을 천명하게 했으며 일제의 강점이 얼마나 잘못되었는지 그리고 다시는 그런 일이 일어나서는 안 된다는 메시지를 전파하는 데 큰 역할을 했다. 이처럼 〈김유정아리랑〉도 〈춘천의병아리랑〉보다 더 의미 있는 우리의 민족정서를 대내외적으로 알리는 계기가 될 것을 확신한다. 〈김유정아리랑〉이 널리 알려지면 춘천과 강원도의 이미지 제고는 물론이고 대한민국의 이미지 제고가 될 것이다.

바야흐로 세계는 평화의 시대가 되어야 한다고 부르짖고 있다. 세계가 하나의 문화권으로 생활권으로 가고 있는 시대이다. 이때 우리의 존재감을 알리고 우리의 전통문화가 얼마나 대단했는지를 알리기 위해서는 이런 문화콘텐츠확산 작업이 반드시 필요하다. 〈김유정아리랑〉은 여러 가지 차원에서 활용할 수 있다. 김유정의 소설을 널리 알리는 역할도 할 수 있으며, 문화콘텐츠로 확산하여 아리랑 가락으로 공연을 할 수도 있으며, 뮤지컬이나 드라마나 영화 속 배경음악으로도 쓸 수 있다. 또한 왜 김유정이 작품 속에 아리랑을 많이 삽입했는지 그 의도를 알 수도 있을 것이다.

아무쪼록 〈김유정아리랑〉이 세계만방에 울려 퍼지고, 세계인이 입버릇처럼 흥얼거리는 그날이 오기를 간절히 기대해 본다. 또한 김유정 문학촌에 〈김유정아리랑〉이 상시 공연될 수 있기를 바란다.

2. 김유정 작품 속 아리랑의 표상表象

-넘지 못할 고개를 아리랑으로 승화

김유정 소설에 아리랑이 거론된 작품은 6편이다. 「산골 나그네」, 「총각과 맹꽁이」, 「떡」, 「만무방」, 「솥」, 「아내」이다. 그리고 수필 「닙이 푸르러 가시든 님이」, 「강원도여성」, 「조선의 집시」, 「문인끽연실」에도 아리랑이 직접적으로 나온다. 특히 「강원도여성」에는 다양한 종류의 아리랑이 등장해서 김유정이 아리랑에 대해서 상당한 관심을 가졌음을 나타내고 있다.

그렇다면 김유정은 아리랑을 어떤 표상으로 작품 속에 넣어 형상화했을까? 김유정이 쓴 작품을 대상으로 아리랑을 연구한 유명희는 "아라리는 해학성을 띠기도 하지만 현실을 충실히 반영하는 소리이다"[3]라고 정의를 했다. 그래서 아리랑의 해학성과 현실성을 집중적으로 논의 하였다. 또 김유정과 아리랑의 관련설을 연구한 유인순은 논문 결론 부분에서 이렇게 요약했다.

> 김유정 수필 속에 삽입된 아리랑은 작품을 풀어나가는 발구름판으로, 가장 사실적이면서도 향토적인 정조를 맛보도록, 때로는 일제만행을 고발하기 위한 장치로 기능한다. 소설 「만무방」, 「아내」에 삽입된 아리랑은 일제만행에 대한 적나라한 고발, 그리고 식민시대에 대한 작가의 저항정신을 독자에게 교묘하게 전달하기 위한 기재로 기능한다.[4]

---

3 유명희, 앞의 글, 526쪽.

4 유인순, 앞의 글, 228~229쪽.

요약하면 '향토적인 정조'와 '일제만행 고발과 저항수단'이라 할 수 있다. 소설과 수필이 같은 어조이지만, 수필은 생활의 느낌이나 발견을 표현해 낸다면, 소설은 이상세계를 향한 현실적인 저항이 예술적으로 그려지고 있기 때문에 다름이 드러났다.

유명희와 유인순이 김유정 문학작품에서 읽은 아리랑의 표상을 요약하면, '해학'과 '현실성', '향토적인 정조'와 '일제만행 고발과 저항'으로 나타났다. 두 연구자 다 탁월한 견해이다. 여기서 '해학'과 '향토적인 정조'는 우리 민족이 가지고 있는 사상적 기저로서의 삶의 형태라면, '현실성'과 '일제만행 고발과 저항'은 그런 사상적 기저를 밖으로 표출해 낸 생활의 양상이다. 어려운 삶을 지혜롭게 극복해 내는 상당히 낙천적이고 긍정적인 면이 '해학'과 '향토적인 정조'로 아리랑에 담겼다면, 실제로 그것을 표현해 낼 때는 현실적인 문제로 드러나는 것이 아리랑이라는 사실이다. 당시 일제만행에 대한 고발과 저항은 현실이었다. 우리 민족이 살아가는데 극복해야만 될 현실의 하나였다. 일제만행은 우리의 행복한 삶을 짓밟는 악행이었다. 그래서 아리랑 가창자들은 그 현실을 타개하고자 노래로 불렀다는 사실이다. 구한말 의병들이 아리랑을 부르면서 항일활동을 한 사실은 이를 증거하고 있다.[5] 이런 아리랑의 표상이 두 연구자

5 춘천 남산면 광판리에 터전을 두고 있으며, 퇴계동 뭐 아파트에 살고 있는 목영덕(남, 2015년 기준 91세)은 김유정의 제자이면서, 목형신(1877~1945)이라는 독도수비대 및 의병활동을 한 아버지를 두고 있다. 그런데 그의 아버지 목형신이 작성한 일명 『관병—의병생활비망록』이 있는데, 이 책에는 〈독도아리랑〉, 〈춘천노래〉, 〈조국노래〉, 〈군인노래〉 등이 있다. 이들 노래는 목형신, 김중삼, 최천유 등이 지었다. 그리고 그 당시 군인의 깃발 등이 그려져 있고, 당시 의병 및 군인들의 활동상이 기록돼 있다. 이 가운데 김중삼(김정삼)이 지은 〈춘천노래〉는 현재 우리가 보는 〈춘천아리랑〉과 내용이 비슷하다.

가 밝혔듯이 김유정 문학작품 속에 내재하고 있는 표상이다.

필자는 두 연구자의 의견을 존중하면서 새로운 핵심어를 말하고자 한다. 우리가 표상表象이라고 할 때 그 뜻은 대표적인 상징이나 외부세계의 대상을 마음속에 그려내는 상象 곧 이미지이다. 이 부분에서 우리나라 아리랑의 시원이라고 하는 '강원도 자진아라리(조금 빠르게 진행하는 강원도아리랑)', '강원도 긴아라리(사설을 길게 늘어뜨리는 정선아리랑)', '엮음아리랑(사설을 엮다가 긴아라리로 바꾸는 정선아리랑)'[6]에서 후렴에 주목할 필요가 있다. 가사야 얼마든지 바뀔 수 있지만 후렴은 대부분 일정한 형태를 띠고 불러지고 있다. 후렴의 사설이 조금 바뀌더라도 지역적 또는 장르에 따라 그 형태는 유지되고 있다. 간혹 창자에 따라 후렴이 바뀌는 경우가 있지만, 후렴이 추구하는 핵심어는 바뀌지 않고 항상 사설 속에 들어가 있음을 볼 수 있다.

> 아리아리 쓰리쓰리 아라리요
> 아리아리 고개로 넘어간다.(강원도아리랑)

> 아리랑 아리랑 아라리요
> 아리랑 고개고개로 나를 넘겨나 주게(정선아리랑)

여기서 보듯 강원도에서 대표적으로 불러지는 아리랑의 후렴에는 '고

6 이보형, 「아리랑 소리의 근원과 그 변천에 관한 음악적 연구」, 『한국민요학』 5, 한국민요학회, 1997, 114쪽.

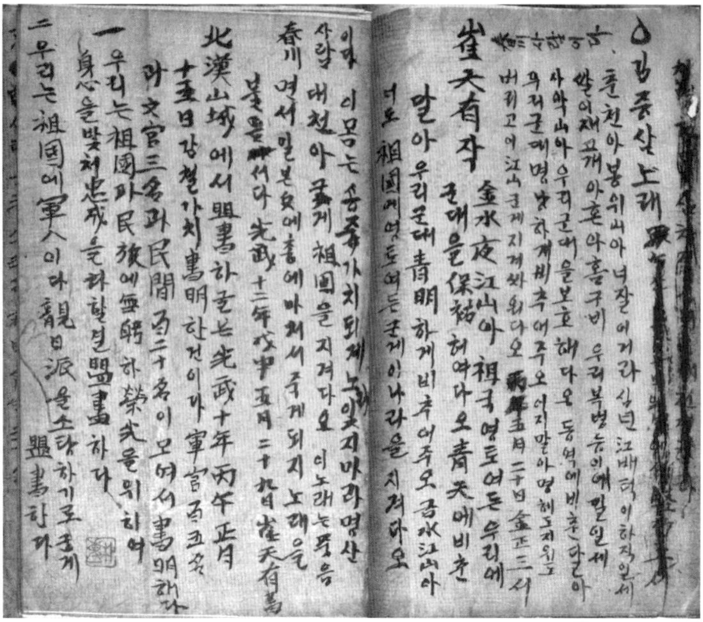

〈그림 1〉 목형신의 기록에 나오는 노래

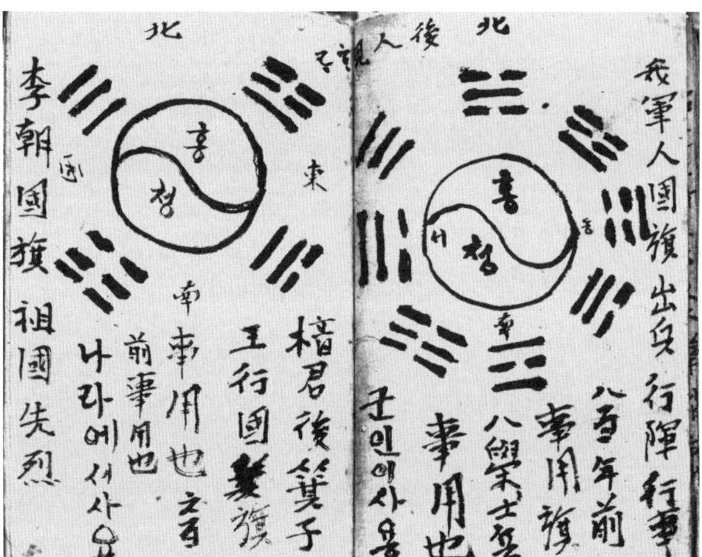

〈그림 2〉 목형신이 그린 태극기와 仙鶴陣軍旗

개'라는 핵심어가 나온다. 또 본조아리랑(또는 신조아리랑)이라 하는 후렴에도 "아리랑 아리랑 아라리요 / 아리랑 고개로 넘어간다"고 해서 '고개'가 핵심어로 나오고 있다. 여기서 '아리랑고개'는 특정 지형에 따른 고개(재, 령)를 지칭할 수도 있으나, 노랫말에 드러나는 것은 '흥의 고개'와 '삶의 고개'로 볼 수 있다. 따라서 아리랑에서 '고개'는 아리랑을 부를 때 흥이 나서 말하는 상징적인 노래의 고개이며, 현실적으로 어려운 삶을 극복하고자 하는 '삶의 고개'라 할 수 있다. 그렇다면 아리랑 후렴에 있는 노랫말 '고개'는 아리랑의 이미지이며, 표상으로 자리한다.

그런데 〈정선아라리〉와 〈강원도아리랑〉 외에 우리나라에서 가장 많이 불러지고 있는 〈밀양아리랑〉과 〈진도아리랑〉에서는 '고개'가 달리 표현되고 있다.

> 아리 아리랑 스리 스리랑 아라리가 났네
> 에헤에헤 아리랑 응응응 아라리가 났네(진도아리랑, 이보형, 101쪽)
> 아리 아리랑 아리 아리랑 아라리가 났네
> 아리 아리랑 어어 얼씨구 날 냉겨주소(밀양아리랑, 이보형, 99쪽)[7]

인용문에서 보듯 후렴에 '고개'라는 노랫말이 보이지 않고, 흥을 돋우는 노랫말로 대체되고 있다. 이것은 지역 또는 장르에 따른 변이형태로 보면 된다. 이는 김유정의 「만무방」에 나오는 아리랑에서 후렴은 "아리

---

7 밀양아리랑은 후렴에 고개가 들어가기도 한다. "아리 아리랑 스리 스리랑 아라리가 났네 / 아리랑 고개로 날 넘겨주소."

랑 아리랑 아라리오 / 아리랑 띄어라 노다 가세"[8]라 했다. 이 후렴은 강원도 아리랑에는 없는 후렴이며, 본조아리랑에서 몇몇 작품에 등장하는 후렴이다.[9] 그런데 "아리랑 띄어라 노다가세"에서는 지리적인 고개의 의미는 찾을 수 없다. 그 의미에서 보듯 긍정적인 흥을 나타낸 삶의 표현이다. 이것은 앞서 본 〈강원도아리랑〉과 〈정선아라리〉 후렴에 있는 '고개'의 이미지를 다른 노랫말 단어로 바꾼 예이다. 그 증거는 「만무방」에서 아리랑을 기술한 앞뒤 부분에서 잘 드러난다.

> 응칠이는 나가자빠져 마을을 건너다보며 눈을 멀뚱멀뚱 굴리고 누웠다. 산이 뺑뺑 돌리어 숨이 콕 막힐듯한 그 마을—
>
> 아리랑 아리랑 아라리요 (…중략…)
>
> 그는 콧노래로 이렇게 흥얼거리다 갑작스레 강릉이 그리웠다. 펄펄 뛰는 생선이 좋고, 아침 햇살이 빗기어 힘차게 출렁거리는 그 물결이 좋고, 이까짓 둠구석에서 쪼들리는 데 대다니. 그래도 즈이딴에 무어 농사 좀 지었답시고 악을 복복 쓰며 잘도 떠들어댄다. 하지만 그런 중에도 어디인가 형언치 못할 쓸쓸함이 떠돌지 않는 것도 아니다.[10]

이처럼 주인공 응칠이가 아리랑을 부른 배경은 강원도아리랑과 정선아라리에 나오는 '고개'의 의미와 다르지 않다. 곧, 응칠이가 느끼는 '흥

8 『한국문학전집』, 삼성출판사, 1994, 297쪽.
9 유명희, 앞의 글, 536쪽.
10 『한국문학전집』, 삼성출판사, 1994, 297~298쪽.

의 고개'이고 '삶의 고개'이다. 해학이 갖고 있는 '웃음으로 눈물 닦기'[11]에 다름 아니다. 현실은 지지리 힘들지만 그런 현실을 극복하고자 아리랑을 부르며 스스로를 달래며 흥을 자아내고 있는 모습이다.

이런 '고개'의 표상은 「만무방」처럼, 다른 김유정 소설의 배경과도 연결이 된다. 김유정의 문학작품에 드러나는 아리랑이 들어간 작품은 모두 시골을 배경으로 한 작품에만 나타나고 있다.[12] 당시 우리나라 시골 곧 농촌의 현실은 「만무방」에서 나타나는 모습과 같았다. 자신의 논에서 벼를 훔쳐야 하는 처지가 그대로 농촌의 현실이었다. 일제의 수탈은 정말 벼이삭을 세었고, 봉냥을 캐는 쇠꼬챙이로 집 주변과 천장을 찌르며 행여 겨울을 나고자 감추어둔 곡식을 찾아 빼어갔다. 헛웃음이 나올 수밖에 없었다. 일 년 내내 몸이 부서져라 농사를 지었지만 결국 빚더미에 올라앉아야 하는 현실이었다. 그 당시 90% 이상의 국민이 농사꾼이었다니 당연히 일제의 수탈은 농촌으로 쏠렸다. 이런 현실이 「만무방」과 「아내」 등에서 나타난다. 오죽 했으면 자신의 아내를 술과 몸을 파는 들병이 장수로 보내고자, 남편이 아내에게 아리랑을 가르쳤을까. 김유정의 작품에서도 결국 넘지 못할 고개를 아리랑으로 승화시켰던 사실을 「만무방」과 「아내」에서 볼 수 있다.

김유정의 문학작품에 삽입된 아리랑은 〈강원도아리랑〉과 〈정선아리랑〉에만 국한하지 않는다. 김유정은 "육자배기 같은 거는 자다가 들어도 싫지 않다"라는 잡지의 설문 얘기나, 「오월의 산골작이」에서 "먼 발치에

---

11 유명희, 앞의 글, 529쪽.
12 위의 글, 533~534쪽.

서 소를 몰며 처량히 부르는 그 노래도 좋다"는 표현처럼 다양한 민요를 좋아했다.[13] 소를 부리며 부르는 노래는 〈밭가는 소리〉 또는 〈소모는 소리〉이다. 결국 우리나라 전국에서 향유하는 민요형태의 우리 가락을 모두 좋아했다고 볼 수 있다.[14] 그처럼 김유정 작품에 등장하는 아리랑은 다양한 장르의 아리랑이다. 그러나 작품 속에 등장하는 모든 아리랑은 이 글에서 얘기하는 '고개'의 표상을 벗어나지 않고 있다. 모두 '홍과 삶'으로 나타나고 있다.

실제 김유정 문학작품 속에 삽입된 아리랑도 다양한 양식임을 볼 수 있다. 곧 긴아라리, 엮음 아라리, 자진아라리, 본조아리랑이 모두 쓰였다. 그러면 실제 김유정 작품에 등장한 아리랑과 그 분포를 보도록 하자.

① 본조아리랑 조[15]

아리랑 아리랑 아라리요
아리랑 띄어라 놀다가세

증기차는 가자고 왼고동 트는데
정든님 품안고 낙누낙누

13 위의 글, 530쪽.

14 물론 춘천아리랑이나 인제아리랑처럼 강원도에 널리 분포해 있는 아리랑은 강원도아리랑과 정선아라리의 형태이다. 각 지역별로 약간의 변이형태를 띠기도 하나, 크게 다르지 않다.

15 본조아리랑은 나운규의 〈아리랑〉 영화에 나오듯 경기도 지방에서 불린 새로운 아리랑의 본조라 하여 붙여진 이름이다. 대표적인 가사는 다음과 같다. "나를 버리고 가시는 님은 / 십 리도 못 가서 발병난다 / 아리랑 아리랑 아라리요 / 아리랑 고개로 넘어간다."

아리랑 아리랑 아라리요
아리랑 띄어라 놀다가세

내일갈지 모레갈지 내 모르는데
옥시기 강냉이는 심어 뭐하리

아리랑 아리랑 아라리요
아리랑 띄어라 놀다가세
(김유정, 「만무방」, 1935)

②
잘살고 못살기는 내 분복이오
하이칼라 서방님만 얻어주게유

잎이 푸르러 가시던 님이
백설이 흩날려도 아니오시네
(김유정, 「잎이 푸르러 가시던 님이」, 1935)

③
팔라당 팔라당 수갑사 댕기
곤때도 안묻어 쥔애비 오네
아리랑 아리랑 아라리요

아리랑 띄어라 놀다가세

시어미 죽어서는 춤추더니
방아를 찔적엔 생각나네
아리랑 아리랑 아라리요
아리랑 띄어라 놀다가세
(김유정, 「문인끽연실」, 1936)

④ 유명희는 「강원도여성」에 등장하는 아리랑 가사를 다음과 같이 자진아라리, 긴아리리, 엮음아라리 세 가지로 분류했다.[16]

④-1(자진아라리)
아리랑 아리랑 아라리요
아리랑 띠어라 노다가세
강원도 금강산 일만이천봉,
팔만구암자, 재재봉에
아들딸 날라고 백일기도두 말게우,
타관객지 나슨 손님을 괄세두마라

④-2(긴아라리)

16 유명희, 앞의 글, 532쪽.

아주까리 동백아 흐내지 말아
산골의 큰애기 떼난봉 난다

④-3(긴아라리)
네가두 날만치나 생각을 한다면
거리거리 노중에 열녀비가 선다

④-4(긴아라리)
논발전토 쓸만한건 기름방울이 두둥실
계집애 쓸만한건 직조간만 간다네

④-5(엮음아라리)
네팔자나 내팔자나 잘먹고 소란반자 미닫이 각장장판 샛별같은 놋요강 원앙금침 잣모베개에 깔고덮고 잠자기는 삶은 개다리 뒤틀리듯 뒤틀렸으니 뭉틀붕틀 멍석자리에 깊은 정이나 들이세(김유정, 「강원도여성」, 1937)

3. 김유정 작품을 원천으로 한 〈김유정아리랑〉 개발

김유정이 소설과 수필에 아리랑을 언급하고 그 가사를 싣고 아리랑의 정서를 작품 속에 녹아들게 한 데는 그럴 만한 이유가 있다. 아리랑이 담고 있는 정조情調와 많은 사람이 즐겨 부르는 가장 잘 알려진 노래이기 때

〈그림 3〉 힐버트가 악보로 옮긴 문경아리랑

문이다. 어쩌면 우리 민족의 정서를 대변하는 노래라 할 것이다. 「아내」에서 남편이 아내에게 들병이를 시키려고 아리랑을 가르치는 장면을 보면 아리랑을 많은 사람이 좋아했다는 사실을 알 수 있다. 「산골 나그네」에서 손님들이 나그네에게 아리랑을 부르라고 했던 것도 마찬 가지다. 노래야 잘 부르고 못 부르는 사람이 당연히 있지만 술을 파는 데도 아리랑이 제격이었다. 아리랑의 위상이 어떠했는지 몇 가지 사례를 보도록 한다.

1896년 선교사 힐버트(1863~1949)는 "아리랑은 쌀이다"는 말을 했다.

> 조선인들의 음악에서 이 아리랑은 큰 자리를 차지하고 있다. 마치 그들의 식생활에서 쌀과 같이 가장 중요하며 나머지 것들은 그저 부수적인 것에 불과한 것처럼 말이다. 여러분은 아리랑을 언제 어디서나 들을 수 있다.[17]

1896년 힐버트 눈에 띈 아리랑에 대한 모습이다. 누구나 언제 어니서나 부르는 노래라 했다. 실상 필자가 어렸을 때 환갑잔치에 따라가 보면 할아버지 할머니들이 부르는 노래는 모두 아리랑이었다. 정선아라리 또는 강원도아리랑인데 이를 '소리'라 했다. "소리 한 자락 하시오" 하면, 정선아라리를 불렀다. 이처럼 우리의 일상에서 그랬듯이, 힐버트의 기록에서 그 당시 아리랑이 어떻게 불렸는지를 알 수 있다.

황현黃玹의 『매천야록梅泉野錄』(1900) 권2 「궁중의 아리랑타령」에 보면 고종황제가 아리랑을 좋아해서 배우들을 궁궐에 불러 부르게 했다고 한다.

> 정월(正月)에 왕(高宗)이 낮잠을 자는데 꿈에 광화문(光化門)이 쓰러짐을 보고 두렵고 놀라 큰 소리를 지르며 잠에서 깨어 나셨다더라. 이에 이월(二月), 어전을 창덕궁 선동관(繕東官)으로 옮기시니 왕(王)이 꿈에서 불길함을 본 후 위급한 날이 닥쳐올 것을 경계하여 그 시름을 잊고저 풍류객들을 모아 묘한 악기와 재주들로 하여금 노래를 시키는데 매일 밤 전등불로 궁궐을 밝히고 악공들로 하여금 노래 부르게 하여 즐기며 악몽을 잊으려고 하였다.

---

17 기미양, 「『매천야록』 소재 '아리랑'기사의 실상과 의미」, 『한국민요학』 36, 한국민요학회, 2012, 100쪽; 김창주, 「아리랑 기원의 제설에 대한 검토」, 『대동사학』 2, 대동사학회, 2003, 53~82쪽.

이때 새로 생겨난 고운 노래가락이 있으니 이르기를 〈아리랑타령〉이라 한다. '타령'은 연곡(演曲)의 속칭(俗稱)이며 민영주를 원임(原任)으로 삼고 각신(閣臣)들로 하여금 우수한 악공들을 거느리게 하는데 아리랑타령을 오로지 제일로 삼아 관할하더라. 그리고 이들을 헤아려 높은 벼슬을 내리고 금은(金銀)의 상(賞)을 후하게 주더라. 그러던 때 대조규개(大鳥圭介)가 궁궐을 침범함에 이를 그만 두었다.(「궁중의 아리랑타령」, 『매천야록』 권2)[18]

아리랑이 궁궐에서도 불렀음을 볼 수 있다. 이뿐 아니라 기미양과 김창주의 연구에 의하면 명성황후가 아리랑을 잘 불렀으며, 궁중에서 악공들을 불러 자주 아리랑을 부르게 했다고 했다.[19]

이렇게 불리던 아리랑은 나중에 세계로 전파되었다. 그 때문에 외국인들은 대한민국을 얘기할 때 아리랑을 말하고 있음을 쉽게 볼 수 있다. 해외로 간 이민자들도 고국이 그리울 때면 아리랑을 부른다. 2012년에는 아리랑이 유네스코 인류무형유산으로 등재되었다. 이처럼 아리랑은 이제 한국 뿐 아니라 세계인의 유산이 되었다. 우리는 이를 계승 발전시키고 힐버트가 얘기했듯이 쌀과 같이 매일 먹는 주식처럼 생활의 일부로 확장시켜야 한다. 그 작업의 일환으로 김유정 작품을 대상으로 아리랑을 창작하여 보급하는 것도 괜찮을 것이다. 아리랑은 쌀이라는 힐버트의 언급이나 『매천야록』의 기록, 그리고 세계무형유산 등재 등으로 볼 때 아리랑은 얼마든지 새로운 콘텐츠로 수없이 만들어 낼 수 있다. 아리랑은

18 황현, 김준 역, 『완역 매천야록』, 교문사, 1996, 266~267쪽.
19 기미양, 앞의 글, 88~90쪽.

우리 민족의 문화적 속성을 대표하는 콘텐츠이기 때문에, 〈김유정아리랑〉을 만들었을 때 그 확산을 확신할 수 있다.

김유정 작품 속에 실려 있는 아리랑을 활용할 수도 있겠지만, 김유정 관련 콘텐츠를 확장한다는 의미에서는 작품 속 아리랑의 활용이 별로 달갑지 않다. 김유정 작품 속에 있는 아리랑 가사는 김유정을 드러내는 가사가 아니고 보편적인 아리랑 가사이기 때문이다. 이 때문에 필자는 김유정의 소설을 대상으로 아리랑 가사를 발굴하고자 한다.

이를 발굴하는 방법은 스토리텔링Storytelling과 신마인드맵New Mind Map이 적당하다. 스토리텔링은 한 마디로 말하면, "이야기를 통해서 인간의 감성을 자극하여 움직이게 하는 이야기마케팅"[20] 이다. 그런데 김유정의 작품은 이미 이야기마케팅을 활용하였다. 이에 이 글에서는 앞장에서 다룬 '고개'의 표상을 넣어 이를 아리랑으로 확장하고자 한다. 곧, 이야기인 소설을 원천 콘텐츠로 하여 '고개'의 표상(이미지)을 담고 있는 아리랑이라는 새로운 이야기콘텐츠로 확장하는 것이다. 이때 사용하는 방법이 신마인드맵이다. 이 신마인드맵은 '원형(중심어)-발상(개념어)-연상(확대어)-마케팅(활용)'으로 구성되어 있다.[21] 이는 원형이 되는 자원을 바탕으로 콘텐츠로 만들어 활용을 할 수 있게 하는 글쓰기 방법이다. 활용하지 못하는 글쓰기는 글쓰기가 아니라는 차원에서 원래 있는 마인드맵을 필자가 콘텐츠발굴을 할 수 있도록 새롭게 개발한 이론이다.

---

20 이학주, 「〈용궁부연록〉의 치료관광스토리텔링 전통」, 『인문과학연구』 55, 강원대 인문과학연구소, 2017, 294쪽.

21 이학주, 「지역향토자원을 활용한 관광문화콘텐츠 스토리텔링 개발 연구」, 『인문과학』 57, 성균관대 인문학연구원, 2015, 209~237쪽.

그렇다면 김유정 소설을 어떻게 아리랑이라는 문화콘텐츠로 확장할 수 있을까. 이 글에서 개발하고자 하는 마케팅전략은 아리랑에 있으므로 〈김유정아리랑〉을 만드는 데 주요 목적이 있다. 당연히 그 원형은 김유정 소설작품이 된다. 김유정의 소설이 원천콘텐츠로 활용되는 것이다. 그리고 김유정이 주로 작품에 삽입한 아리랑은 강원도에서 불러지는 긴아라리(장단이 느림), 자진아라리(조금 빠르게), 엮음아라리(사설을 빨리 엮다가 긴아리리로 바꿈)가 모두 있기 때문에 이를 적절하게 만들 필요가 있다. 『춘주지』(1983)에 의하면 "'춘천아 봉의산아'로 시작하는 춘천아리랑은 그 가락이 명쾌하여 강원도아리랑 정선아리랑 형태를 취하고 있다"[22]고 했다. 이들 세 장르로 확대하여 작품의 특성을 살려 〈김유정아리랑〉을 만든다. 이 가운데 이 글에서는 자진아라리 계통인 강원도아리랑 조로 '고개'의 표상인 '흥의 고개'와 '삶의 고개'를 적절히 담아 14수를 만들어보았다.

① 소낙비

아리아리 쓰리쓰리 아라리요
아리아리 고개로 넘어간다
도라지 더덕 캐던 춘호 처가
소낙비 내리는 날 일냈대요

22 『춘주지』, 춘천시 · 춘성군, 1983, 1185쪽.

② 노다지

아리아리 쓰리쓰리 아라리요
아리아리 고개로 넘어간다
한 치 앞을 못 보는 우리네 인생
노다지 생각하다 청춘은 갔네

③ 금 따는 콩밭

아리아리 쓰리쓰리 아라리요
아리아리 고개로 넘어간다
나오라는 금덩이는 어디가고
멀쩡한 콩밭만 망쳐놨네

④ 만무방

아리아리 쓰리쓰리 아라리요
아리아리 고개로 넘어간다
노름이야 횡재는 아무나하나
응고개 벼이삭이 떨어지네

⑤ 봄봄

아리아리 쓰리쓰리 아라리요
아리아리 고개로 넘어간다
장인님 데릴사위 부리지만 말고

점순아 얼른자라 성례를 치르자

⑥ 아내

아리아리 쓰리쓰리 아라리요

아리아리 고개로 넘어간다

들병이 아리랑 다 좋다마는

콩닥콩닥 어우러지는 밤이 더 좋구나

⑦ 산골나그네

아리아리 쓰리쓰리 아라리요

아리아리 고개로 넘어간다

백두고개 넘어 온 산골나그네

덕돌이 울려두고 신연강을 건너네

⑧ 가을

아리아리 쓰리쓰리 아라리요

아리아리 고개로 넘어간다

살기가 어려우면 얼마나 힘들까

아내팔고 도망하니 소장수 울음

⑨ 야앵(夜櫻)

아리아리 쓰리쓰리 아라리요

아리아리 고개로 넘어간다

밤 동산 꽃향기는 스쳐 지나도

자식 꽃 향기는 떠날 줄 몰라

⑩ 산골

아리아리 쓰리쓰리 아라리요

아리아리 고개로 넘어간다

옷고름 찢어주고 떠난 도련님

이쁜이 애타는 줄 왜 몰라주나

⑪ 동백꽃

아리아리 쓰리쓰리 아라리요

아리아리 고개로 넘어간다

점순이 연정은 닭싸움 사랑

동백꽃 속에는 알싸한 그 냄새

⑫ 땡볕

아리아리 쓰리쓰리 아라리요

아리아리 고개로 넘어간다

중복에 땡볕은 따갑기만 한데

그칠 줄 모르는 아내의 유언

⑬ 따라지

아리아리 쓰리쓰리 아라리요
아리아리 고개로 넘어간다
달동네 따라지 서러운 인생
끼니는 걸러도 사랑은 해야

⑭ 이런 음악회

아리아리 쓰리쓰리 아라리요
아리아리 고개로 넘어간다
노래나 연주는 뒷전이요
박수에 발 굴러 응원하자

이렇게 만들어진 〈김유정아리랑〉은 다양한 콘텐츠로 활용될 수 있다. 현재 아리랑이 활용되는 콘텐츠는 무엇이든 만들어낼 수 있다. 앞으로 정선아라리조인 긴아라리와 엮음아리도 만들어서 보급할 계획이다. 그렇게 되면 김유정 작품에 담긴 흥과 삶의 고개 표상이 잘 드러나서 김유정의 선양 사업은 물론이고, 다양한 아리랑 콘텐츠와 문화콘텐츠 확산에 보탬이 될 것이다.

4. 결론

김유정은 주옥같은 소설을 써서 우리 문학사에 꽃을 피웠다. 그의 소설은 당시 생활상을 핍진하게 드러내서 더욱 빛난다. 서민들의 생활상을 작품으로 그려 소설 속에서 사람 사는 냄새를 느낄 수 있게 했다. 그중에 「만무방」이나 「아내」 그리고 「산골 나그네」 같은 작품에는 아리랑 이야기가 나오고 그 당시 유행하던 춘천 아리랑의 가사도 실려 있다. 물론 「아내」에서는 '강원도아리랑'이라는 단어가 직접적으로 나오기도 하며, 「만무방」에는 개화기 시대를 빗댄 본조아리랑의 사설도 언급했다. "증기차는 가자고 왼고동 트는데 / 정든님 품안고 낙누낙누"(「만무방」에서)는 개화기 본조아리랑의 형태를 띠고 있다. 「아내」에서는 정선아라리 가락이 변한 '춘천아리랑'이 등장한다. "아리랑 아리랑 아라리요 / 춘천아 봉의산아 잘 있거라 / 신연강 배타면 하직이라"(「아내」에서)라는 구절이다. 춘천 사람들이라면 봉의산이나 신연강 같은 단어는 익숙히 들어 봤다. 먹고 살기 힘들어 아내를 들병이 장수로 내보내기 위해 아리랑을 가르치는 남편의 마음이 참 쓰리다. 결국 아내는 강원도아리랑은 애절하게 잘 부르지 못하지만 신식 노래 창가를 잘하여 들병이 장수의 꿈을 꾼다. 「산골 나그네」에서는 거지로 있던 여인이 산골 주막의 나그네로 왔는데, 다 망해가던 술집에 남정네들이 색시가 왔다는 소문에 몰려들었다. 술꾼들은 비록 그 나그네가 아리랑은 부르지 못해도 즐겁게 놀다가 간다. 이처럼 김유정의 소설작품에는 그 당시 일상의 모습 중에 아리랑이 서민들의 생활 속에서 언제나 불리어졌음을 보여주고 있다. 강원도아리랑과 정선아리랑 그리고 〈한오백년〉 같은 강원도에 원천을 둔 아리랑이 우리나라 아리랑의 시원始原이었음은 누구나 다 알고 있다.

이 때문에 김유정의 소설작품을 원형原型으로 하여 발상發想과 연상聯想을 거쳐 〈김유정아리랑〉이라는 마케팅 차원의 스토리텔링을 만들 수 있다. 이 방법은 글쓰기 이론 신마인드맵New Mind Map의 원리에 근거하여 만들면 된다. 그 원천에 흐르는 맥락은 '고개'의 표상에 두면 된다. 따라서 〈김유정아리랑〉의 사설에는 김유정 소설의 줄거리와 그 원형이 녹아들어가 있다. 이를 강원도아리랑이나 정선아리랑 등의 노랫가락에 맞추어 부를 수 있게 할 수 있다.

이에 이 글에서는 김유정아리랑을 개발하기 위해 김유정 작품 속 아리랑의 표상을 살펴보았다. 기존에 김유정과 아리랑을 연구한 두 연구자의 논의에서 아리랑 후렴에 나오는 '고개'의 이미지를 추출했다. 고개에는 '흥의 고개'와 '삶의 고개'가 있다고 보았다. 지리적인 고개일 수도 있지만 인간의 문제와 결부시킨 것이다. '웃음으로 눈물 닦기'라는 표현처럼 우리의 해학이 '고개'속에 담겨 있다. 실제 김유정의 작품과 작품에 삽입된 아리랑에서도 그런 '고개'의 표상이 드러남을 볼 수 있었다.

이 글의 목적은 김유정 작품을 대상으로 새로운 문화콘텐츠를 개발하여 활용하는 데 있었다. 그러나 그 실제 개발은 전부를 한 것이 아니다. 이제 막 걸음마를 내딛었다고 볼 수 있다. 이를 바탕으로 자유롭게 걷고 뛸 수 있는 그런 김유정 관련 문화콘텐츠가 탄생하기를 기대해 본다.

참고문헌

기미양, 「『매천야록』 소재 '아리랑' 기사의 실상과 의미」, 『한국민요학』 36, 한국민요학회, 2012.

김창주, 「아리랑 기원의 제설에 대한 검토」, 『대동사학』 2, 대동사학회, 2003.

유명희, 「들병이와 아라리」, 『한국의 웃음문화』, 소명출판, 2008.

유인순, 「김유정과 아리랑」, 『비교한국학』 20-2, 국제비교한국학회, 2012.

이보형, 「아리랑 소리의 근원과 그 변천에 관한 음악적 연구」, 『한국민요학』 5, 한국민요학회, 1997.

이학주, 「〈용궁부연록〉의 치료관광스토리텔링 전통」, 『인문과학연구』 55, 강원대 인문과학연구소, 2017.

이학주, 「지역향토자원을 활용한 관광문화콘텐츠 스토리텔링 개발 연구」, 『인문과학』 57, 성균관대 인문학연구원, 2015.

『춘주지』, 춘천시・춘성군, 1983.

『한국문학전집』 5, 삼성출판사, 1994.

황현, 김준 역, 『완역 매천야록』, 교문사, 1996.

제2부 / 김유정 문학의 정치와 윤리

김유정 문학의 미학적 정치성 연구*

심재욱

1. 머리말

그간 김유정 문학 연구는 매우 폭넓게 이루어져 왔다. 향토, 해학, 민중, 사랑, 일탈, 폭력, 질병 등 김유정 문학의 '중심'에 대한 연구는 포화 상태라 봐도 무방할 만큼의 성과를 자랑한다.[1] 김유정이 4년 안팎의 시간 동안 30여 편의 중단편소설을 발표하고 요절한 소설가라는 사실을 감안한다면 새삼 그의 문학이 품은 매력이 무엇인지 궁금해진다. 일단 서사의 표면적 결에 따라 읽어나가다 보면, 김유정 소설은 궁박한 조건

---

* 이 글은 『語文論集』 78(중앙어문학회, 2019.6)에 게재된 논문을 일부 수정하여 재수록한 것이다.

1 최근의 동향만 보더라도, 김유정 문학만을 연구 대상으로 하여 연 2회 열리는 김유정학회의 학술대회 성과가 매년 한 권의 연구서 분량을 채워 발간되고 있다. 김동환의 정리에 따르면 학위논문만도 석사 269편, 박사 17편에 이른다. 김동환, 「지배적 비평 용어와 김유정 문학」, 김유정학회 편, 『김유정 문학 다시 읽기』, 소명출판, 2019, 68쪽.

속에서 가정을 꾸리거나 부부가 구명도생하기 위해 고군분투하는 민중의 모습에서 양명한 기운을 포착하여 독자에게 전달하고 있다는 인상을 받게 된다. 그런데 근대 식민자본주의의 구조적 모순 위에서 펼쳐지는 민중의 생존기는 불가피하게 아내의 매춘, 아내 팔기, 도둑질, 도박, 속임수, 자해, 협박 등 파행적인 행위들을 동반한다는 점에서 김유정 소설에 나타난 양명함은 사실 엉뚱하고 기이한 것이기도 하다. 여기서 비판적 현실인식과 파행적 현실대응, 그리고 웃음이 공존하는 김유정 문학만의 특이성이 도출된다.[2]

그동안 새로운 문학연구 방법론의 수용과 더불어 김유정 문학의 의미가 지속적으로 갱신될 수 있었던 이유도 이러한 특이성과 연결해서 이해할 수 있다. 양문규의 정리에 따르면, 당대 신문학운동과 프로문학운동의 시각에서 김유정 문학은 전근대적인 문체와 역사적 현실인식의 부재로 특징되는 '미달의 문학'이었다. 하지만 1970년대의 리얼리즘론에 의해 민중에 대한 사회·역사의식이 투철한 비판적 사실주의 문학으로 높이 평가된다. 1980년대 수용된 바흐친 이론과 함께 김유정 문학은 지배체제를 전복시킬만한 민중적 활력을 내포한 텍스트로 재평가된다. 2000년대 이후 유행한 포스트주의 이론은 김유정 문학이 제국주의 지배 담론에 공모하거나 저항하는 양가적 양상을 다양한 담론들을 통해 설명해낸다.[3] 한국문학사가 동일성으로서의 근대성의 자장 아래 전개되었음을

---

2 최원식은 '도덕의 피안'에서 사는 듯한 인물들의 양명함이야말로 앞시기와 결정적으로 구분되는 김유정 소설의 새로운 자질이라고 말한다. 최원식, 「모더니즘 시대의 이야기꾼」, 『민족문학사연구』 43, 민족문학사학회, 2010, 363쪽.

3 양문규, 『한국 근대소설 연구방법 이론의 역사와 실제』, 소명출판, 2018, 342~353쪽.

보여주듯, 이러한 연구사의 흐름은 김유정 소설을 근대 비판적, 민중주의적, 윤리적 텍스트로 규정하려는 시도였다고 볼 수 있다.

이 글의 논점으로 한정하면 김유정 문학의 정치성에 대한 논의는 크게 두 갈래로 구분된다. 먼저, '선행하는 현실'에 부합하는 인간의 '주조'를 정치성의 척도로 삼는 리얼리즘의 시각으로 김유정 문학이 얼마나 강하게 사회비판을 수행하고 있는지를 입증하는 연구들이 있다. 근래에 제출된 논의를 중심으로 살펴보면, 하정일은 내부 디아스포라로서의 유랑농민에 대한 관심을 점유와 탈소유라는 사회주의적 상상력으로 연결시킴으로써 김유정 문학을 사회주의 문학으로 묶어낸다.[4] 김승환은 「만무방」에 나타난 폭력성을 '폭력에 대한 폭력'이자 룸펜프롤레타리아의 분노를 혁명의 동력으로 삼고자 했던 아나키즘적 사회주의 혁명 전략의 구체적 재현이라 본다.[5] 한편, 방민호는 김유정의 몇몇 전기적 일화와 이상李箱과의 교감 등을 토대로, 김유정이 문학론으로 내세운 '위대한 사랑'이라는 것이 크로포트킨과 마르크스가 주장하는 아나키즘적 사회주의 원리 위에 구축되어 있었을 것임을 주장한다.[6] 홍기돈은 방민호의 주장을 그대로 김유정의 작가의식으로 전제하고, "아나키즘 예술론이 강조하는 민중성, 원시성, 사상성이 김유정 소설에 어떻게 적용되는가"를 분석한다.[7]

---

4 하정일, 「지역・내부 디아스포라・사회주의적 상상력」, 『민족문학사연구』 47, 민족문학사학회, 2011.

5 김승환, 「「만무방」에 나타난 폭력성」, 김유정문학회 편, 『김유정과의 만남』, 소명출판, 2013.

6 방민호, 「김유정과 이상」, 김유정문학회 편, 『김유정의 문학산맥』, 소명출판, 2017. 방민호의 연구는 작가의 생애와 산문 자료, 문단 상황과 아나키즘 사상가의 영향 등을 살펴 실증적 차원에서 김유정의 정치의식을 짐작해 보게 해주었다는 점에서 의의가 있다.

7 홍기돈, 「김유정 소설의 아나키즘 면모 연구」, 『어문론집』 70, 중앙어문학회, 2017, 332쪽. 홍기돈은 구체적으로 농촌의 여성 인물로부터 근대 사회와 구별되는 자유로운 원시성을 읽

진영복은 리버테리안 아나키즘과 김유정의 반개인주의적 사상을 겹쳐 읽으면서 보다 유연하게 그의 문학의 정치성을 해명한다.[8]

다음으로, 김유정 문학의 정치성을 텍스트의 무의식 효과 차원에서 접근하는 연구들이 있다. 김양선과 권채린은 김유정 문학의 '향토'를 30년대 담론 맥락에서 재론하는 작업을 통해 근대에 순응하고 저항하는 김유정 문학의 양가적 면모를 밝힌다.[9] 김주리와 이태숙은 '신체'를 통해 김유정에 접근한다. 김주리는 '근대가 낳은 괴물'로서 혐오의 대상이자 동시에 욕망의 대상이 되는 민중의 속성을 토대로 김유정 소설의 비극성과 희극성(생산성)의 관계를 조명한다.[10] 이태숙은 전근대사회에서 근대사회로 이행하는 과정에서 들병이의 신체가 권력 생성 및 대립의 장소로 기능하는 양상을 밝힌다.[11] 병리학적 차원에서 김유정 문학이 "염인증자의 비관적인 삶에서 나온 파괴와 해체의 광기가 열정과 조화의 질서로, 의식적으로 전환"하는 작업의 산물임을 입증하는 정주아의 논의는, 김유정 소설에 '근대 사회의 제질서에 대한 정면 돌파'라는 '사건'이 존재한다는 점을 보여준다.[12] 한편, 이경은 김유정 소설을 자본과 공모하였으나 결국은 실패

어내고, 매춘의 의미를 현대문명에 대한 거부, 가부장적 가족 제도 비판, 성의 독점 및 사유재산의 부정이라는 정치적 아나키즘의 입장과 연결한다. 이는 그간 「만무방」에만 집중되었던 리얼리즘적 독해를 보다 다양한 텍스트 해석으로 확장했다는 점에서 의의가 있다.

8 진영복, 「김유정 소설의 반개인주의 미학」, 『대중서사연구』 23-4, 대중서사학회, 2017.

9 김양선, 「1930년대 소설과 식민지 무의식의 한 양상」, 『김유정 문학의 재조명』, 역락, 2008; 권채린, 「김유정 문학의 향토성 재고」, 『현대문학의 연구』 41, 한국문학연구학회, 2010.

10 김주리, 「김유정 소설에 나타난 파괴적 신체 고찰」, 『한국문예비평연구』 21, 한국현대문예비평학회, 2006.

11 이태숙, 「김유정 소설의 근대성과 여성의 신체」, 『여성문학연구』 42, 한국여성문학학회, 2017.

12 정주아, 「신경증의 기록과 염인증자의 연서쓰기 – 김유정 문학에 나타난 죽음충동과 에로스」, 『현대문학의 연구』 57, 현대문학연구학회, 2015, 274쪽.

하고 마는 인물들의 꿈이 자본주의의 한계를 노정한 것이라 보고 김유정 소설의 전략을 긍정적으로 평가한다.[13] 반대로 신제원은 김유정 소설에서는 자본주의와 가부장제가 공모 관계에 있다고 보고, 그것의 여성 착취와 지배질서 재생산 가능성을 비판한다.[14]

이러한 두 가지 관점은 다시금 해명해야 할 것들을 남긴다. 먼저 김유정 소설들에 나타난 민중의 잡다한 모습은 민족이나 프롤레타리아와 같은 사회적 주체성으로 균질하게 포섭되지 않는다는 점이다.[15] 또한 계급투쟁으로 확장시키기 좋은 소재를 다루지만, 그보다는 부부애나 연애, 결혼, 정욕 자체를 즉물적으로 초점화한다는 점도 이질적이다.[16] 따라서 사회 비판과 계급의식의 재현을 정치성의 척도로 삼는 (사회주의적) 리얼리즘의 시각으로 김유정 문학의 정치성을 논하는 것은, 프로문학과는 구별되는 김유정 문학의 이질적 감각이 무엇을 의미하는지 해명해야 할 과제를 남긴다. 한편, 김유정 문학의 정치성을 텍스트의 무의식에서 찾을 때, 실제로 대중 공동체 건설을 위한 문학의 사회적 역할을 강조했던 김유정의 작가의식을 해명하기 어려워진다.[17] 결국, 문학의 정치성에 대한

---

13 이경, 「자본주의보다 먼저 온 실패의 예후와 대안적 윤리」, 『코기토』 73, 부산대 인문학연구소, 2013.

14 신제원, 「김유정 소설의 가부장적 질서와 폭력에 대한 연구」, 김유정학회 편, 『김유정의 문학산맥』, 소명출판, 2017.

15 진영복은 "김유정의 문학 활동 시기가 짧아 자신의 문학사상이나 미학을 충분히 문자화할 수 있는 기회가 적었"고, "아나키즘 자체가 체계화된 이론적 근거가 적다"는 점을 들어 그 한계를 우회적으로 언급하고 있고, 하정일 역시 "「만무방」을 비롯한 몇 편의 글을 근거로 김유정 문학과 근대 극복 혹은 사회주의를 연결시키는 것은 과잉해석"이라는 지적을 인정한다. 진영복, 앞의 글, 127쪽; 하정일, 앞의 글, 105쪽.

16 김용구, 『한국소설의 유형학적 연구』, 국학자료원, 1995, 288쪽.

17 이런 점에서 "문학은 무의식의 산물이기도 하지만 그만큼이나 의식의 산물이다. (…중략…) 김유정의 문학은 무의식의 산물이거나 정신적, 육체적 질병에 대한 반응 양식일 뿐만 아니

논의가 참여문학/순수문학, 정치적 예술/예술을 위한 예술이라는 대립적 구도를 전제하는 한, 그리고 문학을 사회 구조의 무의식적 반영・재현으로만 간주하는 한 김유정 문학의 고유한 미학성과 정치성은 일관성 있게 해명되기 어렵다고 판단된다.

이상의 선행연구 검토와 관련해 본 연구자는, 정치와 관련한 김유정 문학의 고유성은 자크 랑시에르가 창안한 '미학'과 '정치', 그리고 '문학의 정치' 개념을 통해 접근할 때 일관성 있게 파악될 수 있다고 보았다. 특히 랑시에르의 '문학의 정치' 개념은, "문학이 내부의 성질로서 가지고 있는, 혹은 고유의 논리에 따라 행하는 정치"가 있음을 보여준다는 점에서,[18] 선행연구의 다양한 해석과 평가를 아우를 수 있는 시각을 제공한다고 판단된다.

2. 정치, 미학, 그리고 문학 정치

자크 랑시에르는 『문학의 정치』에서 자신이 말하는 문학의 정치 개념이 순수/참여의 대립적 구도 속에서 정초된 '정치적인 문학'과는 다르다는 점을 분명히 하면서 논의를 시작한다.

라, 바로 그러한 사항을 딛고 어딘가로 나아가려는 의식적 고투의 산물이기도 하다"고 말하는 방민호의 지적은 유효하다. 방민호, 앞의 글, 25쪽.

18 황종연, 「플로베르, 염상섭, 문학 정치」, 『한국현대문학연구』 47, 한국현대문학회, 2015, 15쪽.

> 문학의 정치는 작가의 정치가 아니다. 그것은 작가가 자신이 사는 시대에서 정치적 또는 사회적 투쟁을 몸소 실천하는 참여를 의미하지 않는다. 그렇다고 작가가 저술을 통해 사회구조, 정치적 운동들, 또는 다양한 정체성들을 표상하는 방식을 의미하는 것도 아니다. '문학의 정치'라는 표현은 문학이 그 자체로 정치행위를 수행하는 것을 함축한다. 따라서 이 표현은 '작가가 정치적 참여를 해야 하느냐' 또는 '예술의 순수성에 전념해야 하느냐' 하는 문제로 제기되지 않는다. (…중략…) '문학의 정치'라는 표현은 문학이 시간들과 공간들, 말과 소음, 가시적인 것과 비가시적인 것 등의 구획 안에 문학으로서 개입하는 것을 의미한다.[19]

인용한 대로, 랑시에르에게 '문학의 정치'는 작가의 정치의식이나 정치적 사건의 재현의 차원에서 논의되는 문제가 아니다. 그보다는 어떤 문학적 실천을 정치적인 문학과 비정치적인 문학으로 나누는 분할의 선을 해체하고 재분할하는 문제와 관련된 문제라고 할 수 있다. 랑시에르에게 '문학이 혁명을 기록하는 것'과 '문학이 스스로 혁명이 되는 것'은 전혀 다른 문제다.[20] 이를 보다 명확히 이해하기 위해서는 그가 제시한 '감성의 분할', '정치', '미학', '문학' 등의 개념을 확인할 필요가 있다.

먼저, 랑시에르는 '정치의 미학'과 '미학의 정치'를 동시에 정초하기 위해 매개적 개념으로 '감성의 분할'이라는 개념을 제시한다. 그는 "공통

19 J. 랑시에르, 유재홍 역, 『문학의 정치』, 인간사랑, 2011, 9~11쪽.
20 김형중, 「문학, 사건, 혁명 : 4·19와 한국문학－백낙청과 김현의 초기 비평을 중심으로」, 『국제어문』 49, 국제어문학회, 2010, 156쪽.

세계의 존재와 그 안에서 각각의 자리와 몫을 규정하는 분할을 동시에 보게 하는 감각적 명증함의 체계"이자, "분유되는 공통 세계와 배타적 몫을 동시에 결정"[21]하는 감각질서를 '감성의 분할'이라고 부른다. 그에 따르면 우리가 어떤 것을 보거나 보지 않는 것, 혹은 무엇을 언어로 듣거나 단지 외침으로 듣는 것은 바로 이 감각구조에 의해서 결정된다. 결국 우리가 받아들이고 있는 사회적 감각, 구체적으로 행위 방식(직무)과 존재 방식(도덕)과 말하기 방식(언어) 사이에 설정된 일정한 조응 관계는 감성의 분할에 의해 결정된 감각 방식에 따른 것이다. 문제는 이러한 감성의 분할 형태와 그에 따른 감각구조가 자연적인 것이 아니라 역사적으로 구성된 것이라는 점에 있다. 실제로 보이고, 실제로 말을 하지만, 그 존재와 그 말이 감성의 분할의 형식에 따라 보이지 않고 단지 소음으로 들릴 수도 있는 것이다.[22]

이런 의미에서, 랑시에르는 능력과 무능력의 감각적 위계질서를 만드는 감성의 분할을 정치의 본질적 문제로 다룬다.[23] 그는 말할 자격이 없는 자로 간주되는 대중이 스스로 말함으로써 그들의 말도 하나의 동등한 말이고, 자신들도 동등하게 말할 자격을 가졌음을 증명하는 무대를 구성하는 것을 정치의 고유한 과제로 설정한다.[24] 여기서 정치와 미학의 필

21 J. 랑시에르, 오윤성 역, 『감성의 분할』, 도서출판b, 2008, 13쪽.

22 박기순, 「랑시에르에서의 미학과 정치」, 『미학』 61, 한국미학회, 2010, 67쪽.

23 랑시에르는 '정치'라는 용어를 두 가지 의미로 사용한다. 먼저 행위 방식, 존재방식, 말하기 방식 사이에 어떤 관계를 성립시키는가 하는 감성의 분할을 고민하는 전통적 의미에서의 정치가 있고, 특정한 형태로 분할되어 있는 감각적 배치를 깨뜨리는 전복적 활동으로서 정치가 있다. 랑시에르가 진정한 정치라고 보는 것은 후자이기 때문에 전통적 의미의 정치는 '치안'이라고 명명한다. J. 랑시에르, 진태원 역, 『불화』, 도서출판 길, 2015, 29쪽; J. 랑시에르, 양창렬 역, 『정치적인 것의 가장자리에서』, 도서출판 길, 2013, 221・223쪽.

연적 연관성이 드러난다. 랑시에르는 예술이 '감성의 분할'의 대표적 양식이며, 어떤 예술적 실천이 예술로 간주되는 것은 특정한 예술체제 하에서라고 말한다.[25] 그리고 재현 방식에 따라 어떤 예술은 공동체 내의 설정된 행위 방식과 존재 방식과 말하기 방식 사이의 일정한 조응 관계를 성립시키고 유지하는 '치안'으로 기능하고, 또 어떤 예술은 그 질서를 교란하고 파괴하는 '정치'를 수행할 수 있다고 본다. 정치가 미학적인만큼 미학도 정치가 되는 것이다.

이러한 개념을 토대로, 랑시에르는 문학의 영역에서 글(문자)이 공동체 내의 말하기 방식을 어지럽히고, 결과적으로 감성의 분할 자체를 교란하는 장면에 주목한다. 특히, 플라톤이 "스승이 놓는 살아 있는 말"과 "어느 누구에게 말을 해야 하고 또 누구에게 말을 해서는 안 되는지를 알지 못한 채 사방으로 굴러다니는 글"을 대립시키며 글의 해악을 주장한 지점에서 랑시에르는 글의 정치적 전복성을 읽어낸다.[26] 그리고 19세기 유럽 사회에서 일어난 정치혁명과 더불어 어느 누구나 문자를 전유해서 작가가 되거나 독자가 될 수 있는 새로운 글쓰기 체제인 '문학'이 성립했음에 주목한다. 랑시에르는 서열적 사회 구조에 대한 평등주의의 도전이었던 정치 혁명 위에서 새로운 근대사회가 열렸듯이, 근대에 이르러 언어들 사이, 주제들 사이, 장르들 사이의 등급을 무시하고 기존의 예술의 식별 체제를 교란하는 잡다한 글들이 예술의 이름을 부여받기 시작했고,

24 박기순, 「자크 랑시에르, 잊혀진 이름의 귀환」, 『역사비평』 105, 역사비평사, 2013, 360쪽.
25 박기순, 「랑시에르에서의 미학과 정치」, 『미학』 61, 한국미학회, 2010, 69쪽.
26 J. 랑시에르, 유재홍 역, 『문학의 정치』, 인간사랑, 2011, 24~25쪽.

이로부터 '미학적 예술 체제'(미학레짐)라는 새로운 예술 식별 체제가 형성되었다고 보는 것이다.[27] 전통적 시학을 규범으로 하는 재현레짐을 파괴하고, 특정한 감성의 분할의 형식만을 산출하는 위계적 감각구조를 교란하는 '문학'이 '정치'를 수행한다는 의미에서의 '미학적 정치'라는 표현은 일차적으로 여기에서 만들어진다.

그런데 랑시에르가 말하는 문학 정치는 문자 민주주의 실현만의 문제가 아니다. 그는 역사적 체제로서 문학을 "낱말들의 의미작용 체제와 사물들의 가시성 체제 사이의 특수한 매듭"이라고 표현한다. 또한 "'문학'이라는 용어가 의미하는 역사적 참신성은 특별한 언어의 사용에 있는 것이 아니라 말로 표현할 수 있는 것과 가시적인 것, 낱말들과 사물들을 결합하는 새로운 방식"에 있음을 강조한다.[28] 따라서 우리가 문학의 정치성을 단순히 문자 민주주의의 실현으로 본다면, 즉 재현레짐에 대한 이탈을 보여주는 문학을 단순히 민주주의적 사회의 표현이라고 단정하고 문학의 정치를 그것과 동일한 작용으로 본다면, 문학의 영역에서 영구혁명과 같은 정치는 소멸하게 된다. 그런 의미에서 문학 정치와 관련해 주목해야 할 것은 "하나의 문학 정치가 있는 것이 아니다. 이 정치는 최소한 이중적이다"라는 명제이다. 작가의 입장에서 보면, 누구나에게 문자의 전유를 허락하고, 모든 주제들과 표현형식들을 동등한 것으로 간주

27 '문학과 정치는 분리될 수 없다'는 랑시에르의 주장은 기본적으로 근대의 미학레짐의 성립이라는 맥락에서 접근되어야 한다. 이와 관련해 황종연은 랑시에르의 문학 정치 개념이 1920년대 이후 성립한 우리의 근대문학을 새롭게 사유하는 데 유용한 도구가 될 수 있다고 말하며, 실제로 염상섭의 『사랑과 죄』의 분석을 통해 이를 탁월하게 입증해 낸다. 황종연, 앞의 글.
28 J. 랑시에르, 유재홍 역, 『문학의 정치』, 인간사랑, 2011, 19쪽.

하는 문학의 민주성은 자신의 글을 예술의 영역에서 '문학'으로 자리할 수 있게 해주는 조건이 된다. 그러나 이 조건은 동시에 더 이상 일상언어와의 구분도 폐기한다는 점에서 자신의 글을 '예술로서의 문학'으로 부를 수 없게 만드는 것이다. 이로부터 "글쓰기의 민주주의에 낱말들의 의미와 사물들의 가시성 간의 또 다른 일치 규칙들을 발명하는 새로운 시학을 대립"[29] 시키는 또 하나의 정치가 출현한다. 구체적으로 두 번째 방식의 정치는 평등주의적 무차별성을 전제로 새롭게 가시화된 잡다한 사물들과 말들로부터 새롭게 한 시대, 한 문명, 한 사회의 진리를 읽어내려는 시도로 나타난다. 요컨대, 보다 엄밀한 의미에서의 '문학 정치'는 대의적 전통의 위계와 충돌하는 문자 민주주의와 그에 맞서 공통적인 것의 무대를 재구축하는 진리 모델, 그 둘의 충돌로서 문학 고유의 (메타)정치를 의미한다.

그러므로 랑시에르의 개념을 토대로 김유정 문학의 정치성을 해명하는 작업은, 기존의 전통적 시학 규범과 구별되는 방식으로 가시화된 민중들의 삶이 김유정이 펼치는 글의 예술을 통해 어떻게 지양, 또는 장악되는지, 그 과정에서 가시화된 무대가 평등과 해방의 문제에 개입하는 양상을 확인하는 일이라 할 수 있다.

29 위의 책, 37쪽.

3. '들병이'의 세계와 문자 민주주의

미학레짐의 문자 민주주의와 관련해 무엇보다 눈에 띄는 것은 식민지 조선의 농촌을 배경으로 하는 김유정 소설에 등장하는 인물들이 민중의 직무와 말, 그리고 도덕에 대한 전통적인 감각과는 일치하는 않는 모습들을 보여준다는 데 있다. 마치 '모든 것이 재현의 대상이 될 수 있고 재현 대상들이 각각 여러 방식으로 표현될 수 있다'는 미학레짐의 '규범 아닌 규범'을 따르는 듯, 김유정 소설들에는 민중의 잡다한 욕망이 무차별적으로 재현되어 있다. 병든 거지 남편과 함께 유랑하면서 위장결혼으로 의식주를 해결하는 여인(「산골 나그네」), 아내의 매춘으로 구한 돈 2원으로 일확천금을 꿈꾸는 도박꾼 남편과 그런 남편과 의좋게 살 수 있게 된 데에 만족하는 아내(「소낙비」), 아내가 먼저 들병이로 나서자고 제안하고 장단을 맞춰 밤마다 아내에게 소리를 가르치는 남편(「아내」), 생활력 강한 들병이에게 빠져 아내를 내팽개치려는 남자와, 그에게 흔쾌히 동행하자고 손을 내미는 들병이 부부(「솥」), 자기 논의 벼를 훔쳐서라도 병든 아내를 살리려는 남편과 그런 동생을 위해 누군가의 황소를 훔쳐주려는 형(「만무방」), 콩밭을 갈아 엎고 밭에서 금점을 찾는 농민(「금 따는 콩밭」) 등 김유정 소설에는 주어진 천분으로서 농사짓기를 포기한 채 다른 일을 찾아 떠나는 농민들과 그런 남편을 말리기는커녕 부추기는 아내들이 민중, 농민의 이름으로 출현한다. 또한 얼굴도 못 본 들병이와의 결혼을 꿈꾸며 순정을 바치는 노총각(「총각과 맹꽁이」), 여전히 일상을 지배하고 있는 신분질서를 무시하고 종인 자신과 주인집 도련님의 로맨스에 목숨을 거는 소녀(「산골」), 소작농 아들에게 마음을 품고 자신의 사랑을 받아들일 것을 집요하게 요구하는 소녀(「동백꽃」), 성혼을 미루는 마름 어른에게 계속 속으면서도 점순이와의 결혼을 꿈꾸며 마냥 행복해하는 머슴(「봄·봄」) 등 신분적 위계 관계나 상식적인 셈법 대신에 이성을 향한 정열에 헌신하려는 인물들이 등장한다.

김유정 소설들이 가시화하고 있는 다양한 재현 대상과 재현 주제, 목소리는 재현레짐의 규범에서 보면 초과적인 것들이다. 있어야 할 자리, 주어진 직무, 직무를 위한 시간 배분, 사회적 책임감과 도덕심, 수치심 사이의 관계들의 체계를 규정하는 재현레짐의 규범은 김유정 소설들에서는 철저하게 무시된다. 그의 소설이 보여주는 대상과 주제와 목소리는 재현을 위한 차별이나 장르적 서열의 속박으로 벗어나 있는 것이다. 특히, 김유정 소설에서는 말의 과잉이 두드러진다. 먼저 순박하게 농사짓는 것에 만족하며 그 관심을 모두 거기에 쏟을 것이라는 통념과는 달리 김유정 소설에서 민중들은 자신들을 둘러싼 시대의 변화, 공동 관심사에 대해 목소리를 내며 토론에 몸소 참여한다. 「봄·봄」에서 '나'와 뭉태가 데릴사위 노릇에 대해 토론하는 장면이나, 뭉태가 구장어른과 봉필영감의 유착관계에 대해 꿰뚫고 있다는 듯이 말하는 장면 등이 대표적이다. 「만무방」에서 응칠이 지주를 찾아가 흉작이라는 점을 감안해 도지를 감해줄 것을 '좋은 소리'로 요구하는 장면, 「금 따는 콩밭」에서 "시체는 금점이 판을 잡앗다. 스뿔르게 농사만 짓고잇다간 결국 빌엉뱅이 밖에는 더못된다. 얼마 안잇으면산이고 논이고 밭이고 할것없이 다 금쟁이 손에 구멍이 뚫리고 뒤집히고 뒤죽박죽이 될것이다"[30]라고 말하는 장면도 마찬가지다. 이들의 말에는 주어진 대로의 삶이 아닌 다른 삶, 남의 삶을 전유하려는 욕망이 담겨 있다. 한편 전통적인 남녀의 서열적 관계를 벗어나는 말의 향연이 벌어진다는 점도 주목된다. 「산골 나그네」를 보면, 산골의 한 모자에게 신세를 지고 들병이 노릇에 위장결혼을 할 때까지 나그네는 고적한 산골의 가을처럼 조신하고 말이 없다. 하지만 훔쳐온 옷이 크다며 아쉬워하는 병든 남편에게는 "잔말말고 어여갑시다 펄적", "아 얼는좀 오게유"라고 강단 있게 말한다.(28쪽) 나그네의 이중적인 목소리는 그 자체로 여성을 전통적인 감각질서로부터 탈각시킨다. 「아내」의 아내의 목소리는 더 낯설다. 그녀는 남편 앞에서 당차게 "이눔이 웨이래, 대릴 꺾어놀라"고 말하다가, 어느새 "내얼굴이 그래도 그렇게 숭업진않지?"라며 애교를 피우고, 대뜸 "농사를 지어 뭘 하느냐, 우리 들병이로 나가자"(175쪽)고 남편에 앞서서 들병이 노릇을 해보자고 권하기도 한다. 또한 「동백꽃」에서는 마음을 몰라주는 소년을 괴롭히며 "뭐 이자식아! 누집 닭인데?"(226쪽)라고 윽박지르던 점순이의 목소리에는 계급적 우월감이 느껴지기도 하지만, 그전에 "느집인 이거 없지"(220쪽)라고 수줍게 말하던 모습이나, 자신의 마음이 받아들여지지 않자 유치한 말들을 던지던 장면을 떠올려보면 그것은 오히려 사랑에서의 상대적 약자의 자격지심에서 비롯된 목소리에 가까웠던 것임을 확인하게 된다.

요컨대, 김유정 소설에 등장하는 민중들은 소설 속 영웅들처럼 세계를

---

30 김유정, 「금따는 콩밧」, 전신재 편, 『원본 김유정 전집』, 강, 2007, 69쪽. 이하 이 글에서의 김유정 소설 및 산문 인용은 해당 판본을 기준으로 하며, 각주를 대신해 본문에 작품명과 인용 페이지만 표기한다.

유랑하며 불의와 싸우려 한다든지, 로맨스 주인공이 될 수 있다고 생각하는 듯 끓어오르는 정열에 자신의 삶을 내던진다. 또한 노잣돈만 있으면 금방이라도 도시로 떠나 날마다 기름도 바르고 분도 바르는 삶을 살고자 한다. 이들이 들려주는 목소리는 "말로 행동하는 인간들과 괴로워하고 소란스런 목소리의 인간들, 행동하는 인간들과 단순히 살아갈 뿐인 인간들 간의 구분을 폐기한다."[31]

한편, 김유정 소설에서 두드러지고 있는 이질적인 민중의 삶의 양태는 농촌의 전근대적인 신분질서와 산업구조, 그리고 가부장 질서가 근대 식민자본주의하에서 재편되는 과정에서의 혼란이라는 모더니티의 성립과 밀접한 관련이 있다. 김유정 소설의 특징은 이처럼 혼란스런 공간에 내던져진 민중의 신체를 중심으로 새로운 장면이 펼쳐진다는 데 있다.[32] 즉 신체를 상품화하는 자본주의의 위력과 여전히 존속하는 가부장제의 위력, 그리고 끓어오르는 인간의 정욕 등이 서로 경쟁하는 권력의 공백 영역에 김유정 소설의 인물들이 놓여 있는 것이다. 중요한 것은 기본적으로 김유정이 이러한 인물들 각각을 재현함에 있어 주제상의 어떠한 우열도 전제하지 않는 듯 대상에 무관심하게 접근하고 있다는 사실이다. 그 결과 김유정 소설들의 민중 재현은 각 대상의 감각구조(존재방식)에 직접 연결되어 민주주의적 장면을 연출한다. 이러한 점은 김유정 소설에 나타난 사물과 말의 과잉이 단순히 사회역사적 차원에 놓인 문제일 뿐만

31 J. 랑시에르, 유재홍 역, 『문학의 정치』, 인간사랑, 2011, 25쪽.

32 김유정 문학의 탈근대적 근대성의 면모를 여성의 신체를 중심으로 살핀 이태숙의 연구는 이 점을 탁월하게 분석해낸 바 있다. 이태숙, 앞의 글.

아니라, 문자의 민주주의를 토대로 한 미학레짐의 성립과 그에 대한 김유정의 감응이라는 차원이 존재함을 짐작케 한다.

문자의 민주주의에 대한 김유정의 감응은 그의 수필을 통해 확인할 수 있다. 그는 한 설문에서 '새로운 문학은 무엇을 목표로 할 것인가'라는 질문에 "우리의 정조情調. 이 시대의 풍속을 족히 그리되 혈맥이 통하야 제물로는 능히 기동할 수 있는 그런 성격을 착천하는 곳에 우리의 숙제가 놓여있는듯도 하오니 우선 그 무엇보다도 우리의 정조와 교배할지니"(479쪽)라고 말한 바 있다. 또한 자신의 문학관을 보여주는 「병상의 생각」에서는 "인류생활과 거리가 먼" 예술을 위한 예술을 비판하며 "예술가적 열정이 적으면 적을스록 좀더 높은 가치의 예술미를 갖게 되는 것"(470쪽)이라고 주장하기도 했다. 이러한 문장에서 김유정이 대중에게 글이 전유되기 시작하면서 출현한 문자 민주주의를 문학의 조건으로 간주했음을 짐작할 수 있다.

특히, 김유정 문학의 문자의 민주주의적 특징, 그 미학레짐적 면모와 관련해서, 들병이 공동체와 어울렸던 체험이 미친 영향을 생각해 볼 수 있다.

> 안해를 구경거리로 개방할 의사가, 잇는가 혹은 그만한용기가잇는가, 나는 이러케가씁뭇고십흔 충동을늣긴다. (…중략…) 극진히 애지중지하는 자기의안해를 대중에게 봉사하겟는가, 말이다.
>
> 밥!밥! 이러케 부르짓고 보면 대뜸 신성치못한 아귀를 연상케된다. 밥을 먹는다는 것이 따는 그리 신성치는 못한가부다. 마치 이사회에서 구명도생

하는 호구가 그리 신성치 못한것과 가치—거기에는 몰자각적 복종이 필요하다. 파렴치적 허세가 필요하다. (…중략…)

그러나 이것은 그런 모든 가면 허식을 벗어난 자성적 행동이다. 안해를 내놋코 그리고 먹는것이다. 애교를 판다는것도 근자에 이르러서는 완전히 노동화하엿다. 노동하야 생활하는 여기에는 아무도 이의가 업슬것이다. 이것이 즉 들쌩이다. (…중략…)

들쌩이가 되면 밥은 식성대로 먹을수잇다는것과 또는 그 준비에 돈한푼 안든다는이것에 그들은 매혹된다. (…중략…) 남편은 안해를 데리고안저서 소리를 가르킨다. 낫에는 물론 벌어야 먹으닛가 그럴 여가가 업고 밤에 들어와서는 안해를 가르킨다. (…중략…) 안해의 등에 자식을 업혀가지고 이러케 남편이 데리고 나간다. 산을 넘어도 조코 강을 몃식 건너도 조타. (…중략…)

이것은 고생이 아니라 생활취미다. 그러다가도 춘궁때가 돌아오면 들쌩이는 전혀 한가롭다. 그들은 고향으로 돌아가 옛집에서 칩거한다. 품을 팔아먹어도 조코 짱을파도 조타. 하여튼 다시 농민생활로 귀화하는 것이다. 그리고 그담 가을을 기다린다. (「조선의 집시—들쌩이 철학」,[33] 414~420쪽)

인용한 대목을 보면, 김유정이 체험한 들병이 부부는 지배 권력이 분할해 놓은 행위 방식과 존재 방식과 말하기 방식 사이의 질서 체계를 교란하는 존재라는 점이 명확하게 드러난다. 들병이 부부는 일상의 순

33 '들병이'와 '철학'이 결합되어 있는 제목은 랑시에르가 고니, 질랑 등 노동자시인, 노동자철학자를 발굴했던 것을 환기시킨다.

간순간마다 즉물적인 만족들을 찾아 누리는 존재들이다. 그래서인지 이들이 보여준 삶의 양상에는 농사, 매춘, 도박, 유랑, 정주, 방탕, 정숙, 모성, 소유, 공유, 체념, 정열 등이 모순적으로 뒤섞여 있다. 이들은 특정한 감성의 분할을 공유하는 집단적 주체로 포섭되지 않는다. 특히, "안해를 내놓코 그리고 먹는 것"은, 보통의 노동 행위이자 자성적 행위이기도 하고, "지주와 빗쟁이에게 수확물로 주고 다시 한겨울을 염려" 하는 생활에서 빚어진 불가피한 몸부림이기도 하고, "고생이 아니라 생활취미"이기도 하다. 또한 들병이는 농촌 노총각의 성욕 문제를 풀어주는 존재로 긍정되기도 하지만, "들쌩이와 연관되어 발생하는 춘사가 비일비재"하다는 점에서 사회의 "독충"으로 부정되기도 한다. 결국 이들에 의해 식욕과 정욕과 사랑과 모성과 사회성 사이에 구별은 사라져버린다. 또한 들병이 부부와 아이, 그리고 손님들이 함께 연출하는 그림 속에서는 혈연이나 결혼, 서비스 제공자와 소비자 등의 경계가 흐릿하거나 지워지거나 때로는 역전되기도 한다. 특별히 들병이 공동체라고 부를만한 이질적인 공간에서는, "들쌩이는 남편이 업다"는 것이 문법이지만 "언제나 남편이 수행"하고 있으며, 그러한 남편의 자리 또한 들병이에게 열광하는 "연애지상주의자"에 의해 대체되기도 한다. 또한 들병이는 자식을 보육하면서도 "남편은 이 아해가 자기의 자식이라고는 밋지" 않기에 상황이 언제든지 달라질 수 있다는 여지를 남긴다. 즉, 들병이 공동체에서는 규범다운 규범이 부재하며 그때그때의 즉물적 충동에 따라 움직이는 비공동체적 공동체인 것이다. 따라서 모든 현실의 결정성으로부터 이탈하는 과정에서 들병이 공동체의 존재들은 "유희하는 인간"[34]이라는 새로운 인간성의 도래를 예기한다.[35] 지극히 파행적이기도 한 들병이 부부의 삶을 서술하면서 "조코"라는 말을 추임새처럼 덧붙이고 있는 김유정의 태도는 어쩌면 비공동체적 공동체, 비주체적 주체로서의 해방적 경험의 차원에서 이해될 수 있을지도 모른다. 또한, 주어졌던 감성의 분할로서 사회적 감각구조를 빠져나가는 들병이 부부의 존재방식, 그 탈정체화된 삶에 대한 직접적인 체험을 보여주는 이 수필은 탈규범적 민중 재현을 보여주는 김유정의 소설들의 기원이라고도 말할 수 있을 것이다.

4. 식민지 조선의 에토스와 '정情'

문자 민주주의와 미학레짐의 시각에서 김유정의 문학에 접근하는 작업은 김유정 문학의 이질적 감각에 대해 충분히 유의미한 이해를 제공한다. 파편적인 민중의 모습을 담고 있는 김유정 소설들은 기존의 감성의 분할을 무화시키는 민주주의적 장면을 연출하는 동시에, 민중을 더 이상 어떠한 집단적 주체로도 묶이지 않는 사물화된 개체로서 체험하게 만든

34 박기순, 「랑시에르에서의 미학과 정치」, 『미학』 61, 한국미학회, 2010, 83쪽.

35 하정일은 김유정의 소설 「만무방」을 분석하면서, "정주에의 강박으로부터 자유롭고, 소유에 대한 관념이 없으며, 필요한 만큼 일하고 쓴다"는 식의 응칠의 삶의 방식이 마르크스의 구상에 닿아 있다고 말한다.(하정일, 앞의 글, 96~102쪽) 이를 이 글의 시각에서 다시 써 보면, 김유정이 만난 이들은 마르크스의 이론을 모르면서도 이미 마르크스처럼 살고 있었고, 이들은 존재 자체로 김유정에게 재현규범으로부터의 탈각, 새로운 감성의 분할 등의 계기를 제공한 해방된 주체였다고 말할 수 있다.

다. 이는 삶을 규정하던 규범과 불일치하는 새로운 감각구조들의 다발로서 출현한 미학레짐의 문학이 예술의 규칙뿐만 아니라 세상의 질서 전체를 전복하고 무화시킨다는 것을 보여주는 사례이기도 하다. 하지만 이러한 이해는 반드시 해명해야 할 문제를 남긴다. 즉, 김유정 소설들을 이야기하는 데 빠지지 않는 '정情'의 체험에 대한 문제이다.

앞서 언급했듯이, 문학에서는 문자 민주주의가 고전주의 시대의 시학에 무차별적 재현으로 대응한 것과는 다른 방식의 정치, 즉 삶의 진리를 대별시키는 작업이 나타난다. 랑시에르는 발자크가 보여준 '기호들에 대한 독해로서의 정치'와 플로베르가 보여준 '비인칭적 경험을 정의하는 정치'라는 때로는 얽히고 때로는 대립하는 두 형태를 통해서 이에 대해 설명한다.[36] 랑시에르가 이 둘의 방식을 특별히 다루는 이유는 이들의 방식이 "민주적 문학성의 요구를 충족시켜 사물의 민주적인 질서를 작품 내에 성사시키는 동시에 민주적 문학성에 병합되어 소멸되지 않고 고고하게 존재하는 글의 예술이 어떻게 가능한가"[37]를 보여주기 때문이다. 두 방식의 문학 정치 중 김유정이 수행하는 문학 정치는 발자크의 방식에 가깝다. 그것은 문학이 "일종의 미시-정치를 위해서, 더 이상 정치적으로나 수사적으로 위대한 말들이 아니라, 사건과 사물의 표면에 현존하는 것으로 지탱되는 사회에 대한 비전"을 위해서, "스펙타클한 정치 무대나 웅변가의 정치" 대신, "사회의 밑바닥에서 벌어지는 일을 탐사"한

36 J. 랑시에르, 양창렬 역, 「'문학성'에서 '문학의 정치'까지」, 『문학과사회』 22, 문학과지성사, 2009, 456~458쪽.

37 황종연, 앞의 글, 27쪽.

다.[38] 이러한 방식은 "사회를 다시 서술하고 재편성하는 기능"을 문학이 담당하는 것으로서, "사물에 쓰인 기호들을 다시 서술"하는 작업은 궁극적으로 "개체화된 정치 표면을 깨뜨리는" 새로운 보편적 주체의 형성을 겨냥한다.[39]

이런 의미에서, 김유정은 근대적 자본주의로 재편되어 가던 식민지 조선의 농촌을 독해하는 자라 할 수 있다. 김유정은 농민들의 허영과 일탈, 들병이 부부의 파행적 처세, 노총각들과 젊은 여인들의 성적 정열 등으로부터, 민중을 들병이와 따라지, 유랑민으로 만드는 정치경제적 현실에 대한 고찰을 보여준다. 자신을 두들겨 패고 매춘으로 내모는 남편, 식성대로 먹을 수 있는 들병이가 되어보겠다고 자식을 방에 내팽개친 채 야학당을 찾는 아내는 이제 최소한의 생존을 위해 파행적으로 결속해야 했던 식민지 조선의 역사를 증언하는 '말없는 사물'이 되는 것이다. 「아내」에서 나오는 '부엌에 놓인 곰방대', 야밤에 흘러나오는 아리랑과 신식창가, 「솥」에서 들병이인 계숙의 남편이 등에 짊어진 솥, 맷돌, 함지박, 보따리는, 신성했던 농민의 밭갈기와 천박한 애교팔이 사이의 구별이 흐려진 시대의 징후, 순수한 부부의 사랑과 물질적인 쾌락 사이에 등가성이 성립한 시대의 징후를 증언하는 대표적인 사물이다. 이 지점에서 김유정의 소설은 문학에는 "정치보다 더 능란하게 말하는 사물들의 민주주의"가 있다는 랑시에르의 분석과 조우한다.[40]

---

38 J. 랑시에르, 양창렬 역, 「'문학성'에서 '문학의 정치'까지」, 『문학과사회』 22, 문학과지성사, 2009, 456쪽.

39 위의 글, 457쪽.

40 J. 랑시에르, 유재홍 역, 『문학의 정치』, 인간사랑, 2011, 44쪽.

그런데 중요한 점은 자본주의나 가부장제, 전통적 가족이나 농촌 공동체의 문법을 따르든 무시하든, 김유정 소설들이 초점화하는 장면들은 이들이 누군가와 '정'으로 결속되고 관계를 맺고자 하는 지점이라는 사실이다. 랑시에르는 문학의 정치성을 해명하는 작업은, "문학을 '민주주의적' 사회의 표현으로 보는 너무나 소박한 생각을 더 파헤"침으로써 시작된다고 말했다.[41] 김유정 문학의 정치성은 단지 그것의 미학레짐적 면모를 밝히는 데서 드러나지 않는다.[42] 우리는 김유정 소설들에서 '정'을 강조하면서 파편적인 민중들을 규합하려 하는 김유정의 욕망을 발견할 수 있다. 잡다한 민중의 욕망에 의해 공동체의 성립 조건인 공통 세계를 공유하지 못하고 있는 상황, 즉 서로 다른 감성적 질서들이 소통하고 대화할 수 있는 공통 세계의 구성 자체가 불가능해지는 상황에 맞서, 김유정은 "새로운 시대의 징후를 읽고, 이미 사라진 세계들의 파편들을 인지"하는 데 만족하지 못한다. 김유정이 이미 사라져가는 농촌공동체에 대한 향수에 깊게 젖어 있었다는 점은 그의 여러 수필을 통해 확인할 수 있다. 특히, 그의 인생관과 문학관을 집약해 놓은 것으로 평가받는 「위대한 사랑」을 살펴보면, 그가 이상적인 농촌공동체를 가능케 한 것을 '정'이라는 감정에서 찾고 있음을 확인할 수 있다. 그는 여기서 '정'을 세계의 구성 원리이자, 모든 인간이 실천해야 할 윤리로 간주한다.

41 위의 책, 2011, 35쪽.
42 민중이 고전적 재현 규범으로부터 해방되는 사건은 '정치적 주체화의 계기'에 가깝다.

> 우리가 서루서루 가까히 밀접하노라 앨쓰는 이것이 또는 그런 열정을 필연적으로 갖게되는 이것이 혹은 참다운 인생일지도 모릅니다. 동시에 궁박한 우리생활을 위하야 이제 남은 단 한길이 여기에 열려있음을 조만간 알듯도 싶습니다. 그것은 마치 우리 머리우에 늘려있는 복잡한 천체, 그것이 제각기 그 인력에 견연되어 원만히 운용되어 갈수 있는것에 흡사하다 할는지요. 그렇다면 이 기능을 실지 발휘하는걸로, 언어를 실어가는 편지의 사명이라 하겠읍니다. (「병상의 생각」, 465쪽)

김유정은 신체를 가진 모든 인간은 다른 인간과 결속하려는 욕망을 지닌다고 주장하면서 공동체를 성립시키는 공통의 자격을 도출한다. 그것은 바로 '정' 또는 '사랑'이다. 특히 주목할 점은, 김유정이 이러한 '정'을 단순히 인간적·개인적 차원의 문제로만 삼지 않고 문학의 문제로 확장시키고 있다는 사실이다. 위의 인용에서 나온 '편지의 사명'은 이어지는 글에서 '문학의 사명'이 된다.

> 새롭다는 문짜는 다만 시간과 공간의 전환만에 그칠것이 아니라, 좀 더 나아가 우리 인류사회에 적극적으로 역활을 가져오는 데 그 의미를 두어야 할것입니다. 얼른 말하면 쪼이스의 「율리시스」보다는, 저, 봉근시대의 소산이던 홍길동전이 훨적 뛰어나게 예술적 가치를 띠이고 있는 것입니다. (「병상의 생각」, 470쪽)

이러한 의미에서 사실상 김유정 소설은 공동체를 지속시킬 수 있는

"위대한 사랑"이 무엇인지를 탐색하고 결국에는 '정'에 이르는 여정을 담은 텍스트가 된다. 하지만 김유정의 이러한 욕망은 문자 민주주의와 세계에 대한 독해로서 사물들의 민주주의, 그 둘을 동시에 파괴한다. 랑시에르는 미학레짐과 문학이 특정 공동체의 성립을 위해 봉사하는 윤리레짐을 구별한다. 윤리레짐은 재현레짐과 마찬가지로 "환경과 존재 방식과 행위 원리 사이에 동일성을 수립하는 사고"에 복무한다.[43] 따라서 윤리레짐은 민주주의와는 거리가 멀어진다. 「아내」에서 들병이로 나서고자 했던 아내가 예전과 같은 방식으로 가정을 지키고 가부장적 권위를 되찾겠다고 다짐한 남편의 폭력에 의해 눈 속에 처박히는 장면은 이 점을 말해준다.

그렇다면, 김유정이 러시아 혁명이나 사회주의 사상에 기대감을 표출했다는 사실 역시, 김유정의 문학적 욕망이 잡다하고 파편적인 민중의 말들을 '정'을 중심으로 정련하려 했다는 점과 연결해서 이해해 볼 수 있을 것이다.

> 오늘은 순전히 어지러운 난장판일줄 압니다. (…중략…) 우리가 처할 길은 우리 머리속에 틀지어 있는 그 선입관부터 우선 두드려내야 할것입니다. 그리고나서 새로히 눈을 떠, 새로운 방법으로 사물을 대하여야 할것입니다.
>
> 그러나 그새로운 방법이란 무엇인지 나역 분명히 모릅니다. 다만 사랑에서 출발한 그 무엇이라는 막연한 개념이 있을뿐입니다. 사랑, 하면 우리는

43 황종연, 앞의 글, 39쪽.

부질없이 예수를 연상하고, 또는 석가여래를 곳잘 들추어냅니다. 허나 그것은 사랑의 일부발현은 될지언정 사랑 거기에 대한 설명은 되지 못할겝니다. 그 사랑이 무엇인지 우리는 전혀 알길이 없읍니다. 우리가 보았다는 그것은 결국 그 일부일부의, 극히 조꼬만 그일부의 작용밖에는 없습니다. 그리고 다만 한가지 믿어지는 것은 사랑이란 어느 시대, 어느 사회에 있어, 좀더 많은 대중을 우의적으로 한끈에 뀔수 있을수록 거기에 좀더 위대한 생명을 갖게되는 것입니다.

오늘 우리의 최고이상은 그 위대한 사랑에 있는것을 압니다. 한동안 그렇게도 소란히 판을 잡았든 개인주의는 니체의 초인설 마르사스의 인구론과 더불어 머지 않어 암장될 날이 올겝니다. 그보다는 크로보토킨의 상호부조론이나 맑스의 자본론이 훨씬 새로운 운명을 띠이고 있는것입니다. (「병상의 생각」, 471쪽)

—세계역사상, 어느시대, 어느민족의 문화가 훌륭하다보십니까.

—아즉은 없었는듯합니다. 허나 앞으로 장차 노서아에 우리 인류를 위하야 크게 공헌될바 훌륭한 문화가 건설되리라 생각합니다. (설문 「문화문답」, 480쪽)

인용한 대목은 그간 김유정 문학을 사회주의적 리얼리즘으로 규정하려는 연구들이 기대왔던 지점이다. 하지만 문제는 김유정의 정치적 동의가 실제 문학의 차원에서는 명확히 드러나지 않는다는 것이었다. 하지만 랑시에르의 시각을 통해서라면, 사회주의 혁명에 대한 김유정의 동경이 김유정의 이질적 감성, 그리고 '정'으로의 수렴이라는 문제와 어떻게 연결되어 있는 것인지 보다 명확하게 이해할 수 있게 된다. 일찍이 최원식은 김유정을 "리얼리즘과 모더니즘이 기우뚱하게 혼융한 제3의 작가"라고 명명하면서, "소련의 실험이 그의 유토피아적 몽상에 하나의 계기로 된다는 정도"로 보는 것이 적절하다고 말한 바 있다.[44] 최원식의 지적처럼, 김유정에게 사회주의 사상은 농촌공동체의 '정'의 일부 발현이라 할 수 있다.

결국, 김유정의 문학 정치는 야만적인 문자 민주주의에 맞서 펼쳤던 리얼리즘적 세계 독해보다 문학의 공리적 사명에 대한 요구가 더 강력하게 작용하면서 글의 예술이 미학레짐에서 윤리레짐으로 옮겨가는 과정을 보여주는 것이라 할 수 있다. 김유정이 보여준 '정'은 식민지 조선의 농촌공동체 회복을 위해 요청된 윤리다. 따라서 '정'의 윤리는 공동체를 중심으로 중요한 것과 하찮은 것, 신성한 것과 세속적인 것을 구별함으로써, 들병이와 따라지, 유랑민의 문자(목소리) 가운데서도 '정'을 배반하는 무절제한 부분에 대해서만큼은 포기할 것을 요구한다. 요컨대, 김유정 문학은 미학적인 동시에 정치적이다. 하지만 그 정치는 모든 삶의 구분을 무화하는 절대적인 미학으로 나아가지는 않는다.

44 최원식, 앞의 글, 360~364쪽.

5. 결론

이 글은 김유정 문학의 정치성은 자크 랑시에르가 창안한 문학의 정치 개념을 통해 접근할 때 그 미학적 예술성과 정치적 예술성의 면모가 일관성 있게 파악될 수 있다고 보았다. 김유정은 예술을 위한 예술을 비판했으며, 동시에 계급문학에도 동조하지 않았다. 또한 리얼리즘과 모더니즘으로 포섭되지 않는 고유한 문학 형식을 통해, 미학적인 동시에 즉각적인 실천으로서 정치를 수행한다. 실제로 그는 러시아 사회주의 혁명에서 그가 추구하던 민중 공동체의 성립 가능성을 확인했던 것으로 보인다. 하지만 그는 사회주의 예술론이라는 고정적 관점에서 식민지 조선의 민중을 재현하지 않고, 민중의 개별적 삶에 대한 독해로부터 출발하여 공동체적 이념이 될 수 있는 것을 모색하는 방식으로 나아간다.

이런 점에서 그의 소설은 앞서의 프로문학적 리얼리즘의 규범으로는 재현될 수 없었다. 무차별적 평등주의에 상응하듯, 민주적 문학성에 지배된 김유정 문학은 들병이와 유랑민, 따라지 등 수많은 개별자들의 자기표현의 장이 된다. 이는 결과적으로 재현 대상과 주제와 문체 등에 있어서의 규범과 서열에서 이탈한 말들의 과잉을 산출한다. 동시에 김유정 소설은 근대적 자본주의로 재편되어 가던 식민지 조선의 농촌을 독해한다. 김유정 소설은 농민들의 허영과 일탈, 들병이 부부의 파행적 처세, 노총각들과 젊은 여인들의 성적 정열 등으로부터, 민중을 들병이와 따라지, 유랑민으로 만드는 정치경제적 현실에 대한 고찰을 보여준다. 하지만 김유정 소설은 궁극적으로 감성의 분할을 빠져나가는 들병이, 유랑민, 따라지의 말들에 대항해 '정'을 매개한 집단적 주체화를 시도하는 것으로 방향을 전환한다. 즉 김유정 문학은 문자 민주주의의 요구를 충족시켜 민주주의적 장면을 상영하는 동시에 문자 민주주의에 의한 탈주체화 대신 '정'의 주체라는 보편적이고 정치적인 집단 주체를 구성하여 탈정체화를 이룬다. 김유정에게 문학은 야만적인 문자 민주주의에 맞서 리얼리즘적 세계 독해를 펼치는 것보다, 문학의 공리적 사명에 충실하는 것이 더 중요했다. 김유정은 세계가 새롭게 변화하는 과정에서 포착된 삶의 진실, 세계의 무질서, 민주적 상태를 반영했지만 동시에 1930년대 식민지 조선의 상황에서 벗어나지 않는다. 미학레짐에서 윤리레짐으로 옮겨가는 김유정의 글의 예술, 즉 김유정 소설의 문학 정치는 바로 이점을 보여준다.

참고문헌

기본자료

김유정, 전신재 편, 『원본 김유정 전집』, 강, 2007(개정판).

논문 및 단행본

권채린, 「김유정 문학의 향토성 재고」, 『현대문학의 연구』 41, 한국문학연구학회, 2010.

김유정문학촌 편, 『김유정 문학의 재조명』, 역락, 2008.

__________ 편, 『김유정과의 만남』, 소명출판, 2013.

__________ 편, 『김유정과의 향연』, 소명출판, 2015.

__________ 편, 『김유정의 문학산맥』, 소명출판, 2017.

김주리, 「김유정 소설에 나타난 파괴적 신체 고찰」, 『한국문예비평연구』 21, 한국현대문예비평학회, 2006.

김형중, 「문학, 사건, 혁명—4・19와 한국문학」, 『국제어문』 49, 국제어문학회, 2010.

박기순, 「랑시에르에서의 미학과 정치」, 『미학』 61, 한국미학회, 2010.

______, 「자크 랑시에르, 잊혀진 이름의 귀환」, 『역사비평』 105, 역사비평사, 2013.

양문규, 『한국 근대소설 연구방법 이론의 역사와 실제』, 소명출판, 2018.

이경, 「자본주의보다 먼저 온 실패의 예후와 대안적 윤리」, 『코기토』 73, 부산대 인문학연구소, 2013.

이태숙, 「김유정 소설의 근대성과 여성의 신체」, 『여성문학연구』 42, 한국여성문학학회, 2017.

정주아, 「신경증의 기록과 염인증자의 연서쓰기」, 『현대문학의 연구』 57, 현대문학연구학회, 2015.

진영복, 「김유정 소설의 반개인주의 미학」, 『대중서사연구』 23-4, 대중서사학회, 2017.

최원식, 「모더니즘 시대의 이야기꾼」, 『민족문학사연구』 43, 민족문학사학회, 2010.

하정일, 「지역・내부 디아스포라・사회주의적 상상력」, 『민족문학사연구』 47, 민족문학사학회, 2011.

홍기돈, 「김유정 소설의 아나키즘 면모 연구」, 『어문론집』 70, 중앙어문학회, 2017.

황종연, 「플로베르, 염상섭, 문학 정치」, 『한국현대문학연구』 47, 한국현대문학회, 2015.
J. 랑시에르, 양창렬 역, 『정치적인 것의 가장자리에서』, 도서출판 길, 2013.
J. 랑시에르, 오윤성 역, 『감성의 분할』, 도서출판b, 2008.
J. 랑시에르, 유재홍 역, 『문학의 정치』, 인간사랑, 2011.
J. 랑시에르, 진태원 역, 『불화』, 도서출판 길, 2015.

김유정 소설에 나타난 수치심의 양상과 의미*

「소낙비」, 「생의 반려」를 중심으로

장수경

1. 머리말

1930년대 동시대에 활동했던 다른 작가들이 '지식인'으로서의 자의식을 가지고 소설 속에서 이를 서사화했다면[1] 김유정은 생의 고통과 절망, 우울, 사랑 등 인간의 감정에 천착한 작가라는 점에서 미학적 특이점을 갖고 있다. 이런 김유정의 작품 경향은 작가의 불운한 성장과정과 연관이 있다. 김유정은 유복한 집에서 태어났지만 양친을 일찍 여의고 폭력적인 형 밑에서 눈칫밥을 먹으면서 불행한 유년시절을 보낸다. 휘문고

---

* 이 글은 「김유정 소설에 나타난 수치심의 양상과 의미－「소낙비」와 「생의반려」를 중심으로」(『스토리앤이미지텔링』 18, 건국대 스토리앤이미지텔링연구소, 2019, 200～242쪽)에 게재된 논문을 재수록하였다.

1 송주현, 「김유정소설에 나타난 사랑의 의미 연구」, 『김유정문학의 감정미학』, 소명출판, 2018, 137～159쪽.

보를 졸업할 무렵 김유정은 이혼한 후 하층 노동자로 살아가는 누나에게 경제적으로 의존하며 그녀로부터 언어적, 심리적 폭력을 당한다. 또한 김유정은 연상의 여인이며 기생인 박녹주에 대한 사랑으로 고통스러워 하지만 그 짝사랑도 실패로 끝난다. 그 후 김유정은 춘천 실레마을로 돌아가 야학활동과 집필 활동에 매진한다. 하지만 폐병을 앓던 김유정은 29살의 젊은 나이로 생을 마감한다. 그야말로 김유정의 삶의 이력을 들여다보면 그의 생은 우울하고 폭력적이며 절망 그 자체이다.

이런 불운한 삶의 이력 때문인지 김유정의 소설에는 '모멸', '수치', '혐오', '우울' 등 부정적인 어휘들이 자주 등장한다. 소설 속 인물들은 자신이 감당할 수 없는 현실적 극단의 고통과 절망 속에서 인간다움을 지향하고자 애쓴다. 개인적・사회적 폭력 속에서 살아갈 수밖에 없는 인물들은 비참한 삶의 한가운데에서 불완전한 자기 자신과 대면하고 고투의 시간을 보낸다. 이는 김유정이 쓴 소설에서 '고통스럽다', '우울하다', '수치스럽다' 등의 술어들이 자주 드러나는 데서 그 흔적을 찾을 수 있다. 특히 김유정이 쓴 소설을 면밀히 들여다보면 한 인물을 지속적으로 지배하는 감정의 근원이 무엇인지를 탐구하도록 만든다는 점에서 흥미롭다.

이러한 소설의 특성을 반영하듯 최근 몇 년 동안 김유정 소설에 대해 '감정'을 키워드로 다룬 연구 성과들이 속속 도출되고 있다. 유인순은 김유정 문학의 특징을 우울증적 결핍의 관계에서 논하였고,[2] 임정연은 슬픔의 보편성과 슬픔의 윤리로 분석하였다.[3] 오은엽은 김유정 소설의 폭

2 유인순, 「김유정의 우울증」, 『현대소설연구』 35, 한국현대소설학회, 2007, 121～138쪽.
3 임정연, 「김유정 자기서사의 말하기 방식과 슬픔의 윤리」, 『현대소설연구』 56, 한국현대소

력성에 주목하여 사도마조히즘과의 관련성 속에서 탐색하였고,[4] 정주아는 김유정 소설을 염인증자의 연서쓰기와 죽음충동에 주목하여 논하였다.[5] 장수경은 김유정 소설에서 나타난 아내팔기와 유랑의 문제를 불안한 주체의 존재방식과 정념의 관점에서 논하였다.[6] 김예리는 김유정 문학의 특징을 웃음과 슬픔, 사랑의 관계로 분석하였고,[7] 김근호는 김유정 소설이 희망과 절망이라는 감성의 정치학을 통해 지배권력에 대한 저항의식을 드러낸다고 보았다.[8] 정연희는 김유정의 문학이 정념적 주체의 윤리적 아포리아와 근대적 윤리의 위치라는 점에 주목하였고, 인물들이 우울의 정서와 알레고리의 상호연관성 속에서 자아성찰을 수행한다고 평가하였다.[9] 김윤정은 김유정의 문학이 연애와 결혼 모티프를 통해 잔혹한 낙관주의와 정동의 서사를 구축한다고 보았다.[10] 오태호는 김유정 소설의 비극성을 들병이, 연정, 물욕, 궁핍과 연관 지어 논하였는데, 그

설학회, 2014, 469~496쪽.

4 오은엽, 「김유정 소설에 나타난 정념의 기호학적 연구－금 따는 콩밭, 금, 노다지를 중심으로」, 『한중인문학연구』 47, 한중인문학회, 2015, 135~161쪽.

5 정주아, 「신경증의 기록과 염인증자의 연서쓰기－김유정문학에 나타난 죽음충동과 에로스」, 『현대문학의 연구』 57, 한국문학연구학회, 2015, 243~278쪽.

6 장수경, 「정념의 관점에서 본 김유정 소설의 미학－봄봄, 노다지, 소낙비, 가을을 중심으로」, 『한민족문화연구』 55, 한민족문화학회, 2016, 237~170쪽; 「「만무방」에 나타난 불안과 유랑의 서사」, 『한국문예창작』 40, 한국문예창작학회, 2017, 43~67쪽.

7 김예리, 「김유정문학의 웃음과 사랑」, 『한국예술연구』 14, 한국예술종합학교 한국예술연구소, 2016, 211~231쪽.

8 김근호, 「김유정소설에서의 반전과 감정의 정치학」, 『한중인문학연구』 55, 한중인문학회, 2017, 1~25쪽.

9 정연희, 「김유정 소설의 실재의 윤리와 윤리의 정치화」, 『현대문학이론연구』 60, 현대문학이론학회, 2015, 515~536쪽; 정연희, 「김유정의 자기서사에 나타나는 우울과 알레고리 연구－두꺼비와 생의반려를 중심으로」, 『국어문학』 65, 국어문학회, 2017, 75~98쪽.

10 김윤정, 「김유정 소설의 정동연구－연애, 결혼 모티프를 중심으로」, 『현대문학이론연구』 71, 2017, 101~126쪽.

는 김유정 문학이 연민의 서사를 통해 현실적 비애미를 극대화한다고 평가하였다.[11] 그동안 논자들은 김유정 문학에 나타난 감정을 사랑, 우울, 불안, 절망, 슬픔, 연민 등 다양한 관점에서 다루었다. 그런데 한 가지 주목할 부분은 이러한 김유정 문학에 나타나는 다양한 감정의 층위들 사이에는 '수치'와 관련된 키워드가 곳곳에서 돌출된다는 점이다. 김유정이 소설 속에서 '모멸', '모욕', '수치' 등 유사한 어휘를 반복적으로 선택, 승인하는 것은 등장인물들이 발산하는 '감정들이 분명한 하나의 지향적 목적을 갖고 있'음을 의미한다. 또한 이런 수치심과 같은 감정이 인지적, 가치평가적 관점에서 '인간존재가 어떻게 살 것인가에 대해 윤리적으로 숙고하게 만든다'[12]는 점에서 이들 소설들을 검토하는 것은 매우 의미 있는 작업이 될 것이다. 하지만 아직까지 김유정 문학에 나타난 수치심의 양상과 의미를 추적한 논문은 없었다는 점에서 이 부분에 대한 탐색이 필요하다. '수치심'이란 감정이 무질서한 듯 작품 속에서 표출되고 있지만 그 무의식의 근원을 따져보면 김유정 문학이 지향했던 목적이 무엇이었는지를 이해하는 데 도움이 될 것이다.

따라서 이 글은 김유정의 소설 중에서 『조선일보』 신춘문예 당선작이었던 「소낙비」[13]와 1936년 자신의 삶을 작품 속에 투영해 장편소설로 연재하다가 그의 죽음으로 미완성된 소설 「생의 반려」[14]를 주 텍스트로

11 오태호, 「김유정소설에 나타난 연민의 서사연구—마사 누스바움의 감정론을 중심으로」, 『국어국문학』 184, 국어국문학회, 2018, 187~216쪽.
12 마사 너스바움, 조형준 역, 『감정의 격동—인정과 욕망』 1, 새물결, 2015, 317쪽.
13 김유정, 「소낙비」, 전신재 편, 『원본 김유정 전집』, 강, 2012, 38~51쪽.
14 김유정, 「생의 반려」, 전신재 편, 『원본 김유정 전집』, 강, 2012, 246~282쪽.

다루고자 한다. 두 작품에는 김유정 문학에서 드러나는 감정 중 인간의 고단한 삶과 수치심의 관계가 문학의 근간을 이루고 있다는 점에서 새로운 시각에서 살펴볼 필요가 있다.

인간의 감정은 분노, 불안, 선망, 질투, 공포, 죄책감, 슬픔, 우울, 사랑, 동정, 행복감, 안도감 등 그 결이 다양한 층위로 구성되어 있다. 오늘날 학자들은 인간의 내면을 구성하는 모든 감정적 반응에서 생각과 의미가 큰 부분을 차지한다는 데 동의한다. 각각의 감정들은 일정한 논리적 체계를 갖고 있고 수치심과 관련된 개인적 이상들은 문화와 개인에 따라 도덕적 가치보다 더 큰 편차를 보이기도 한다.[15] 마사 너스바움 Martha C Nussbaum은 인간의 다양한 감정들 즉, '수치심Shame'과 같은 감정은 '개인적'이고 '집합적'이며 '인지적'이고 '가치평가적'이라고 보았다.[16] 독일 철학자 셸러는 수치심을 인간 고유의 영역으로 보고 가치의 서열화 측면에서 분석하였다. 셸러의 분석은 다소 편향적이기는 하지만 개체의 보존 본능이 종의 보존 본능을 능가하는 현상과 대응된다고 보았다는 점에서 수치심의 역동성을 드러냈다. 인간의 역사에서 수치심은 개인적 도덕률이나 사회적인 도덕률과 연관되어 변화되었다. 수치심은 본능과 이성, 의식과 무의식, 개인과 사회 사이의 끊임없는 투쟁 상태에 놓여 있다. 수치심을 제대로 이해하기 위해서는 여러 가지 대립관계들 속에서 파악해야 한다. 수치심은 문명의 산물이며 오늘날 예술적 재현에서의 수치심은 종종 전복적인 힘을 갖기도 한다. 현대 문학에서 언어

---

15 리처드 래저러스 · 버니스 래저러스, 정영목 역, 『감정과 이성』, 문예출판사, 1997, 90~102쪽.
16 마사 너스바움, 조형준 역, 『감정의 격동』 2, 새물결, 2015, 263~320쪽.

와 관련된 수치심은 한 사회의 모순과 충돌하고, 전복적인 메시지를 담아내기도 한다.[17] 김유정 문학에서 형상화된 '수치심'은 1930년대 식민지 공간에서 등장인물들이 사회적이고 도덕적인 영역을 벗어나 위악한 현실에서 생을 지탱하기 위한 고투의 행위로 읽을 수도 있다.

이 글은 김유정 문학의 특이점으로 볼 수 있는 수치심이 「소낙비」와 「생의 반려」 등의 작품에서 어떻게 감정의 레퍼토리를 구성하고 그 의미를 획득하는지를 살펴보고자 한다. 이를 위해 이 글은 마사 너스바움이 제시한 수치심에 대한 감정적 견해들을 부분적으로 활용하고자 한다.[18]

2. 가부장적 권력과 여성의 수치심 – 「소낙비」

「소낙비」는 『조선일보』(1935.1.29~2.4) 신춘문예 작품 현상 모집에서 '一等當選 短篇小說'이라는 표지가 붙어 있고 송병돈宋秉敦이 삽화를 그렸다. 1935년에 발표된 이 작품은 "운명을 향한 적의와 질서 밖의 세계"에 존재하는 노동하지 않는 농부와 매춘하는 아내의 모습을 통해 농촌사회의 모순을 형상화한 작품이다.[19] '춘호'는 농군으로서 노동을 포기한 채 처妻를 들병이로 나서게 하는 인물로 형상화된다.[20] 춘호는 피폐해진 농

---

17 장 클로드 볼로뉴, 전혜정 역, 『수치심의 역사』, 에디터, 2008, 281~422쪽.

18 마사 너스바움, 조계원 역, 「서문–감정도 분명 사고를 담고 있다」, 『혐오와 수치심』, 민음사, 2015, 13~43쪽 참조.

19 정주아, 앞의 글, 243~278쪽.

20 김유정, 앞의 책, 414~421쪽.

촌생활의 불안과 굶주림을 해결하기 위해 서울로의 일탈을 꿈꾸는 존재이다. 춘호의 일탈은 큰 노름판에서 돈을 벌어 동네에서 진 빚도 갚고 아내와 함께 산골을 떠나 도시생활에서 풍요로움을 꿈꾼다는 점에서 파산농민의 '행복에 대한 갈망'이며 '처절한 삶의 욕구'[21]로 읽을 수 있다. 가족의 생존을 위해 매춘이 수단으로 작동된다는 점에서 「소낙비」는 「총각과 맹꽁이」, 「가을」, 「솥」, 「아내」, 「산골 나그네」, 「정조」 등의 작품처럼 '들병이 문학'[22]으로 분류할 수 있다. 그런데 「총각과 맹꽁이」, 「아내」, 「가을」, 「솥」, 「산골 나그네」, 「정조」 등의 소설에서 여성들의 성이 거래될 때 여성인물들의 언행에는 수치심의 흔적이 크게 부각되지 않는다는 공통점이 있다. 하지만 『조선일보』 등단작인 「소낙비」에서는 춘호 처가 이주사와 성을 거래하는 장면에서 수치심이 반복적으로 포착된다는 게 특이점이다. 「소낙비」는 김유정의 신춘문예 당선작인 만큼 작가의 의식적, 무의식적 사고의 출발지점을 드러낸다고 할 수 있는데, 왜 유독 이 작품에서 수치심이 부각되고 있을까? 이 글은 「소낙비」가 들병이류 소설에 포함되면서도, 다른 작품들과 미묘한 감정의 차이를 드러낸다는 문제의식에서 출발하였다.

「소낙비」에서 춘호 처는 일차적으로 보면 남편의 폭력에서 벗어나기

---

21 조용숙, 「김유정소설에서 본 비극미의 양상」, 『한중인문학연구』 50, 한중인문학회, 2016, 151~170쪽.

22 김유정은 수필 「조선의 집시」(『매일신보』, 1935.10.22~29)에서 1930년대 식민지 조선에서 들병이의 생태에 대해 다루고 있다. 김윤식은 김유정 문학의 출발점을 '들병이'라고 규정하였다. 김윤식, 「들병이 사상과 알몸의 시학」, 『김윤식 전집』 5, 솔, 1996. 유인순도 김유정 문학을 들병이 문학으로 다루고 있다. 유인순, 「들병이 문학연구」, 유인순 외편, 『김유정과 동시대 문학 연구』, 소명출판, 2013, 65쪽.

위해 이주사에게 자신의 성을 매매하기로 결심한다. 김유정 소설에서 남성들이 여성에게 가하는 '폭력'은 가부장제를 유지하거나, 구성원을 종속시키고, 구성원의 이익을 탈취하는 기제로 해석되는 경우가 많다.[23] 「소낙비」에서 춘호 처는 남편의 '폭력'이 두렵고 벗어나고 싶어서 성을 매매하기로 결심한다. 이런 측면에서 보면 춘호 처는 기존의 가부장제 질서에 굴복하고 '돈'이라는 자본을 매개로 타협의 지점을 찾는 것처럼 보인다.

> "이년아 기집 조타는 게 뭐여? 남편의 근심도 덜어주어야지 끼고자자는 기집이여?"
>
> 지게막대는 안해의 연한 허리를 모지게 후렸다. 까브러지는 비명은 모지락스리 찌그러진 울타리틈을 뻬어나간다. 잼처 지게막대는 안즌채 고까라진 안해의 발뒤축을 얼러 볼기를 내려갈렷다.
>
> "이년아 내가 언제부터 너에게 조르는 게여?"
>
> 범가티 호통을치고 남편이지게막대를 공중으로 다시 올리며 모즈름을 쓸 때 안해는
>
> "에그머니!"
>
> 하고 외마디를 질럿다. 연하야 몸을 뒤치자 거반 업퍼질 듯이 싸리문 밖으로 내달렸다.(39～40쪽)

23 신제원, 「김유정소설의 가부장적 질서와 폭력에 대한 연구」, 『김유정의 문학산맥』, 소명출판, 2017, 134쪽.

위의 인용문을 보면 춘호 처는 노름 밑천을 구해오라는 남편의 명령, 즉 가부장의 명령에 불복종했다는 이유로 육체적, 언어적 폭력을 겪게 된다. 김유정의 소설에서 남편이 자기 아내를 폭행하는 장면은 「아내」에서 아내의 비녀를 잡아채고 술에 취한 아내를 눈 속에 뭉개거나, 「슬픈 이야기」에서 밤마다 아내를 구타하는 영화감독인 남편의 모습에서도 반복적으로 형상화된다. 가부장의 표상인 남편이 아내를 폭행하는 장면에서 대부분의 여성들은 폭력에 순응하거나 회피할 뿐 적극적으로 저항하지 못한다는 점에서 사회적 약자이고 피해자의 위치에 놓여 있다. 「소낙비」에서 춘호 처는 춘호의 폭력과 이주사의 폭력을 동시에 경험하는데, 폭력을 수용하는 방식에서 차이를 드러낸다. 도입부에서 춘호 처는 가부장의 육체적 폭력을 회피하는 수단으로 이주사와 자신의 성을 교환하기로 결심하게 된다는 점에서 남편과 타협의 지점을 선택한다. '들병이'이라는 춘호 처의 선택은 1930년대 전통적인 가족제도 하에서 남편과의 가족관계를 존속시키기 위한 불가피한 수단으로 작동된다. 춘호 처는 남성 가부장제의 위계구조와 물리적 힘이 자행하는 폭력에 저항하기 보다는 '성'을 매개로 현재적 고통을 회피하고 가족의 질서 안에서 평화와 행복을 갈망하고자 새로운 '노동'을 선택한 것이다. 그런데 「소낙비」에서는 춘호 처로 하여금 '들병이 노동'을 수행할 때 당대 여성에게 강요된 가부장적 이데올로기와 감정의 충돌을 표면화해서 드러낸다.

「소낙비」에서는 '이주사'와 춘호 처의 성 매매 과정에 초점을 맞춰 가부장적 권력이 여성에게 어떠한 방식으로 수치심을 부여하고 통제하려고 하는지를 포착해서 보여준다. 이를 위해 김유정은 전략적으로 소설의 도입에서 '이주사'라는 인물의 부도덕한 정보를 아내의 기억을 통해 회상하는 기법을 동원한다. 농촌 공동체에서 부와 권력의 중심인 이주사는 지난 봄밤 춘호가 출타했을 때 춘호 처를 성폭행하려고 방안까지 침입했던 강간미수범으로 묘사된다. 뿐만 아니라 이주사는 유부녀인 쇠돌어멈과도 부적절한 관계를 유지하고 있다는 점에서 전통적인 농촌 공동체에서 비윤리적인 인물의 전형이다. 도입부에서 드러나듯이 이주사는 남편이 있는 쇠돌어멈의 집을 "자기집처럼 거침업시 문을떼다밀고는 속으로 버젓이 들어가버"리는 뻔뻔한 인물로 묘사된다.

> 춘호 처가 간다는 바람에 리주사는 체면도 모르고 기가올랏다. 허둥거리며 재간껏 만유하엿으나 암만해도 안된듯십다. 춘호 처가 여기엘 찾어온것도 큰기적이려니와 뇌성벽력에 구석진 곳이겠다 이렇게 솔깃한 기회는 두 번다시 못볼 것이다. 그는 눈이 뒤집히어 입에 물엇든 장죽을쑥 뽑아 방안으로 치트리고는 계집의 허리를 뒤로 다짜고짜 끌어안어서 봉당우로 끌어올렷다.(44쪽)

위의 인용문을 보면 이주사는 자신의 욕망을 충족시키기 위해서는 "체면도 모르"며 "솔깃한 기회"를 절대 놓치지 않는 인물이다. 심지어 이주사가 불륜을 행하는 공간은 상간녀인 쇠돌어멈의 집이다. 성 매매의 공간이 쇠돌어멈의 안방이라는 점에서 이주사에게 전통적인 윤리의식이나 수치심은 전혀 없다. 이주사는 춘호 처를 보자, "다짜고짜 글어안어서" 안방으로 끌고 간다. 또한 춘호 처의 몸에 묻은 물기를 닦기 위해 쇠돌어멈의 적삼을 꺼내 "발끗서부터 얼골까지" 훑딱기 시작한다는 점에서 수치를 모르는 인물이다. 이주사의 부도덕한 행동의 근저에는 남성가부장적 위계 구조에서 자신이 남들보다 서열상 우위에 놓여 있고, 열등한 여성이 아니라 남성이라는 우월감이 바탕에 깔려있다. 강간미수사건, 쇠돌어멈과의 불륜, 춘호 처와의 성매매 등 일련의 부도덕한 행위의 패턴을 보면 남성권력의 상징인 이주사에게 수치심이 자리할 영역은 전혀 없다. 그런데 문제는 이런 부도덕한 이주사가 가부장적 권력과 돈(자본)을 위계 삼아 오히려 춘호 처에게 신체적, 심리적 수치심을 직접 공격하면서 춘호 부부의 결속력에 균열을 내고 하층 여성을 기존의 가족관계로부터 고립시키려고 시도한다는 점이다.

> 가) 리주사는 계집의 몸둥이를다씻기고나서 한숨을 내뿜으며담배한대를 떡 피어물었다.
>
> "그래 요새도 서방에게 주리경을 치느냐?"하고 뭇다가 아무대답도업스매
>
> "원 그래서야 어떻게 산단말이냐 하루이틀 아니고, 사람의 일이란 알 수 잇는거냐? 그러다 혹시 맛어죽으면 정장하나 해볼곳 업는거야. 허니네명이 아까우면 덥어놓코 민적을 가르는게낫겠지 —"하고 계집의 신변을 휘하야 염여를 마지안타가 번뜻 한가지 궁금한 것이 잇엇다.(45쪽)

위의 인용문을 보면 이주사는 성을 매매하는 시점에서 춘호 처에게 '너는 남편에게 맞고 사는 불쌍한 여자'라는 부정적 인식을 언어를 통해 의식적으로 발화한다는 점이다. 상대의 약점을 언어를 통해 공격하는 발화

행위는 갑과 을의 관계에서 을의 위치에 놓여 있는 여성에게 수치심을 자극해, 여성 스스로 열등감을 인정하고 심리적으로 굴복하도록 강요하는 장치이다. "그래 요새도 서방에게 주리경을 치느냐?"는 이주사의 질문은 가정폭력에 노출된 여성의 약점을 가시화함으로써 부부의 상호의존성을 무너뜨리고 심리적으로 고립시키기 위한 전략이다. '수치pudor'가 부끄럽게 느끼는 행동에 수반되는 슬픔이라면, '수치의 감정verecundia'은 공포심 혹은 수치에 선행하는 심한 불안이 섞인 초조함을 의미한다. 불안한 감정 상태에 놓이면 인간은 상황변화에 맞춰 적절한 행위를 하지 못한 채, 뒤로 몸을 움츠리고 소극적인 태도를 보이는 경향이 있다.[24] 「소낙비」에서 춘호 처는 수치의 감정으로 인해 불안한 상태를 표출하는데, 이주사의 말에 적절한 대응을 하지 못한 채 몸을 움츠리는 태도를 취한다. 이주사는 "그래서야 어떻게 산단말이냐 하루이틀 아니고 사람의 일이란 알 수 있는 거냐?"라며 춘호 처의 신변을 걱정하는 투로 말을 건네면서 '이혼'하라고 종용한다. 이미 춘호 처는 이주사를 만나기 전부터 '나는 개돼지가티 무시로 매만 맞고 돌아치는 천덕군'(43쪽)이라고 한탄했다는 점에서 자존감이 매우 낮은 상태에 놓여있다. 이주사는 춘호 처의 불안한 감정상태에 '하루이틀 아니고'라며 가정폭력의 일상적 반복을 강조함으로써 부부의 결속력에 충동질을 한다. 이는 가부장제 하에서 취약한 여성의 심리적 수치심을 자극함으로써 상호의존적인 부부관계를 단절시키고 새로운 가해자(이주사)에게 여성(춘호 처)를 종속시키기 위해 피해자를 '고립'[25] 시키는

24 스피노자는 수치와 수치의 감정을 구별하고 있다. 임홍빈, 『수치심과 죄책감』, 바다출판사, 2013, 185쪽.

전략 중 하나이다. 춘호 처를 심리적으로 고립시키기 위해 이주사는 "혹시 맞어죽우면 장정하나 해볼곳 업는 거야"라며 공포심까지 조장한다. 가부장적 관계에서 남편이 아내를 살해할 수 있다는 것은 여성이 자유로운 선택을 할 수 있는 사람이 아니라 남성이 통제하고 소유하는 재산의 일부로 여기는 당대의 사회적 가치관을 보여준다.[26] 이는 1930년대 식민지 조선에서 남성에 의한 권위와 통제의 규범이 여전히 여성을 억압하고 있음을 확인시켜준다. 1930년대 식민지 조선에서는 아내나 성적 대상인 들병이와 같은 여성에 대한 폭력이 특정한 분노를 내재한 것이 아니라 아동에 대한 체벌처럼 일종의 남성권력이 갖고 있는 일상적 권리로 인식되었다. 여성에 대한 구타는 가부장적 통제의 수단으로서 부부관계가 경제적 예속을 넘어서서 심리적 굴종과 신체적 소유의 단계까지 설정되어 있었음을 확인시켜준다.[27] 이는 이주사가 춘호 처를 남편과 분리시키고자 하는 의지이면서 동시에 자신이 춘호 처와 새로 가부장적 관계를 맺게 될 때 여성을 억압하고 통제하고 싶은 욕망을 드러낸 것이다.

두 번째 특징은 이주사가 춘호 처에게 자식을 지키지 못한 여성이라는 낙인효과를 부여함으로써 여성의 수치심을 공고히 하는 장면이다.

25 주디스 허먼에 의하면 고립은 여성이 맺고 있는 기존의 관계를 단절시켜 가해자에게 종속시키게 한다. 나아가 고립은 타자와의 연대나 그 연대를 통한 문제 해결을 불가능하게 하고 심리적으로 가해자에게 더 의존하게 한다. 주디스 허먼, 최현정 역, 『트라우마』, 플래닛, 2007, 138~145쪽.

26 마사 너스바움, 조계원 역, 『혐오와 수치심』, 민음사, 2015, 95쪽.

27 이태숙, 「김유정 소설의 근대성과 여성의 신체」, 『김유정 문학의 감정미학』, 소명출판, 2018, 249~276쪽.

"너 참 아이낫다 죽엇다 드구나?"

"니에 — "

"어디 난듯이나 십으냐?"

게집은 얼골이 홍당무가 되어지며 아무 말 못하고 고개를 외면하엿다.(46쪽)

위의 인용문을 보면 이주사는 춘호 처에게 자식을 상실한 트라우마를 언급하며 여성의 수치심을 적극적으로 자극하고 심리적 무력감을 주입시키고자 한다. 여성에게 '아이가 죽었다'는 상처는 타인에게 숨기고 싶고 망각하고 싶은 비극적 사건으로 심적 고통을 수반한다. 그런데도 불구하고 이주사는 아이를 상실한 트라우마를 상기시킨다. 이는 이미 상처받은 여성의 내면에 언어를 통해 감정적 충격을 가하면서 '너는 취약한 계층에 속한 여성'이라고 사회적으로 분류하여 여성의 자아존중감에 흠집을 내며 영혼을 파괴하고자 하는 의도된 행동이다. 이 장면에서 춘호 처의 "얼굴이 홍당무가 되어지며" 수치심이 신체적 표징으로 드러난다. 사람들은 자신의 약점이 겉으로 드러나는 상황을 피하고 싶어 하며, 문화적으로 약점을 숨기는 법을 배우면서 살아간다. 때문에 사람들은 비정상적인 약함이 밖으로 드러날 때 신체적 표징으로 얼굴을 붉히거나 자신의 수치스러운 감정을 감추기 위해 시선을 다른 곳으로 피하는 행위를 하게 된다. 수치심은 이처럼 자신의 약점이 밖으로 노출되었을 때 얼굴에 흔적을 드러내는 고통스런 감정의 표현이다.[28] 트라우마로 남아있는

28 마사 너스바움, 조계원 역, 앞의 책, 317~318쪽.

수치심의 발현은 하층여성의 내면에서 심리적 고립감과 공포감이 뒤섞이면서 새로 맺게 될 가부장에 대한 친밀성과 의존성이 강화되는 데 기여한다.[29] 따라서 이 장면은 이주사가 이후에 새로운 가부장으로 군림하며 성적 억압의 대상인 여성을 주변화하고 통제하고 싶은 욕망을 보여주는 장치이다.

셋째, 이주사는 춘호 처의 배꼽을 담배통으로 가리키며 '때꼽'과 '악취'라는 '불결함', '더러움' 등의 '혐오'적인 표현을 통해 여성의 수치심을 공격한다. 신체적 노폐물과 역한 냄새를 매개로 수치심을 자극하는 발화행위는 춘호 처에게 사회적으로 취약한 집단에 속한 하층 여성임을 각인시키고 분류함으로써 통제를 강화하기 위한 전략이다.

> 그런데 웬녀석의 냄새인지 무생채 썩는 듯한 시크므레한 악취가 물시로 코청을 찌르니 눈살을 크게 잽흐리지 안을수업다. 처음에야 그런 줄은 소통 몰랏드니 알고보니까 비위가 조히 역하엿다. 그는 빨고 잇든 담배통으로 게집이 배꼽께를 똑똑히 가르키며
> "애 이 살의 배꼽 좀 봐라 그래 물히 흔한데 이것 좀 못 씻는단 말이냐?" 하고 머처럼의 기분을 상한 것이 앵하단 듯이 꺼림한 기색으로 혀를채엇다.(46쪽)

위와 같이 「소낙비」는 가부장적 권력과 돈을 매개로 여성의 수치심을

29 주디스 허먼, 최현정 역, 앞의 책, 145쪽.

강화하려는 이주사의 횡포를 끈질기게 묘파해서 보여주는 전략을 취한다. 이주사는 "무생채 썩는 듯한 시크므레한 악취"에 혐오스런 반응을 보이며 "담배통으로 게집이 배꼽께를 똑똑히 가르키며" 불결함의 낙인을 찍듯이 "혀를 채"면서 신체적 수치심을 공격한다. '악취'로 표상되는 신체적 취약함은 밤낮 산과 들로 쫓아다니며 노동을 하고 날품을 파느라 신체적 청결함을 돌볼 수도 없는 처지라는 점에서 열등한 사회적 위치를 상기시키는 기제이다. 상대방에게 '악취'를 뿜어내는 불결하고 혐오스런 존재라는 인식을 심어주기 위해 이주사는 담뱃대로 집요하게 여성의 특정 신체부분을 지적하면서 "꺼림한 기색"까지 드러낸다. 여기서 '담뱃대'로 여성의 신체에 대해 모욕하는 행위는 상대방 여성의 자존감을 훼손시키면서 심리적 압박을 가하는 남성권력의 횡포를 보여주는 장치이다. 이 장면은 이주사가 춘호 처로 하여금 '너는 악취가 심하고 더러우며 열등하고 혐오스런 존재야'라며 사회적 낙인을 부여하는 장면이다. 이처럼 이주사가 상대방에게 수치심을 반복적으로 자극하는 것은 '온 동네에서 단 하나뿐인 탕건을 쓰고 풍채 좋은 오십전후의 양반'에 속한 자신의 사회적 위치와 하층여성과의 사회적 위치를 구별짓기 위함이다. 이는 춘호 처를 열등하고 혐오스러운 집단의 구성원으로 분류함으로써 자유로운 인간으로서 지니는 개별성을 없애려는 충동과 연관되어 있다. 고프먼은 한 사람의 개별성을 부인하는 것은 그 존재를 더럽혀지고 무시된 인격체로 전락시키고 낙인을 찍어 공동체 내에서 결함이 있는 사람으로 인식시키는 데 문제가 있다고 보았다. 왜냐하면 이렇게 수치심을 주는 행위는 모든 사회에서 다양한 차별적 행위로 연결되는

데 기여하기 때문이다.[30] 따라서 성을 매매하는 상황에서 이주사가 춘호 처에게 '낙인찍기'를 감행하는 것은 열등하고 '비인간화'된 존재라는 인식을 내면화시키고 통제를 강화하기 위한 가부장적 욕망과 연관되어 있다.

> 하지만 게집이 참다참다 이내 무안에 못이기어 이러나 치마를 입을랴 하니 그는 역정을 벌컥 내이엇다. 옷을 빼서서 구석으로 동댕이를 치고는 다시 그 자리에 끌어안첫다
>
> 그러고 자기 딸이나 책하듯이 아주 대범하게 꾸짓엇다.
>
> "왜 그리 게집이 달망대니? 좀든직지가 못하구……"(46쪽)

위의 인용문을 보면 "참다참다 이내 무안에 못이기어" 춘호 처가 그 자리를 회피하려고 한다는 점에서 여성의 수치심이 극에 달한 상황을 묘사하고 있다. 여기서 낙인의 대상이 된 춘호 처는 그 자리를 회피하려고 행동을 시도한다. 그렇다면 「소낙비」에서 수치를 주는 자(이주사)와 수치를 당하는 자(춘호 처) 사이에 불평등한 권력이 작동하고 있는 지점을 집요하게 포착해서 보여주는 것은 왜일까? 김유정은 전근대적인 가부장적 위계권력의 상황에서 '수치심'이 남성 권력의 횡포를 통해 취약한 여성을 억압하고 통제하는 기능을 강화하는 문제[31]를 가시화해서 보여주고

30 마사 너스바움, 조계원 역, 앞의 책, 403쪽.

31 허라금, 「성적 수치심과 권력, 그리고 수치 처벌의 정당화」, 『철학연구』 143, 대한철학회, 2017, 291~313쪽.

자 하였다. 인간의 존엄성과 개별성을 심각하게 훼손하는 것은 수치심에 내재된 일반적인 특성이다. 사회적으로 낙인이 찍힌 사람은 수치심을 내면화하고 차별적 시선에 고통을 느낀다. 낙인 효과는 심리적으로 고립된 인물의 내면에 일상적으로 침투해 고통, 우울 등 극심한 병리적 증상을 일으키는 원인이 된다.[32] 「소낙비」에서 춘호 처의 수치심은 신체적 변화를 통해 다음과 같이 단계적으로 변모된다.

수치심의 변화 단계

① 말없이 고개를 숙인 채 듣던 태도

② 얼굴빛이 홍당무로 변모

③ 고개를 돌려 외면함

④ 자리를 회피하는 태도

①부터 ④까지의 과정은 춘호 처의 수치심이 변화되는 과정을 단계적으로 보여준다. 수치심은 여러 가지 '고유감각signature feeling'을 동반한다. 수치심을 느낄 때 몸에는 특정한 감각 반응이 나타난다. 수치심이 동반하는 가장 흔한 신체적 감각은 가슴이나 심장부근의 통증으로 표현된다. 수치를 당한 사람은 목덜미, 가슴, 뺨이 화끈거리거나 몸이 작아지는 느낌이 들면서 숨이 차거나 그 시공간에서 사라지고 싶다는 생각에 사로잡힌다. 수치심은 인간의 내면에서 자기 자신과 먼 쪽으로 자아를 분리하

32 마사 너스바움, 조계원 역, 앞의 책, 410~411쪽.

고 밀어내려는 본능적인 반응으로 분열과 억압을 불러일으키는 경향이 있다.[33] ①부터 ③까지의 행동에서 나타난 신체적 변화는 수치심이 여성의 내면에서 내적 분열이 촉발되었음을 확인시켜준다. ④에서 춘호 처가 황급히 그 자리를 회피하려는 태도는 강렬한 외부자극으로부터 촉발되는 치욕과 같은 수치심에 대한 강렬한 신체적 반응을 표현한다. 이는 수치를 당하는 사람이 강렬하고 고통스러운 상태에 있다는 감각의 작용이며 주관적 고통의 정도가 상당히 높은 수치에 도달했음을 의미한다.[34] 문제는 남성권력의 중심으로 군림하는 이주사의 폭력적인 태도가 오히려 수치심이 극에 달한 ④의 상황에서 여성을 더 잔혹한 감정 상태로 몰아간다는 데 있다. 이주사는 자리를 회피하려는 춘호 처에게 마치 자기 딸에게 책망하듯이 핀잔을 줌으로써 수치심을 더욱 강화하는 전략을 취한다. 이주사는 "왜 그리 게집이 달망대니?"라고 하며 오히려 역정을 벌컥 낸다. 이 장면은 전근대적 가치관 속에서 이주사가 가부장의 권위를 춘호 처에게 행사함으로써 저항의 여지를 심리적으로 완전히 차단하는 데 목적이 있다. 이주사는 수치심으로 안절부절 못하는 춘호 처의 태도를 '달망대다'라는 부정적인 어휘로 발화함으로써 심리적으로 여성을 압박하고, 기존의 관습을 통해 여성의 신체에 대한 통제를 강화하고자 한다. 이 장면은 이주사가 춘호 처에게 '만약 네가 지금 이 자리를 벗어난다면 너는 교양 없고, 얌전하지 못하며, 기준에 미달한, 사회적으로 교육

33 틸스완, 김지연 역, 『외로움의 해부학 – 연결을 회복하는 법』, 사일런스북, 2019, 36~38쪽.
34 노재성 · 이호영 · 조선미, 「한국어에서 수치심과 관련된 형용사와 요인분석」, 『신경정신의학』 50-1, 한국신경정신협회, 2011, 47~53쪽.

되지 못한 결핍된 존재'라며 심리적으로 압박을 강화하는 부분이다. 이런 낙인효과는 피해자에게 심리적인 압박감을 가중시키고 수치심을 내면화하도록 낙인을 통해 훈육하는 방식이다. 사회적 수치심의 강요는 취약한 여성을 더욱 고립시킨다는 데 문제가 있다. 왜냐하면 이때 여성은 수치심을 영속화하면서 자기 파괴적인 속성으로 나아가는데, 자신과 관계를 맺게 되는 새로운 가부장에게 더 복종하고 심리적으로 밀접하게 의지하게 된다는 점에서 강력한 억압과 통제의 대상으로 전락할 가능성이 높아지기 때문이다.

이와 같이 「소낙비」에서는 가부장제 질서와 돈의 위계 권력이 취약한 여성을 통제하고 억압하기 위해 수치심을 전략적으로 활용하는 지점을 세심하게 포착해서 보여주고 있다. 이를 위해 「소낙비」는 전근대적 가치관을 상징하는 '이주사'라는 인물을 통해 가부장인 남편의 폭력, 죽은 아기, 육체적 더러움과 악취, 얌전하지 못한 성격까지 집요하게 공격하면서 수치심과 가부장의 권력이 어떻게 연동되어 여성을 억압, 통제하는지를 단계적으로 형상화하고 있다. 다시 말해 이주사는 성을 매매하기 전에 춘호 처의 망가진 정체성을 조롱하면서 '너는 ~때문에 열등하다'는 인식을 내면화하도록 비인격화 전략을 취함으로써 여성의 신체를 억압하고 통제하며 개별성을 해체하려고 한다. 그렇다면 「소낙비」는 남성권력이 행사하는 수치심을 공고히 하는 소설일까 하는 점이다. 오히려 이런 수치심을 소설에서 전경화하는 장면을 삽입해놓고 「소낙비」는 불행한 운명에 맞서는 이중적인 여성의 목소리를 배치해 전근대적 가치관과 규율로부터 탈각을 시도한다는 점에서 흥미롭다.

그런 모욕과 수치는 난생 처음 당하는 봉변으로 지랄 중에도 몹쓸지랄이 엇으나 성공은 성공이엇다.(46쪽)

위의 인용문을 보면 춘호 처는 전근대적인 가치관에 균열을 내는 인물이다. 이주사가 가부장적 위계질서와 돈을 매개로 약자인 여성의 수치심을 공격하며 춘호 처를 억압하고 통제의 수단으로 활용한다면, 결말에서 춘호 처의 태도는 이주사를 조롱하는 방향으로 선회한다는 점에서 전근대적인 가치관과 가부장적 규율에 균열을 드러낸다. 춘호 처는 남편의 폭력에서 벗어나기 위해 자신의 성을 매매하지만 신분적 위계관계나 공동체의 전근대적 가치관을 무시하고 조롱하는 인물로 기능한다. 이는 춘호 처가 성을 매매한 후 이주사와의 행위를 조롱하는 언어적 태도에서 드러난다. "그런 모욕과 수치는 난생 처음 당하는 봉변으로 지랄 중에도 몹쓸지랄"이라고 여성 스스로 발화한다는 점이다. 춘호 처는 돈과 가정폭력의 두 가지 현실적 문제를 해결하기 위한 수단으로 매춘 행위를 수행하지만 그 행위의 근원에는 남편이 지닌 결핍을 충족시키고 평화로운 일상을 지속하고 싶다는 목적의식, 즉 유아기적인 인식이 바탕에 깔려있다는 점에서 "연민의 서사"[35]를 강화한다. 연민은 타자의 고통에 공감할 때 자연스럽게 생겨나는 감정인데,[36] 연민은 그 대상과 나 사이의 공통점을 찾는 것에서부터 시작된다. 이 장면에서 춘호 처는 남편과 서울생

---

35 오태호, 「김유정 소설에 나타난 '연민의 서사' 연구」, 『김유정문학 다시 읽기』, 소명출판, 2019, 85~117쪽.

36 틸스완, 김지연 역, 앞의 책, 70쪽.

활에서의 평화로운 일상을 꿈꾼다는 점에서 공통점을 찾고 부부간의 결속력을 다시 강화하는 방향으로 선회한다. 춘호 처는 남성 가부장적 질서가 요구하는 윤리적 차원의 수치심을 철저하게 무시하고 자신들의 공통의 소망인 평화로운 일상 즉, "얼른 이 고생을 벗어나 살기 좋은 서울로 가고 싶은 생각이 간절"하다는 부부의 공동목표에만 집중한다. 여기서 춘호 부부가 동경하는 '서울'은 근대적 가치관을 상징한다고 할 수 있다. 이는 전근대적 가치관이 여성을 남성의 소유물로 여기며 억압하고 통제한다면, 근대적 가치관은 여성이 남성의 재산이 아니라 자유를 지닌 고유한 존재로 인정하는 것을 의미한다. 따라서 춘호 처가 부부 공동의 목표에 집중하는 행위는 근대적 가치관에 대한 희망을 통해 부부의 상호 의존성을 다시 연결해주는 기능을 한다. 춘호 처가 이주사와의 성매매를 '지랄'과 '봉변'이라고 곱씹으면서도 한편으로 '성공'이었다고 만족감을 표출하는 것도 미래에 대한 희망과 연동되어 있다. 이를 위해 소설의 후반부는 춘호 처와 춘호가 근대적 가치관을 상징하는 서울생활에 대한 기대와 희망을 이야기하는 것으로 할애하고 있다. 이처럼 「소낙비」는 전근대적인 가부장제 사회가 남성 인물로 하여금 여성을 억압하고 통제하는 차원에서 수치심을 강요하지만 여성은 근대적 가치에 대한 동경과 연민의 서사를 통해 부부 공동의 목표를 달성하는 데 초점을 맞추며 기존 질서에 균열을 드러낸다. 소설 속에서 수치를 당하는 여성 인물은 기존의 가부장적이고 전통적인 공동체의 위계관계를 거부한다. 오히려 여성인물들은 '생존'이라는 현실적 무게와 고투를 벌이는 과정에서 당대의 규율과 문화에 의해 형성된 수치심을 극복하기 위해 신체적 자유를 선택한다. 이는 아내의 신체를 남성의 소유물로 여기던 전통적 가치관에 대한 적극적인 저항을 의미한다. 이렇게 보면 「소낙비」는 1930년대 변화하는 농촌 사회에 공존하던 전근대와 근대적 가치관의 충돌을 춘호 처의 내면적 갈등을 통해 형상화하고 있다고 해도 과언이 아니다. 춘호 부부가 돈 2원을 꿈꾸며 서울생활에 대한 기대로 행복한 밤을 보내는 것은 근대적 삶에 대한 동경이 얼마나 막연한 것인지를 상징적으로 보여준다. 당대 사람들은 자본주의가 가져올 근대적 삶을 경험해보지 않았기 때문에 두려움과 희망을 동시에 갖고 있었다. 하지만 자본이 없는 노동자들이 어떻게 자신의 신체를 교환가치로 내놓아야 하는지에 대해서도 혼돈스러웠던 것 같다. 다만 소설에서 여성의 성을 매매하는 것은 당대인들이 새로운 시대적 가치관 속에서 무엇을 취하고, 버려야 하는지에 대해 성찰하게 만든다는 점에서 「소낙비」는 사회적 변화의 시작을 예고하는 출발지점을 조심스럽게 보여준다고 할 수 있다.

이런 이유 때문인지 신춘문예 당선작인 「소낙비」에서 수치심의 문제가 전경화되어 드러난다면, 이후의 들병이를 다룬 소설에서는 여성의 성이 매매되는 과정에서 수치심의 감정이 거의 나타나지 않는다는 특징이 있다. 오히려 김유정의 다른 소설들은 '뻔뻔한 들병이'[37]의 등장을 통해 남성가부장제의 전통적인 가치를 전복시키는 방향으로 나아가기도 한다. 남편이 아내를 들병이로 노동하게 하는 서사는 전근대적 가치관인 가부장적 규율을 깨고 여성을 남편의 재산으로 여기던 남성 중심의 문화

37 오태호, 「김유정 소설에 나타난 '연민의 서사' 연구」, 『김유정문학 다시 읽기』, 소명출판, 2019, 85~127쪽.

를 무시하고 조롱한다. 여성이 자신의 신체를 자유롭게 매매할 수 있다는 것은 새 시대의 규범과 사회적 변화를 상징한다는 점에서 전복적인 요소를 갖고 있다. 때문에 절박한 가난에서 벗어나기 위해 가사노동과 내조를 내려놓고 제도적 인식의 바깥으로 나아가는 아내들, 들병이는 오히려 전근대적인 가부장제 사회에서 여성의 신체가 자유롭게 분리되는 해방구로 인식되기도 한다.[38] 김유정의 소설은 1930년대 농촌을 형상화하면서 '일하지 않는 농부'와 '애교를 팔며 노동하는 아내', 즉 들병이의 출현을 통해 식민지 조선의 경제적 파탄과 민중의 궁핍한 삶에 대해 비판적 시각을 견지하면서 작품마다 약간의 편차는 존재하지만 전근대적인 가치관에 대해 전복의 시선을 드러낸다. 이런 작품 경향은 남성인물의 수치심을 다룬 작품에서 가정폭력과 경제적으로 무능한 자의 내면적 고통을 통해 조망된다는 점에서 다시 한번 주목할 필요가 있다.

3. 위악한 세계, 무능한 남성의 좌절과 수치심 –「생의 반려」

「생의 반려」는 『중앙』(1936.8~9)에 2회 연재되었다. '신연재장편소설新連載長篇小說'이라는 장르 표지가 붙어있고, 최영수崔永秀가 삽화를 그렸다. 이 작품은 표제를 보면 장편으로 기획되었으나 김유정이 1937년 29세의 젊은 나이로 요절하여 미완으로 그쳤다. 「생의 반려」는 김유정 자신

38 정주아, 앞의 글, 58쪽.

의 실제 삶을 형상화한 것으로 형, 누나, 박녹주(나명주)와의 관계를 '명렬'이라는 인물을 주인공으로 내세워 현실적 절망과 우울한 청년의 수치심을 세심하게 다루고 있다. 「생의 반려」는 1인칭 시점으로 서술자인 '나'가 주인공인 친구(명렬)의 이야기를 액자형식으로 서술함으로써 객관적 거리에서 작품을 전개해나간다. 김유정은 미발표 작이었던 단편소설 「형」에서 자신과 친형의 관계에서 발생한 폭력을 다루고 있다면, 2회로 중단된 채 유고작이 된 「생의 반려」에서는 친형과 친누나와의 관계에서 발생한 폭력으로 보다 확장된다는 게 차이점이다. 그렇다면 김유정은 자전적 소설인 「생의 반려」에서 무엇을 말하고 싶었을까. 「생의 반려」에는 물리적, 정신적 폭력과 주인공의 깊은 절망과 우울이 소설의 지배적인 분위기를 형성하면서 수치심의 문제가 드러난다.

먼저 「생의 반려」에서는 전근대적 가치관이 지배하는 가정폭력의 문제를 '명렬'이라는 인물의 불안정한 성장 과정을 통해 가시화한다. 작품의 전반부는 어린 시절 고아가 된 명렬이 새롭게 가장의 권위를 물려받은 형으로부터 신체적, 정신적 폭력을 당하면서 수치심을 경험하는 이야기이다. 유년시절 양친을 잃은 명렬은 형 밑에서 눈칫밥을 먹고 자랐다는 점에서 불행한 유년기를 보낸다. 명렬의 기억 속에서 유년시절부터 사춘기까지는 술, 음행, 폭행, 비명, 피 등 무자비한 폭력과 수치스러운 감정이 뒤섞인 가족사의 문제가 자리하고 있다.

> 그는 어려서 양친을 다 여이었다. 그리고 제 풀로 돌아다니며 눈칫밥에 자라난 소년이었다. 그러면 그의 염인증도 여기에 뿌리를 박았을지도 모른다. 그에게는 형님이

> 한 분 있었다. 주색에 잠기어 밤낮을 모르고 남봉군이었다. 그리고 자기 일신을 위하얀 열사람의 가족이 히생을 하라는 무지한 폭군이었다. 그는 아무 교양도 없었고 지식도 없었다. 다만 그의 앞에는 수십만의 철량이 있어 그 폭행을 조장할 뿐이었다.(258쪽)

> 점점 강렬한 자극을 요구하는 그 주정은 끝이 없었다. 그는 술을 마시면 집안 세간을 부시고 도끼를 들고 기둥을 패었다. 그리고 가족들을 일일이 잡아 가지고 폭행을 하였다. 비녀쪽을 두손으로 잡고 그 모가지를 밟고 서서는 머리를 뽑았다. 또는 식칼을 들고는, 피해다라나는 가족들을 죽인다고 쫓아서 행길까지 맨발로 나오기도 하였다. 젖먹이는 마당으로 내팽케처서 소동을 이르켰다. 혹은 아이를 움물속으로 집어던져서 까무러친 송장이 병원엘 갔다. 이렇게 가정에는 매일같이 아우성과 아울러 피가흘렀다. 가족을 치다치다 이내 물리면 때로는 제 팔까지 이로 물어뜯어서 피를 흘렸다.(259쪽)

위의 내용을 보면 명렬은 형의 무자비한 폭력에 대한 공포에 시달리며 유년시절부터 수치심을 내면화한다. 난봉꾼이고 술주정뱅이인 형은 가족들에게 무자비한 폭력을 일상적으로 자행함으로써 친족공동체 내에서 절대적인 권력자로 군림한다. 문제는 명렬이 유년시절부터 '폭력'과 '아우성', 그리고 '피'로 얼룩진 가족관계 속에서 갖게 된 지배적인 감정이 수치심인데, 이는 주인공의 '육체적 연약함', '무능함'과 관련이 있다. 성장기 명렬은 형의 존재에 대해 신체적으로 힘이 강하고, 경제권을 갖고 있으며, 집안에서 절대적인 권력을 행사하는 가부장적 권력의 핵심으로 인식하고 있다. 게다가 형은 "가족을 치다치다 이내 물리면 때로는 제 팔까지 이로 물어뜯어서 피를 흘"리는 무자비한 폭군의 기질을 갖고 있다. 명렬은 전근대적인 친족 공동체에서 남성으로 태어났으나 부모를 일찍 잃었고, 나이가 어리며 육체적으로 연약하며, 돈이 없는 소년이라는 점에서 형의 위상과 상반된 위치에 놓여 있다. 특히 명렬이 형보다 신체적으로 열악한 조건은 가부장의 폭력 하에서 결핍된 남성성을 지닌 존재라는 수치심을 반복적으로 내면화하는 계기로 작동한다. 매번 '피'를 볼 때까지 폭행을 멈추지 않는 가부장에게 명렬은 저항 한번 하지 못한 채 비정상적인 성장을 하게 된다. 형의 폭력이 발생할 때마다 명렬은 그 자리를 회피하면서 무능한 남성으로서 수치심을 반복적으로 내면화한다.

수치심의 변화 단계

① 언제나 저 자식이 죽어서 매를 안 맞나, 하고 한탄하였다.

② 뻔질나게 마룻구녕 속에 몸을 숨기고 이를 덜덜 떨어가며 가슴을 죄었다.

①과 ②에서처럼 명렬은 유년기부터 청소년기까지 가부장의 폭력에 저항하지 못한 채 두려움과 공포에 떨며 거세된 남성성을 경험한다. 명렬은 형의 물리적 폭력을 피해 마루 밑에 숨거나 그 자리를 회피하면서 한탄하는 것으로 수치심을 내면화한다. 또한 명렬은 남성이지만 여성(형수와 누나들)과 어린 조카가 육체적 폭력을 당할 때도 권력자인 형의 폭력이 두려워 회피했던 경험에 대한 죄책감과 분노가 혼종된 상태다. 이를 입증하듯 청년이 된 명렬은 여전히 불행한 가족사에 대한 수치심으로 고통을 겪

는데, 이는 명렬이 '염인증'이 있다고 표현하는 데서 확인된다. 성인이 된 누나들이 강제로 옷이 발가벗겨진 채 폭행을 당할 때 명렬은 숨어서 그 폭력적인 상황을 지켜볼 수밖에 없었다는 점에서 연약한 남성성을 확인하는 시간이었다. 명렬은 언제나 "이를 덜덜 떨어가며 가슴을 죄"고 무능력한 남성성을 수용하면서 분노와 죄책감 등의 혼란스런 감정 사이에서 무기력한 남성으로서의 수치심이 점점 강화된다. 이와 같은 불행한 가족사로 인해 명렬은 수치스러운 감정을 반복적으로 내면화하고, 이는 성장과정에서 병리적인 증상으로 연결된다. 학교에서 명렬은 사람들 앞에서 말하거나 책을 읽을 때 '몹시 말을 더듬는' 병적 증상을 드러낸다. 그는 여럿이 모인 곳을 피하며 교우들과의 관계를 의도적으로 거부하는 '염인증'을 앓는다. 또 원족이나 수학여행뿐 아니라 평소에도 자주 결석을 함으로써 학교생활에 부적응한 문제아로 낙인이 찍힌다. 가정에서 명렬은 외부와 관계를 단절한 채 외롭게 지내며 부정적인 감정들을 내면화한다. 「생의 반려」에서는 명렬의 기형적인 성장 과정을 자세하게 묘사하면서 연약한 남성이 친족공동체의 권력자인 가부장의 폭력에 저항하지 못한 채 불안, 공포, 죄책감 등 수치심을 내면화하는 시간을 묘파해서 보여주고 있다.

두 번째로 「생의 반려」에서는 명렬이 고보를 졸업한 후 동경행이 좌절되고 누나에게 경제적으로 의존하며 언어적, 심리적 폭력을 당하면서 무능한 남성성을 확인하고 수치심을 내면화하는 지점을 포착하고 있다. 누나는 이혼 후 친정에 얹혀살면서 큰형에게 매일 폭행을 당하다 결국 거리로 쫓겨났다. 명렬은 이미 성장 과정에서 누나가 가부장인 형의 폭력에 시달릴 때 무능하고 연약한 남성으로서 아무런 도움을 주지 못했다는 죄책감이 일종의 수치심의 감정으로 내면화된 상태다. 문제는 명렬이 하급 노동자인 누나에게 경제적으로 의존하면서 새로운 수치심을 경험한다는 점이다. 누나는 공장에서 남성들로부터 받은 모욕과 수치심을 꾹꾹 참았다가 집에 돌아오면 명렬에게 분노를 폭발하며 언어적, 심리적으로 수치심을 공격한다.

"이놈아! 내 살을 긁어 먹어라."

하고 악장을 치며 발을 동동 구르기도 하였다. 그리고 그대로 펄썩 주저앉아서 소리를 내어 엉, 엉, 우는 것이다. 물론 이것이 동생에게 대한 설움은 아니었다. 그러나 동생은 이런 소리를 들으면 미안쩍은 생각이 날 뿐 아니라 등줄기에 가 소름이 쭉 끼치고 하는 것이다.

누님은 날이면 날마다 동생을 들볶았다. 아무 트집도 없이 의례히 할 걸로 알고 그래도 들볶았다. 그리고 나서 한숨을 후유, 하고 돌리고는 마음을 진정하고 하는 것이다.

그러니까 동생은, 말하자면 그 밥을 얻어먹고 그의 분풀이로 사용되는 한 노동자에 지나지 않었다. 그러나 누님이 기실 악독한 여자는 아니었다. 앞이 허전하다 하야 그는 시골에서 어린 계집애를 었달로 데려다가 기르고 있었다. 결코 동생이 있는 것이 원수스러워 그럴리는 없었다.(262쪽)

동생이 이리로 오는 당시로만 하여도 누님은 퍽 반색하였다. 밤이 깊은 겨울이건만 그는 손수 와서 책과 책상 금침등을 머리에 이고 오며

"너 이런 걸 잊지말아라"하고 아우를 명심시키었다. (…중략…) 그러든 것이 닷세가 못되어 그 병의 증세가 이러나기 시작하였다.(263쪽)

누나는 "이놈아! 내 살을 긁어 먹어라"라고 하며 명렬에게 '실업자'라는 낙인을 찍으며 무능한 남성성을 조롱한다. 누나는 형처럼 육체적 폭력을 행사하지 않는다. 하지만 언어적, 심리적으로 "동생을 들볶"으며 자본주의 사회에서 밀려난 무능한 남성성을 조롱하고 심리적으로 압박을 가한다. 이런 폭력적인 일상의 반복은 명렬이 누나에게 "밥을 얻어먹고 그의 분풀이로 사용되는 한 노동자"라는 서술에서 알 수 있듯이 자본주의 사회에서 돈을 벌지 못하는 실업자, '무능력한 남성'이라는 수치심을 내면화하는 계기가 된다. 누나가 수치심을 공격하는 방식은 형처럼 "완력으로 들볶지 않"지만 언어적 폭력을 동원해 조롱하고 불안감을 조장한다는 점에서 강력한 심리적 압박의 효과가 있다.

> 그는 동생을 결코 완력으로 들볶지 않었다. 그것보다는 은근히 빗대놓고 비앙거리어 불안스럽게 구는 것이 동생을 괴롭히기에 좀더 효과적인 까닭이었다. 완력을 쓰면 동생의 표정은 씸씸하였다. 그러나 이렇게 밸을 긁어놓으면 그는 얼골이 해쓱해지며 금세 대들 듯이 두 주먹을 부루루 떨었다. 그러면서도 누님에게 감히 덤비지는 못하고 마는 것이다. 이 묘한 표정을 누님은 흡족히 향낙하였다. 그리고 나서야 그는 분노, 불만, 비애—이런 거츨은 심정을 가라앉히고 하는 것이다. 이만치 그는 뒤둥그러진 승질을 가진 여자였다. 명렬군은 여기에서 누님을 몹시 증오하였다.(273쪽)

명렬은 누나의 언어적 폭력에 수치심을 갖지만 대항하지 못한다는 점에서 여전히 무기력한 남성성을 지닌 존재이다. 누나는 명렬이 물리적 폭력을 행사하지 못한다는 약점을 알기 때문에 자신의 분노, 불만, 비애, 수치심을 해소하는 대체 수단으로 명렬을 이용한다. 자본주의 사회에서 누나는 사회적 분노와 수치심을 경제적으로 무능한 명렬에게 전이하면서 비정상적인 방법으로 공격 성향을 표출한다. 명렬은 외적 조건에서 보면 '고보를 졸업한 교육받은 젊은 남성'으로 '학교 교육을 받지 못한 이혼녀'라는 낙인이 찍힌 누나보다 사회적으로 우월한 위치에 놓여 있다. 하지만 명렬은 자본주의 질서에 적응하지 못한 채 경제력을 획득하지 못한 청년실업자이다. 게다가 명렬은 병을 앓고 있어 자본주의 사회에서 생활능력이 전혀 없는 잉여적 존재라는 수치심이 있다. 명렬은 하층 노동자인 누나에게 경제적으로 예속되어 있다는 점에서 자본주의 질서 밖에 서 있는, 주변인으로서 무능하고 쇠락한 남성성을 대변한다. 「생의 반려」는 자본주의 사회에서 하층 노동자인 여성이 무능하고 쇠락한 남성성을 지닌 청년을 어떻게 심리적으로 억압하면서 수치심을 주는지를 세심하게 포착한다.

명렬은 누나와의 관계로부터 느끼는 수치심을 두 가지 방식으로 표출한다.

수치심의 변화 단계

① 명렬은 얼굴이 핼쓱해지면서 금새 대들 듯이 주먹을 부르르 떤다.

② 명렬은 누나가 준비해준 약을 요강에 버린다.

①에서 보면 명렬은 누나가 행하는 언어적 폭력에 대해 형처럼 물리적

폭력을 행사하지 못한다. 하지만 명렬은 얼굴이 해쓱해지고 주먹을 부르르 떨면서 소극적으로 수치심을 표출하는데, 마음속에는 그녀를 악마라고 여기며 '증오'의 감정을 억누른다. ②에서는 1930년대 자본주의적 질서에 제대로 편입하지 못한 채 경제적으로 무능한 남성성을 지닌 명렬이 하층 노동자인 누나가 사준 약을 요강에 버리는 행위로 저항의 감정을 드러냄으로써 수치심을 표출하는 장면이다. 명렬은 누나에게 "큰 모욕이나 될 듯" 약을 요강에 버리는 행위를 통해 자신의 수치심을 표출한다. 신체적 병증이 심해진 명렬이 약을 거부하는 행위는 심적 고통 대신 차라리 육체적 고통을 선택하겠다는 내면의 의지를 보여준다. '모욕'이 인간존엄성에 대해 심각한 손상을 줄 정도로 욕보이는 행위라면[39] 명렬은 누나로부터 받은 수치심을 누나가 돈을 주고 사온 귀한 약을 버리는 행위, 즉 '모욕'적인 행위로 되돌려주고자 한다. 이는 명렬이 '열등한 청년', '실업자', '병자'라는 측면에서 결핍의 상태에 놓여 있고 심리적으로 내적 갈등이 고조된 상태임을 의미한다. 자본주의 사회로 변화한 도시에서 명렬은 무능한 남성으로서 자신의 열등한 사회적 위치를 수용할 수밖에 없지만 내면의 자존심만은 지키고자 애쓴다. 명렬의 수치심은 동경유학의 좌절, 실업자, 병자로서 하급 노동자인 누나에게 경제적으로 예속된 현실적 삶의 조건으로부터 기인한다. 여기서 명렬의 무능력은 1930년대 자본주의 경제가 가속화되면서 경제활동에서 탈락한 남성들의 수치심과도 연동되어 있다. 1930년대 조선의 경제 불황은 조선인의 실업

39 마사 너스바움, 조계원 역, 앞의 책, 374쪽.

률 증가, 임금하락, 빈번한 해고, 범죄의 증가 등 일상생활에서 하층민의 일상에 균열을 일으키며 불안, 공포, 좌절 등의 감정을 내면화하는 계기로 작동한다. 1930년대 식민지 조선의 노동자들은 해고와 실업의 위기 속에서 극단적으로 절망하여 음독, 투신 등 자살을 감행하는 경우가 빈번하였고 신문의 사회면을 보면 이와 같은 사회적 문제를 다룬 기사가 자주 실리기도 하였다. 1930년대 도시 중류층은 자본주의적 생활방식을 구현하는 주도계층으로 빠르게 변모한다. 하지만 식민지 자본주의 체제가 강화될수록 하층민들의 삶은 더욱 피폐해진다.[40] 고보를 졸업한 후 명렬은 도시의 주도계층으로 편입하기는커녕 하급 노동자인 누나에게 경제적으로 의존하며 일상적으로 폭언에 시달리는 감정노동자로 이미지화된다.

유년시절 형의 육체적 폭력과 청년이 된 후 누나로부터 당하는 언어적, 정신적 폭력으로 인한 수치심은 명렬로 하여금 가족관계만 단절시킨 것이 아니라 모든 인간관계에 균열을 일으킨다. 「생의 반려」에서 재현된 명렬의 수치심은 1930년대 무기력한 청년의 절망과 두려움, 공포 등 무능한 남성성의 페르소나에 기초하고 있다. 명렬은 친족이나 주변 사람과의 단절, 외부와의 고립을 통해 자신의 수치심을 은폐하고자 한다. 친족과의 관계에서 물리적, 언어적, 심리적 폭력을 겪으면서 내면화된 수치심은 명렬이 세상과의 소통을 단절하는 계기로 작동한다. 마사 너스바움은 수치심을 전지전능함과 완전함, 그리고 편안함을 바라는 유년기의 욕

40 이병례, 「1930년대 초반 식민지 조선의 경제공황과 일상의 균열」, 『역사연구』 1, 역사연구소, 2016, 207~244쪽.

구 속에 존재하는 근원적인 인간의 감정이라고 보았다. 유아는 점차 성장하면서 유한성, 부분성, 거듭된 무력감을 경험하면서 특정 사회가 지닌 규범적 정향에 상관없이 수치심을 그 밑바탕에 내재하고 있으며, 이는 인간이 지닌 보편적인 인간성[41]으로 이해된다. 인간은 성인이 되면서 자신의 연약함과 불완전함을 인지하며 성장하게 되고, 이를 극복하기 위해 타인과 소통하고 사회적 연대를 통해 자신의 불완전함과 연약함을 극복하고자 한다. 인간이 성인으로 성장하면서 사회적 연대의 필요성을 느끼고 타인과의 상호의존성을 강화해 자존감을 회복하려고 애쓰는 것도 자신이 지닌 불완전함과 연약함 때문이다. 하지만 명렬은 성장 과정에서 겪은 폭력과 절망 등의 고통스러운 감정에 억압된 채 병적 증상이 점점 심해진다. 이는 청년이 된 명렬의 "창조적인 내면 생활을 가로막는"[42] 원인으로 작동하고, 일상생활에서 관계단절 및 소외감의 증폭, 죽음충동으로 가시화된다는 점에서 자기 파괴적인 속성으로 나아간다.

> 그의 우울증을 타진한다면 병의 원인은 여러갈래가 있으리라. 마는 그 근원이 되어있는 원병은, 그는 애정에 주리었다. 다시 말하면 그는 사람에 주리었다.(263쪽)

명렬은 수치심으로 외부세계와 단절을 선택하고 스스로 고립된 삶을 선택한다. 그렇다면 「생의 반려」는 고립된 청년의 우울을 말하려고 한

41 마사 너스바움, 조계원 역, 앞의 책, 319쪽.
42 위의 책, 381쪽.

작품일까. 김유정은 이 작품에서 명렬이 편지쓰는 행위를 통해 자신의 수치심을 공표함으로써 내면화된 수치심을 치유하고자 한다는 점에 주목할 필요가 있다. 위의 인용에서 보면 명렬은 친족 관계에서 비롯된 정서적 단절로 우울증을 앓고 있는데 병의 근원에는 자본주의 사회에서 무능력한 남성의 수치심이 내재화되어 있다. 이런 관점에서 접근해보면 명렬의 수치심은 자기 안으로 침잠해 들어가 마음의 문을 닫고 외부와 고립된 채 무기력한 상태를 지속한다는 점에서 우울증과 강한 관련이 있다.[43] 따라서 명렬이 겪고 있는 우울증적 증상이 치유된다는 것은 인물이 단순히 쾌활하거나 고통이 없는 상태로 변화됨을 의미하지 않는다. 명렬의 우울증은 남성으로서의 평범함을 추구하는 것에 대한 현실적 이상이 좌절되고 무기력과 분노의 감정이 다른 형태로 바뀐 것일 수 있다. 따라서 수치심을 내면화하는 과정에서 발병한 우울증을 극복하고 건강을 회복하면서 인물이 회복할 수 있는 것은 "전반적인 인간 경험"에 대한 이해와 관계의 회복이다. 여기에는 "시기, 질투, 격노, 혐오, 탐욕, 절망, 슬픔이 포함된다". 즉, 이 과정에서 인간은 로봇과 같은 '거짓 자기'가 아니라 자기 자신을 진실로 경험하게 되고 타인을 이해하는 기회를 마련하게 된다.[44] 「생의 반려」에서 명렬은 자신을 지속적으로 억압해온 수치심을 치유하기 위해 진정한 사랑의 대상을 찾아 나선다. 명

---

43 수치심을 느낀 사람은 자신이 불충분하다는 느낌이 떠나지 않고 그러한 불충분함을 없앨 수 있는 확실한 방법도 전혀 모른다. 그렇게 되면 자기 안으로 들어가 마음을 닫아버리는 경우가 자주 발생한다. 만약 자아가 깊이 원하는 것이 성취할 수 없는 일종의 이상적인 공생 관계와 완전함이라면 이러한 대상을 얻을 수 없다는 사실은 자신의 불완전한 인간 존재에 대한 수치심과 결합하여 완전히 공허하고 무의미하다는 의식을 낳게 된다. 위의 책, 382쪽.

44 위의 책, 382~383쪽.

렬이 찾는 사랑의 대상은 연상이고, 기생인 나명주로 표면화된다.

가) 그가 명주를 처음 본 것은 작년 가을이었다. (…중략…) 화장 안 한 얼골은 창백하게 바랬고 무슨 병이 있는지 몹시 수척한 몸이었다. 눈에는 수심이 가득히 차서, 그러나 무표정한 낯으로 먼 하늘을 바라본다. 흰 저고리에 흰 치마를 휼여 안고는 땅이라도 꺼질까봐 이렇게 찬찬히 걸어 나오려는 것이었다.(252쪽)

나) "그래 기생을 사랑하는 사람두 있나?"

"그게 또 무슨 소리야. 사랑을 먹구 살아가는 기생이 사랑이 없으면 어떻게 사나?"

"오라! 그럼 기생에게 연애편지를 하는 사람두 있겠네그래?"

"그야 더러 있지."

"그러면 답장 쓰기에 바쁘겠구먼?"

"답장이라니?"

하고 당치않은 소리란 듯이 나를 쏘아보드니

"기생이 어디 노름채를 걸고 요리집으로 불러서 뚱땅거리면 흥이 나고, 다 이러지만 그까진 답장은 왜 쓰나?"

하고 그래도 못알아 들을까봐

"기생이란 어디 그런 답장 쓸라고 나온 겐가?"

이렇게 또박이 깨치어준다.(269쪽)

가)의 인용문을 보면 명렬이 연상이면서 기생인 명주를 사랑의 대상으로 욕망하는지 구체적으로 알 수 없다. 명주는 '무슨 병이 났는지 수척해 보이는 얼굴'이고 새벽까지 노름을 하러 다닌다는 표현에서 드러나듯 부정적 이미지로 묘사되어 있다. 소설 어디에서도 아름다운 모습으로 명주를 묘사하지 않는다. 또한 나)의 인용문에서 확인할 수 있듯이 명렬이 갈망하는 대상은 "사랑을 먹구 살아가는 기생"이다. 그러나 기생은 진실한 연애편지에 답장하기 위해 요릿집에 나오는 존재가 아니다. 명렬이 갈망하는 사랑의 충족은 '기생'이라는 직업의 속성상 불가능한 사랑으로 묘사된다. 이는 「두꺼비」에서 '나'가 편지로 그토록 구애하던 기생이 부자 남자를 통해 팔자를 고치려다가 실패하자 최후의 수단으로 자살미수 사건을 벌인 후 병실 침대에 누워서 평화롭게 발장단을 치며 담배를 피우는 이중적인 태도에서도 확인된다.[45] 따라서 「생의 반려」에서 서술자인 '나'는 명렬이 명주에게 "영영 답장을 못 받고 마는 것"이라고 확신한다. 그렇다면 명렬은 애초에 이런 사랑의 불가능성을 몰랐을까? 「생의 반려」에서는 명렬이 기생인 명주에게 답장을 받을 수 '있다', '없다'의 가능성에 무게를 두지 않는다. 이 장면은 명렬이 자신의 내면화된 수치심을 극복하기 위해 사랑의 대상으로 '명주'를 의도적으로 선택하고 치유를 목적으로 관계를 만들고 활용하고 있음을 보여준다. 이는 친구의 대사를 통해 확인할 수 있다. 이런 까닭에 명렬의 연애는 비정상적인 방식으로 드러난다.

45 「두꺼비」는 『시와 소설』(구인회, 1936.3)에 실렸던 작품으로 김유정 자신과 박녹주와의 관계를 작품화한 것이다. 이 작품에서 '나'는 기생인 옥화에게 구애의 편지를 보내지만 그것은 결국 "옥화에게 한 것이 아니라 결국은 두꺼비한테 사랑편지를 썼구나"하고 깨닫는 것이다. 전신재 편, 『원본 김유정 전집』, 강, 2012, 201~211쪽.

가) 지금 그가 편지를 쓰고있는 이것이 얼뜬 생각하면 연앨런지도 모른다. 상대가 여성이요 그리고 연일 밤을 새워가며 편지를 쓴다면, 두말없이 다들 연애라고 이렇게 단정하리라. 마는 이것은 결코 흔이 말하는 그 연애는 아니었다. 그 연애란 것은 상대에게서 향기를 찾고, 아름다움을 찾고, 다시 말하면 상대를 생각 그대로 요구하는 상태의 명칭이겠다.

그러나 그의 연애는 상대에게서 제 자신을 찾아내고자, 거반 발광을 하다십이 하는 것이다.(251쪽) 물론 상대에게는 제 자신의 그림자도 비치지 않았다.(252쪽)

나) 이제 생각하야 보건대 사람은 아마 극히 슬펐을 때 가장 참된 사랑을 느끼는 것 같다. 요즘에 와서 명렬군은 생의 절망, 따라 우울의 절정을 걷고 있었다. 그의 환경을 뒤집어본다면 심상치 않은 그 행동을 이해 못할 것도 아니다.(253쪽)

가)와 나)를 보면 명렬은 자신의 모습을 상대 여성인 명주에게 절대로 보이지 않고 매일 연애편지만 써서 다른 사람에게 심부름을 보내는 기이한 행동을 반복한다. 편지를 쓰는 행위가 일어나는 시간은 밤이다. 「생의 반려」는 명렬이 낮에는 깊은 우울증에 빠져 소통이 단절된 상태에 머물다가 밤이면 편지쓰기 행위를 통해 소통을 시도하면서 관계회복을 열망한다는 점에 주목한다. 명렬에게 '밤'은 가족이나 타인과 소통이 단절된 상태에서 벗어나 자유롭게 자기 내면의 생각을 표현하고 새로운 소통을 시도함으로써 생명이 회복되는 시간이다. 명렬은 편지를 쓰면서 사랑의 대상인 명주의 외적인 아름다움이나 여성의 매혹적인 향기를 찾고 칭찬하는 것이 아니다. 명렬은 명주의 추악한 부분을 일일이 꼬집어 지적하고 수치심을 공격하는 방식을 취한다. 대부분의 편지는 사랑의 대상으로 설정한 명주에게 욕을 하거나 "때로는 폭력을 가지고 상대에게 대들어 나를 요구"하는 궤변을 쏟아낸다는 점에서 상대방을 모욕하고 비인격화하는 서술이 주를 이룬다. 인간관계에서 상대방에게 모욕하고 낙인을 찍음으로써 비인격화하는 것은 수치심이 갖는 공통된 속성이다.

그렇다면 명렬에게 있어서 명주와 수치심은 어떤 관련성을 맺고 있을까. 명렬은 명주에게서 "제 자신을 찾아내고자, 거진 발광을 하다싶이"하는 상태에 놓여 있다는 서술에 주목할 필요가 있다. 명렬은 명주의 첫 모습에서 "삶의 흥미를 잃은 사람"(252쪽) 같다는 생각을 하면서 '공허한 자아의 이미지'[46]를 포착한다. 애초에 '소통 불가능한 사랑의 대상'[47]에게 편지를 쓰는 것은 위악한 현실에서 병, 실업, 고독을 안고 수치심으로 고통 받고 있는 자기 내면의 상처와 대면하고 치유하기 위한 고투의 과정으로 읽을 수 있다. 늙은 기생인 명주의 초라한 모습은 오랜 세월 수치심으로 인해 가족관계나 사회적 관계로부터 소통이 단절된 채 정신적, 육체적 병을 앓고 있는 자신의 모습을 환기하게 만든다. 또 '기생'이라는 직업은 전근대의 산물이다. 자본주의 사회에서 늙은 기생은 이미 쓸모를 잃은 노동자에 불과하다. 퇴락한 기생의 이미지는 고보를 졸업했으나 자본주의 사회에서 경제적 가치를 창출하지 못한 남성의 이미지와 겹쳐진

---

46 마사 너스바움, 조계원 역, 앞의 책, 383쪽.

47 송주현, 「김유정 소설에 나타난 사랑의 의미 연구」, 『김유정 문학의 감정미학』, 소명출판, 2018, 147쪽.

다. 즉, 명렬은 명주와 독립된 개체로 느끼는 것이 아니라 남자들의 성적 대상인 늙은 기생의 초라한 외양에서 '존재로서의 사랑'[48]을 인식하는 계기가 된다. 주인공 명렬과 사랑의 대상인 명주의 이름 첫자에 '명'자를 공통으로 붙여놓았다는 점에서도 두 사람은 하나의 존재로 볼 수 있다. 명렬은 자신의 내면에 습관적으로 누적된 수치심을 치유하기 위해 자신의 모습이 투사된 명주 즉, 자기 자신과 소통을 시도하는 것이다. 명렬에게 있어서 사랑의 대상은 인물의 외부에 존재하는 것이 아니라 인물의 내부로 향하고 있다. 명렬이 밤을 새워가며 쓰는 편지는 명주에게 보내는 연서가 아니라 "저를 모르는 등신"이요 "허전한 광야에서 길 잃은 여객"(270쪽)이 자기 자신에게 보내는 위로의 편지이다. 명렬이 편지를 쓰는 행위는 유년시절부터 청년이 된 현재까지 자신을 괴롭히는 수치심의 실체가 무엇인지를 직접 대면하고 치유하고자 하는 욕망의 표현이다. 편지쓰기는 고백적 요소가 강한 김유정의 다른 소설에서 1930년대 전근대와 근대적 가치관이 혼종되며 실업자 문제, 불행한 가족사의 문제를 다루는 것과[49] 유사한 맥락이다. 「생의 반려」에서 명렬은 '관계단절의 성향을 극복'하고자 하는 분명한 목적의식을 갖고 편지쓰기를 통해 내면화된 수치심을 치유하고자 한다.[50] 이 작품에서 편지쓰기의 대상인 명주의 존재는 일찍이 여읜 어머니이고, 연인이며, 동무로 투사된다. 나아가 명주는 명렬 자신이기도 하다. 명렬은 유년시절부터 자기 자신에게 내면화

48 에리히 프롬, 황문수 역, 『사랑의 기술』, 문예출판사, 2006.
49 김종호, 「김유정의 고백소설 연구」, 『인문학연구』 18, 경희대 인문학연구원, 2010, 151~171쪽.
50 정주아, 앞의 글, 243~278쪽.

된 무능한 남성성을 지닌 존재라는 수치심을 치유하기 위해서 염인증자의 편지쓰기를 통해 내적 치유를 시도하는 것이다. "어머니가 난 보고 싶다!"의 서술에서 확인하듯 명렬은 수치심을 갖기 이전, 즉 염인증이 생기기 이전의 자신의 본모습을 회복하고자 욕망한다.

마사 너스바움은 '수치심'에 대해 한 인간이 어머니 뱃속에서 분리되어 나왔을 때의 두려움과 공포의 경험으로서 완전성에 대한 갈망과 연관되어 있다고 보았다.[51] 구약성경에서는 인간이 신과 대면할 때 갖게 되는 지배적인 감정으로 '두려움'을 꼽는데 이는 신 앞에서 불완전한 인간의 모습과 연관되어 있다.[52] '두려움'의 감정은 절대로 신과 동등해질 수 없는 연약한 존재로서 인간의 보편적인 결핍을 상징한다. 아담과 이브가 선악과를 먹으면 신과 동등해질 수 있다는 뱀의 말에 속아 선악과를 따먹었다가 부끄러움을 갖게 되는 감정인 수치스러움은 인간의 몸이 벌거벗은 상태, 외양의 문제가 아니라 불완전한 존재로서 연약한 인간의 본성에 대한 반응이다. 따라서 인간이 기본적으로 갖게 되는 수치심은 세상에서 자기 자신의 무능함, 연약함을 발견할 때 불완전한 존재로서 인간이 갖는 두려움과 공포 등의 감정과 연동되어 있다. 「생의 반려」에서 명렬의 수치심은 전근대적인 친족공동체에서 겪었던 두려움과 공포, 관계의 단절, 무능함과 밀접한 관련이 있다. 또한 1930년대 식민지 조선의 경제 불황 속에서 실업자인 청년이 저임금 노동자인 누나에게 경제적으

51 마사 너스바움, 조계원 역, 앞의 책, 334~335쪽.

52 구약성경을 보면 하나님과 대면할 때 인간이 보이는 즉각적인 반응 가운데 하나는 두려움이다. 아브라함에게 하나님이 나타나셨을 때(창세기 15 : 1), 이삭에게 나타나실 때(창세 26 : 23~24), 예레미야에게 나타날 때(예레미아1.8).

로 예속되면서 단독자로 살지 못하고 겪어야 했던 모욕과 무능력, 즉 근대 자본주의 체제에서 밀려난 주변인이 갖는 삶의 조건과 연동되어 있다. 김유정은 「생의 반려」에서 연약하고 무능한 남성성이 인간에게 보편적으로 내재된 수치심의 감정과 복합적으로 결합되면서 병적 증상으로 표출되는 양상에 주목한다. 이 작품에서 명렬은 고백의 편지쓰기 행위를 통해 자신을 지속적으로 괴롭혀온 내면의 수치심을 극복하고 단절과 파괴가 아니라 타자와의 소통을 통해 모든 관계를 회복하고 생에 대한 갈망을 선취하고자 욕망한다. 「생의 반려」에서 명렬이 추구하는 '사랑은 개인 간의 소외와 단절의 극복을 통한 관계성의 회복'[53]이라고 할 수 있다. 「생의 반려」는 김유정이 일찍이 요절해서 미완으로 그쳤으나 병상에서 이 글을 쓰면서 김유정이 세상과 소통을 시도하고 생에 대한 강한 욕망을 드러냈다는 점을 짐작할 수 있다.

4. 결론

이 글은 김유정 문학에서 드러나는 감정 중에서도 수치심이 드러나는 양상과 그 의미를 「소낙비」와 「생의 반려」를 중심으로 살펴보았다. 두 작품을 통해 이 글은 김유정 문학이 사회적 약자인 여성과 남성이 수치심을 내면화하는 과정과 이를 극복하고자 하는 모습을 살펴볼 수 있었다

53 신정숙, 「외로운 청년의 생의 반려 찾기 – 김유정 문학(관)에 대한 새로운 모색」, 『김유정 문학의 감정미학』, 소명출판, 2018, 160~191쪽.

는 데 의미가 있다.

첫째, 「소낙비」는 『조선일보』 신춘문예 당선작이다. 이 작품은 현실적 가난으로 매춘을 해야 하는 여성이 성을 매매하는 과정에서 남성으로부터 겪게 되는 수치심의 문제를 다루고 있다. 「소낙비」는 가부장제 질서와 돈의 위계 권력 사이에서 사회적으로 취약한 여성을 통제하고 억압하는 수단으로 수치심이 활용되는 양상을 세심하게 포착하고 있다. 이주사는 성을 매매하는 과정에서 여성의 망가진 정체성을 조롱하고 수치심을 집요하게 공격하고 비인격화하는 전략을 취한다. 하지만 주인공인 여성은 '서울로 이주해서 이 고생을 벗어나고 싶다'라는 부부의 공동목표에 집중함으로써 부부간의 상호의존성을 회복하고자 애쓴다. 1930년대 절망과 불안이 지배한 식민지 농촌 경제 상황에서 생존을 위해 현실의 문제와 고투를 벌이는 하층 여성의 문제를 다루는 이 소설은 이후 김유정의 다른 소설에서 '뻔뻔한 들병이'의 등장을 통해 남성 가부장제의 전통적인 가치를 전복시키는 방향으로 나아가는 출발점이 되는 작품이라는 데 가치가 있다.

둘째, 「생의 반려」는 자전적 소설에 기반하고 있는데, 주인공 명렬은 유년시절 형 밑에서 눈칫밥을 먹고 육체적 폭력에 시달리며 비정상적인 성장을 하게 된다. 고보를 졸업한 후 명렬은 이혼당한 뒤 어렵게 살아가는 누나에게 얹혀살며 언어적, 정신적 폭력에 시달린다. 친족의 폭력과 소통의 단절은 명렬이 심한 우울증에 빠지며 수치심을 내면화하는 계기로 작동한다. 「생의 반려」에서 김유정은 명렬로 하여금 '명주'라는 기생에게 편지 쓰는 행위를 통해 연약하고 무능한 남성의 수치심을 극복하고 치유하고자 하는 욕망을 드러낸다. 명렬의 편지쓰기 행위는 그동안 단절된 진정한 자아의 이미지를 되찾고 타인과의 관계를 회복하고 싶은 김유정의 간절한 내적 소망을 드러낸다는 점에서 문학적 의미가 있다.

이상에서 살펴본바와 같이 김유정의 문학은 오늘날과 같이 위악한 세상에서 우울, 수치, 모멸 등 인간이 갖는 모든 감정들이 차별과 배제와 억압이 아니라 깊은 성찰 속에서 자아의 이미지를 회복하고 살아가도록 우리의 감성을 이끌어준다는 점에서 현재적인 의미를 지닌다.

참고문헌

기본자료

김유정, 전신재 편, 『원본 김유정 전집』, 강, 2012.

논문 및 단행본

『구약성경』, 「창세기」 26장, 「예레미아」 1장.

권 은 외, 『김유정문학 다시 읽기』, 소명출판, 2019.

김근호, 「김유정소설에서의 반전과 감정의 정치학」, 『한중인문학연구』 55, 한중인문학회, 2017.

김예리, 「김유정문학의 웃음과 사랑」, 『한국예술연구』 14, 한예종 한국예술연구소, 2016.

김윤식, 『김윤식전집』 5, 솔, 1996.

김윤정, 「김유정 소설의 정동연구-연애,결혼 모티프를 중심으로」, 『현대문학이론연구』 71, 한국현대문학이론학회, 2017.

김종호, 「김유정의 고백소설 연구」, 『인문학연구』 18, 경희대 인문학연구원, 2010.

노재성・이호영・조선미, 「한국어에서 수치심과 관련된 형용사와 요인분석」, 『신경정신의학』 50-1, 한국신경정신협회, 2011.

리터드 래처러스・버니스 래저러스, 정영목 역, 『감정과 이성』, 문예출판사, 1997.

마사 너스바움, 조계원 역, 『혐오와 수치심』, 민음사, 2015.

마사 너스바움, 조형준 역, 『감정의 격동』 2, 새물결, 2015.

손유경 외, 『김유정의 문학산맥』, 소명출판, 2017.

송주현 외, 『김유정문학의 감정미학』, 소명출판, 2018.

신은화, 「수치심과 인간다움의 이해」, 『동서철학연구』 88, 한국동서철학회, 2018.

에리히 프롬, 황문수 역, 『사랑의 기술』, 문예출판사, 2006.

오은엽, 「김유정 소설에 나타난 정념의 기호학적 연구-「금 따는 콩밧」, 「금」, 「노다지」를 중심으로」, 『한중인문학연구』 47, 한중인문학회, 2015.

오태호, 「김유정소설에 나타난 연민의 서사연구-마사 누스바움의 감정론을 중심으로」, 『국어국문학』 184, 국어국문학회, 2018.

유인순 외, 『김유정과 동시대문학연구』, 소명출판, 2013.
유인순, 「김유정의 우울증」, 『현대소설연구』 35, 한국현대소설학회, 2007.
이병례, 「1930년대 초반 식민지 조선의 경제공황과 일상의 균열」, 『역사연구』 1, 역사연구소, 2016.
임정연, 「김유정 자기서사의 말하기 방식과 슬픔의 윤리」, 『현대소설연구』 56, 한국현대소설학회, 2014.
임홍빈, 『수치심과 죄책감』, 바다출판사, 2013.
장 클로드 볼로뉴, 전혜정 역, 『수치심의 역사』, 에디터, 2008.
장수경, 「만무방에 나타난 불안과 유랑의 서사」, 『한국문예창작』 40, 한국문예창작학회, 2017.
______, 「정념의 관점에서 본 김유정 소설의 미학－「봄봄」, 「노다지」, 「소낙비」, 「가을」을 중심으로」, 『한민족문화연구』 55, 한민족문화학회, 2016.
정연희, 「김유정 소설의 실재의 윤리와 윤리의 정치화」, 『현대문학이론연구』 60, 현대문학이론학회, 2015.
______, 「김유정의 자기서사에 나타나는 우울과 알레고리 연구－두꺼비와 생의반려를 중심으로」, 『국어문학』 65, 국어문학회, 2017.
정주아, 「신경증의 기록과 염인증자의 연서쓰기－김유정문학에 나타난 죽음충동과 에로스」, 『현대문학의 연구』 57, 한국문학연구학회, 2015.
조용숙, 「김유정 소설에서 본 비극미의 양상」, 『한중인문학연구』 50, 한중인문학회, 2016
주디스 허먼, 최현정 역, 『트라우마』, 플래닛, 2007.
틸스완, 김지연 역, 『외로움의 해부학－연결을 회복하는 법』, 사일런스북, 2019.
허라금, 「성적 수치심과 권력, 그리고 수치 처벌의 정당화」, 『철학연구』 143, 대한철학회, 2017.

김유정 소설에 나타난 눈치 문화*

이규정

1. 머리말

외국어 교육의 궁극적인 목표는 유창하고 원활한 의사소통에 있는데 이는 문법, 어휘, 언어구조 등의 언어적인 성격뿐만 아니라 목표 언어의 문화까지 포함하는 개념이다. 문화는 그 나라의 사고방식과 생활방식, 가치관 등이 긴밀하게 연결되어 있으므로 이를 이해하지 못하면 화자의 의도와는 다르게 청자가 그 의미를 오해하게 되는 등 소통이 원활하게 이루어지지 않기 때문이다.

이를 위해 외국어 교육에서는 문학에 목표 언어 나라의 사회적, 역사적인 맥락과 더불어 습관, 정서 등의 문화 정보가 함축적으로 담겨 있으

---

* 이 글은 『한중인문학연구』 64, 한중인문학회, 2019.12에 수록된 논문을 재수록한 것이다.

므로 문화적인 접근을 시도하거나 문화 간의 간격을 좁히는 데에 문학을 활용한다. 이러한 관점에 따라 최근 외국어 교육은 언어와 문화, 문학을 통합하여 가르쳐야 한다는 방향으로 나아가고 있다.[1] 한국어교육 분야에서도 한국 문화를 교수할 때 소설, 전래동화, 시, 설화 등의 문학을 활용한 연구가 가장 높은 비율을 차지하고 있는 것[2]을 알 수 있으며, 문학을 활용한 문화교육은 한국어 학습자에게 구체적인 담화 상황과 맥락을 제공해 줄 수 있을 뿐만 아니라 이해력과 사고력, 논리력을 한층 신장시킬 수 있다는 점[3]에서 의의가 있다.

이에 이 글 역시 문학을 통한 문화적 접근의 필요성과 효용성에 공감하며, 다양한 문화 현상 중 상대방의 의중 또는 내적 상태를 알아차리고 의도하는 바를 간접적으로 드러내는 눈치 문화에 초점을 맞추고자 한다. 눈치는 담화 맥락을 고려해야 상황을 이해할 수 있는 고맥락 문화권이나 개인보다는 집단을 우선시하여 자신과 상대방의 체면을 중시하는 집단주의 문화권에서 잘 드러난다. 이는 자신의 의견을 상대방에게 전달할 때 우회적인 방법으로 간접적인 의사소통을 선호[4]하기 때문이다.

이러한 눈치 문화에 대해 이해하고 습득할 수 있는 문학 작품으로 한국어교육에서 활용되고 있는 문학 중에 김유정 소설을 중심으로 살펴보

1 윤여탁, 「문학 작품을 활용한 한국어 문화교육 연구」, 『한국언어문화학』 10-2, 국제한국어문화학회, 2013, 151쪽.
2 강현화, 「한국어교육에서의 문화교수 방향성에 대한 제언」, 『국제한국언어문화학회 학술대회』 2010-5, 국제한국언어문화학회, 2010, 19쪽.
3 신주철, 「한국어교육에서 문화교육으로서의 한국문학교육」, 『한국언어문화교육학회 워크숍』 2004-1, 한국언어문화교육학회, 2004, 78쪽.
4 김숙현 외, 『한국인과 문화간 커뮤니케이션』, 커뮤니케이션북스, 2001, 81쪽.

고자 한다. 김유정의 소설 「봄·봄」과 「동백꽃」은 1930년대의 시대상을 잘 포함하고 있을 뿐만 아니라 비애나 고통스러운 삶을 해학으로 표현하는 한국인의 정서와 가치관 등을 내포하고 있다. 또한 한국어 학습자가 읽는 데에 부담이 없는 텍스트의 길이와 난이도, 전통·현실 문화 등의 반영 여부, 학습자의 학습 목적과 언어 수준, 문화적 배경 등을 총망라하여 문학을 선정한 한국어교육에서의 한국 문학 정전[5]에도 김유정의 「봄·봄」과 「동백꽃」이 포함되어 있다는 점에서 큰 교육적 가치를 지닌다.

따라서 본 연구에서는 한국인의 의사소통에 중요한 역할을 하는 눈치에 주목하고 김유정 소설 「봄·봄」과 「동백꽃」에 나타난 눈치 문화를 분석하는 데 목적이 있으며, 이를 통해 한국어 학습자가 한국 문화를 이해하는 데 도움이 되었으면 한다.

2. 눈치와 맥락의 개념

1) 눈치의 개념

눈치는 상호작용하는 두 사람이 서로 자신의 마음이나 기타 내적 상태를 담화 상의 상대방에게 노출하거나 간접적 단서나 상황으로 미루어 상대방의 속마음을 추론, 짐작하는 것이다.[6] 이는 담화 상황에서 상대방이

5 윤여탁·유영미·박은숙, 『한국어교육에서 한국문학 정전』, 하우, 2005, 22~26쪽.

6 최상진·최연희, 「눈치의 사회심리학적 구조」, 『심리학연구』 1989-1, 한국심리학회, 1989,

알아차릴 수 있을 만큼 자신의 속내나 태도를 눈에 띄지 않게 겉으로 나타내는 것과 상대방의 생각이나 태도를 알아차리는 것을 의미한다.

최상진 · 최연희는 눈치란 상대방의 의도나 생각 또는 감정이 직접 노출되지 않은 상태에서 상대의 본심을 읽는 것으로 보았고, 최근의 연구에서는 본심을 노출하기 어렵거나 꺼리는 상황에서 불분명한 정보단서를 보고 상대의 내심을 읽는 일이나 그 역의 현상[7]이라고 정의하였다. 또한 임태섭은 눈치를 사람의 눈을 가리키는 순수한 우리말 '눈目'과 값이나 측량을 나타내는 '치値'가 결합되어 '눈대중으로 헤아린다'는 의미[8]로 눈치를 설명하고 있으며, 허재홍 · 박원주 · 김승주는 눈치를 행위자를 중심으로 본다면 상대방의 생각이나 태도를 알아차리는 행위를 의미하고, 상대방을 중심으로 보면 겉으로 슬며시 드러난 생각이나 태도를 의미[9]한다고 보았다. 그러므로 눈치는 상황과 맥락 속에서 상대방의 의도를 알아내고 자신이 의도하는 바를 드러내는 태도로 정의할 수 있다.

이러한 눈치는 단순한 사회적 표상이 아닌 사회적 실체로서의 존재성과 기능성을 가지고 있기 때문에 심정과 체면을 중시하는 한국인에게 있어 심정전달과 체면 훼손을 방지하는 완충적 기능[10]을 한다. 또한 여러 사람이 함께 있는 집단이나 개인이 속해 있는 조직 등에 적합한 행동을

212쪽.

7 최상진, 『한국인의 심리학』, 학지사, 2011, 170쪽.

8 임태섭, 『정, 체면, 연줄 그리고 한국인의 인간관계』, 한나래, 1995.

9 허재홍 · 박원주 · 김승주, 「눈치개념 연구」, 『인문과학연구』 33, 강원대 인문과학연구소, 2012, 561쪽.

10 최상진 · 진승범, 「한국인의 눈치의 심리적 표상체계」, 『한국심리학회 학술대회 발표집』 1995-1, 한국심리학회, 1995.

하기 위해 눈치가 발동되거나 대화를 하는 상대방의 기분이나 감정, 그리고 원하는 것이 무엇인지에 대해 적절하게 행동하기 위해서도 눈치 현상이 나타나기 때문에 대인관계나 의사소통에 중요한 역할을 하고 있다고 볼 수 있다.

2) 맥락의 개념과 구성 요소

대인관계와 밀접한 관계가 있고 원활한 의사소통에 필수적 기제인 눈치가 어떻게 드러나는지 살펴보려면 맥락을 함께 파악하지 않고서는 설명할 수 없다. 맥락은 담화 혹은 텍스트 안에서 이해하고 알게 된 모든 것을 의미한다. 발화에서 드러나는 모든 정보나 텍스트에서 명시되어 있는 것뿐만 아니라 그 정보를 통해 추론된 상황, 사회문화적 배경까지 맥락으로 볼 수 있다. 즉, 언어는 문화의 실재에 있고, 모든 의미는 환경에 따라 변하기 때문에[11] 맥락을 참조하지 않으면 언어나 문화를 설명할 수 없다.

사 장 : 나에게 말하고 싶은 것이 있다면 모든 말해 보게나.

직원 1 : (직원 2를 슬쩍 보며) 사장님, 실은….

직원 2 : (직원 1을 째려보며 발을 밟는다) 어머, 사무실에 웬 바퀴벌레가!

위 상황에서 직원 2는 직원 1의 말을 저지하기 위해서 째려보며 발을

11 B. Malinowski, "Psycho-Analysis and Anthropology", *Nature* 112, pp.650~651.

밟는다. '째려보다'라는 단어의 개념은 '못마땅하여 매섭게 흘겨보다'이며, '밟다'라는 단어의 개념은 '발을 들어 어떤 대상을 위에서 누르다'인데 이 단어의 의미만 이해해서는 직원 2가 직원 1에게 한 행위의 의미를 이해할 수 없다. 이 행위를 하게 된 상황적인 맥락을 고려해야만 '째려보다'와 '발을 밟다'의 비언어적인 행위가 사장에게 말을 하지 말라는 언표내적인 의미를 보여주는 눈치라고 파악할 수 있을 것이다. 그러므로 눈치를 분석하기 위해서는 텍스트 안에서 대화를 하는 인물들 간의 공통적인 맥락과 상황적인 맥락 등을 고려하지 않으면 그 의미를 제대로 파악할 수 없다.

맥락은 관점에 따라 하위 구성 요소가 다르게 나타난다. Firth는 맥락을 넓은 범위의 일반적인 맥락으로 확장하여 상황 맥락이 어휘적 층위, 문법적 층위, 상황적 층위가 복합적으로 얽혀 있다고 보았다.[12] 그리고 맥락의 구성 요소를 세 가지로 나누었는데 대화하는 '참여자의 관계'와 '관련된 요소', '구두 행위의 효과'로 구분했다. 참여자의 관계에는 성격, 나이, 종교, 비언어적 행위 등이 속하며, 관련된 요소는 대화 중에 포함되는 물품으로 경제, 종교, 사회적인 구조를 말한다. 또한 구두 행위의 효과는 어느 한 발화가 담화 전체에 미치는 영향을 의미한다. Spivey는 사회 구성적 관점에서 맥락을 상황적 맥락과 사회문화적 맥락으로 구분하였는데 글을 읽는 참여자가 속해 있는 실질적인 맥락을 미시적 차원에서 상황적 맥락이라고 보았고, 관계의 집합이나 이데올로기와 같은 사회문화적이고

12 J. R. Firth, *Papers in linguistics*, Oxford University Press, 1957.

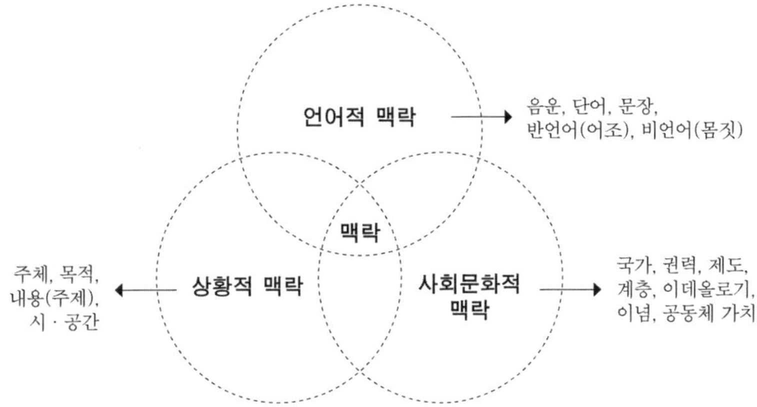

〈그림 1〉 맥락의 구성 요소와 내용

역사적인 맥락을 사회문화적 맥락으로 정의하였다.[13] Halliday는 초반 연구에서는 맥락을 교육적 관점에서 살펴보고 상황 맥락과 더불어 언어 체계와의 관련성에 초점을 두었다. 상황 맥락은 단순히 그 상황이 이루어지는 장소로 구성된 것이 아니라 그 나라의 사회적 관습, 가치, 행동 양식 등과 같은 요소가 포함된 것이라고 보았다. 즉, 맥락을 담화, 담화의 참여자, 사회문화적인 맥락[14]으로 구분하였는데 후속 연구에서는 이를 더 구체화하여 언어적 맥락과 언어외적 맥락으로 구분하였다. 또한 언어적 맥락은 텍스트 내 맥락intra textual context과 텍스트 간 맥락inter textual context으로 구분하였고, 언어외적 맥락은 상황 맥락context of situation과 문화 맥락context of culture[15]으로 구분하였다.

13 N. N. Spivey, 신헌재 외역, 『구성주의와 읽기 쓰기』, 박이정, 2004.

14 M. A. K. Halliday, *Language as social semiotic : The social interpretation of language and meaning*, Edward Arnold, 1978.

15 M. A. K. Halliday & R. Hasan, *Language, context, and text : aspects of language in a social-semiotic perspective*, Oxford University Press, 1989.

이에 이 글에서는 맥락을 크게 '언어적 맥락'과, '상황적 맥락', '사회문화적 맥락'으로 나누어 살펴보고자 한다. 언어는 같은 문장이라고 해도 구어인지 문어인지에 따라 전달하는 어조나 몸짓에 따라 의미가 달라진다. 즉, 언어 활동에 영향을 주는 단어, 문장, 어조, 몸짓 등의 언어적 맥락에 따라 전달 효과에 차이가 나는 것이다. 또한 텍스트나 발화는 그 상황이 발생하거나 구성된 사건, 그리고 그 사건과 관계된 행위의 주체와 목적, 시・공간의 환경을 포함한 상황적 맥락을 빼고서는 이해할 수 없다. 그러나 이러한 상황적 맥락은 단순히 그 상황으로만 이루어진 것이 아니라 사회적인 관습과 이데올로기, 시대 이념 등이 포함되어 있으므로 사회문화적 맥락 역시 함께 다루어야 전체적인 의미를 살펴볼 수 있다.

〈그림 1〉과 같이 맥락을 나누어 볼 수 있으나 맥락은 서로 배타적인 것이 아니라 상호작용을 하면서 함께 나타난다. 언어적 맥락 안에 상황이 내포될 수도 있는 것이며, 사회문화가 포함되어 함께 나타날 수도 있기 때문이다.

이 글에서는 맥락이 역동적이고 복합적으로 얽혀 있다는 것을 전제로 두고 '언어적 맥락', '상황적 맥락', '사회문화적 맥락'에서 눈치 현상을 분석하고자 한다. 이때 맥락의 모든 내용을 다룰 수 없으므로 김유정 소설 「봄・봄」과 「동백꽃」에서 특징적으로 나타나는 맥락 내용에 초점을 맞추도록 하겠다.

3. 「봄・봄」과 「동백꽃」에 나타난 눈치 문화

1) 우회적 표현으로의 눈치

김유정 소설 「봄・봄」과 「동백꽃」은 문장이 간결하고 방언과 비속어 등 그 당시 농민들이 사용했던 구어로 표현되어 있어 향토적이고 토속적인 분위기를 느낄 수 있다. 또한 소설의 배경이 되는 농촌에 대한 묘사나 인물 간의 행위, 외형적 특성 등을 시각 ・미각 ・후각적으로 다양하게 표현하여 분위기를 극대화하고 있다. 그리고 인물들이 자신의 의도와 의중을 전달할 때 비언어적 행위를 하거나 발화를 하더라도 그 안에 내포된 의미가 완전히 다른 우회적인 표현을 통해 자신의 체면을 유지하거나 의도를 더 강조하고 있다.

> 내가 다 먹고 물러섰을 때, 그릇을 챙기는데 난 깜짝 놀라지 않았느냐. 고개를 푹 숙이고 밥 함지에 그릇을 포개면서 날더러 들으라는지, 혹은 제 소린지,
>
> "밤낮 일만 하다 말 텐가!"하고 혼자서 쫑알거린다.
>
> 고대 잘 내외하다가 이게 무슨 소린가, 하고 난 정신이 얼떨떨했다.
>
> (「봄봄」, 『김유정 전집』 1, 219쪽)

「봄・봄」에서 '나'만큼이나 결혼을 하고 싶은 사람은 '점순이'다. 그러나 '나'가 매일 일만 하고 자신과 결혼할 의지가 보이지 않아 '점순이'는 답답할 노릇이다. '점순이'는 '나'가 밥을 다 먹을 때까지 기다린 후 쳐다보지도 않고 밤낮으로 일만 할 거냐고 타박을 하는데 이때 '점순이'

의 이 말은 '정말 일만 할 거야?'라는 순수한 질문이 아니라 '언제 혼인을 할 거냐'는 의미가 함축되어 있다. 자신의 의도를 간접적으로 돌려 말하면서 혼인을 부추기는 눈치를 주고 있는 것이다.

소설 속 '점순이'는 그 시대의 다른 여성 인물보다 적극적이고 당돌한 성격을 지닌 인물이지만 남녀가 내외하던 시대이기 때문에 혼인과 관련하여 간접적으로 돌려서 자신의 마음을 표현하고 있다. 우회적 표현은 성별이나 나이, 지위 등과 같은 심리적·사회적 거리로 인해 결정된다. 사회적 지위로는 마름의 딸인 '점순이'가 상위에 있을지 모르지만 '점순이'가 남자인 '나'에게 직설적으로 혼인 이야기를 꺼내는 것은 자신의 체면을 위협하는 것이므로 조심스럽고 꺼려지는 부분이라는 것을 알 수 있다.

> "이놈의 닭! 죽어라, 죽어라." 요렇게 암팡스레 패주는 것이 아닌가. 그것도 대가리나 치면 모른다마는 아주 알도 못 낳으라고 그 볼기짝께를 주먹으로 콕콕 쥐어박는 것이다. 나는 눈에 쌍심지가 오르고 사지가 부르르 떨렸으나, 사방을 한번 휘돌아 보고야 그제서 점순이 집에 아무도 없음을 알았다. 잡은참 지게막대기를 들어 울타리의 중턱을 후려치며,
>
> "이놈의 계집애! 남의 닭 알 못 낳으라고 그러니?"하고 소리를 빽 질렀다.
>
> (「동백꽃」, 『김유정 전집』 1, 298쪽)

이는 「동백꽃」의 '점순이'도 마찬가지다. '점순이'는 '나'에게 은근히 좋아한다는 마음을 내비치지만 '나'가 자신의 마음을 몰라주자 '나'의 씨

암탉을 괴롭히기 시작한다. 이때 '점순이'는 씨암탉을 괴롭히면서 죽으라고 연신 말하고 있는데 이 의미 역시 표면적으로 발화된 의미와는 다른 의미가 숨어 있다. '점순이'가 씨암탉을 괴롭히는 행위는 정말 씨암탉이 죽기를 바라는 의미가 아니라 '나'의 관심을 끌기 위한 하나의 전략인 것이다. 그러므로 씨암탉에게 죽으라고 하는 표현은 자신에게 관심을 보여 달라는 하나의 눈치로 상황적 아이러니를 포함하고 있다.

이러한 '점순이'의 의도를 눈치채지 못한 '나'는 '점순이'가 자기 집의 씨암탉을 잡아서 건드리고 있는 모습을 보고 화가 난다. 그래서 그 행동을 저지하려고 '점순이'의 집에 들어가려고 하지만 바로 들어가지 못한다. 그 이유는 '점순이'가 마름의 딸이므로 집 안에 가족들이 있는지 없는지 눈치를 살펴야 하기 때문이다. 이때 '나'는 사방을 돌아보는 행위로 주변 눈치를 본 후, 아무도 없자 '점순이' 집의 울타리 중턱을 치는 행위를 한다. 이는 '점순이'에게 위협을 가하는 동시에 자신의 씨암탉을 괴롭히지 말라고 암묵적으로 눈치를 주는 행위로 해석될 수 있다.

「동백꽃」의 '나'는 「봄·봄」에서와 마찬가지로 사회적 지위가 '점순이'보다 낮고 소작인의 아들이므로 힘과 권위가 약하다. 그러므로 '점순이'에게 괴롭히지 말라고 직선적으로 말하는 방법보다 그렇게 괴롭히면 자신의 닭이 알을 못 낳게 된다고 돌려 말하거나 주변에 있는 울타리를 치는 비언어적 행위로 눈치를 줄 수밖에 없는 것이다. 이는 의도를 담고 있는 우회적 표현으로, 보다 객관적이고 중립적인 효과가 있어 상대방에게 요청은 하지만 그에 따른 행동을 하지 않아도 되므로[16] 상대방의 부담을 덜어주는 언어 행위라고 할 수 있다.

언어적 맥락에서 비언어적 행위로 드러나는 눈치는 「봄 · 봄」의 '봉필'의 행위에서도 나타난다.

> 더럽다. 나두 종아리의 파리를 쫓는 척하고 허리를 구부리며 그 궁둥이를 콱 떼밀었다. 장인님은 앞으로 우찔근하고 싸리문께로 쓰러질 듯하다 몸을 바로 고치더니 눈총을 몹시 쏘았다. 이런 쌍년의 자식, 하곤 싶으나 남의 앞이라니 차마 못하고 섰는 그 꼴이 보기에 퍽 쟁그러웠다.
>
> (「봄봄」, 『김유정 전집』 1, 221쪽)

장인인 '봉필'은 '점순이'의 키가 크지 않아 아직은 혼인을 시킬 수 없다고 변명하며 혼인을 차일피일 미룬다. '나'는 그 말을 듣고 장모님도 키가 작은데 어떻게 혼인을 하고 아이를 낳았는지 따져 묻자 '봉필'은 코를 푸는 척하면서 '나'의 옆구리를 친다. 이에 질세라 '나' 역시 '봉필'의 궁둥이를 밀어 버리는데 이때 '봉필'이 나를 째려보는 비언어적 행위를 하며 눈치를 준다. 이 행위는 '나'에게 건방지고 주제넘게 굴지 말라는 의미를 내포하고 있다.

사회적 지위로 보면 마름인 '봉필'이 머슴인 '나'에게 함부로 행동하지 말고 조심하라고 직설적으로 요구할 수 있음에도 '봉필'은 은밀한 행위로 '나'에게 눈치를 주고 있다. 이는 '봉필'의 옆에 구장이 있기 때문이다. 이러한 행위는 구장 앞에서 자신의 체면을 손상하지 않고도 자신의

16 김지연, 「韓國人 對話에 나타나는 體面威脅行爲 樣相에 관한 硏究」, 중앙대 박사논문, 2019, 64쪽.

의도를 전달할 수 있으므로 체면 유지를 위한 행동이라고 할 수 있다.

「봄・봄」과 「동백꽃」에서 드러난 눈치를 언어적 맥락에서 살펴보면 자신의 의도와 반대되는 반어적 표현이나 비언어적 행위를 통해 인물 간의 메타포적인 정보 전달과 함께 감정을 전달하고 있다. 이러한 우회적인 표현으로 드러나는 눈치는 자신의 체면을 유지할 수 있을 뿐만 아니라 대화하는 상대방과의 관계를 훼손시키지 않음으로써 관계의 악화를 막아준다는 것을 두 작품을 통해 고찰할 수 있다.

2) 관계의 상호작용으로서 눈치

김유정 소설 「봄・봄」의 주인공 '나'는 '점순이' 집의 데릴사위라고는 하지만 언제 결혼할지 모르는 상황으로 '점순이'의 집에서 일만 대신해 주는 머슴이다. '점순이'의 아버지 '봉필'은 '점순이'의 키가 더 커져야 결혼을 시켜주겠다고 차일피일 미루고 있는 사정이고, '나'는 어떻게든 빨리 '점순이'와 결혼을 하고 싶어 한다. 하지만 '점순이'의 키는 '나'의 겨드랑이를 넘지 못하고, '나'가 아무리 논에서 일을 해 벼를 키운다고 해서 그걸 먹고 '점순이'의 키가 자라지 않을 것 같아 '나'는 심통이 난다.

> 논 가운데서 장인님도 이상한 눈을 해 가지고 한참 날 노려보더니,
>
> "넌 이 자식, 왜 또 이래 응?"
>
> "배가 좀 아파서유!"하고 풀 위에 슬며시 쓰러지니까 장인님은 약이 올랐다. 저도 논에서 철벙철벙 둑으로 올라오더니 내 멱살을 움켜잡고 뺨을 치

는 것이 아닌가…….

"이 자식. 일허다 말면 누굴 망해 놀 속셈이냐. 이 대가릴 까놀 자식?"

(「봄·봄」, 『김유정 전집』 1, 215~216쪽)

'나'가 '점순이'의 집에서 모를 심는 건 '점순이'와의 결혼 목적 때문이지 장인이 될 '봉필'의 아랫배를 불리려고 하는 목적이 아니다. 이에 '나'는 심통이 나 모를 심다 말고 논둑으로 기어 올라가 쉬려고 한다. 이때 '나'는 과감하게 논둑으로 올라가 땅바닥에 앉는 행위를 하는데 이는 '나'가 '봉필'의 눈치를 보지 않고 있음을 알 수 있다.

'나'의 신분은 머슴으로 '봉필'의 집에 얹혀살고 있는데 이렇게 당돌하고 당당하게 행동을 하는 까닭은 자신이 일을 하지 않으면 '봉필'이 곤란해질 것을 알고 있기 때문이다. 이는 장인인 '봉필'이 '나'의 눈치를 살피는 장면에서 두드러지게 나타나는데 마름이라는 사회적 지위를 가진 인물이 머슴의 눈치를 본다는 것은 상황적 맥락에서 설명하지 않고는 이해할 수 없다.

논둑에서 벌떡 일어나 한풀 죽은 장인님 앞으로 다가서며,

"난 갈 테야유. 그동안 사경 쳐내슈."

"너 사위로 왔지 어디 머슴 살러 왔니?"

"그러면 얼찐 성례를 해줘야 안 하지유. 밤낮 부려만 먹구 해준다, 해준다……."

"글쎄, 내가 안 하는 거냐, 그년이 안 크니까" 하고 어름어름 담배만 담으

면서 늘 하는 소리를 또 늘어놓는다.

(「봄・봄」, 『김유정 전집』 1, 217쪽)

'나'는 '점순이'의 아버지 '봉필'에게 그동안 논에서 일을 한 값을 쳐 달라고 요구를 하지만 '봉필'은 '나'에게 머슴이 아닌 사위가 될 존재임을 강조하면서 자신의 집에 머슴 살러 온 것이 아니지 않냐며 '나'의 눈치를 본다. 이 발화는 언뜻 보면 '나'의 말에 아무 상관이 없는 대답 같지만 돈을 줄 수 없다는 뜻이 함축되어 있는 것으로 '봉필'이 눈치를 보고 있는 것을 알 수 있다.

마름과 머슴이라는 관계에서 마름이 머슴의 눈치를 본다는 것은 이해할 수 없는 상황이지만 '봉필'의 집은 딸만 셋이기 때문에 일을 할 사람이 없다. 첫째 딸은 이미 시집을 보냈고 셋째 딸은 너무 어리니 둘째 딸 '점순이'까지 시집을 보내면 집에서 일할 사람이 없어지기 때문이다. 또 '나'는 대외적으로는 '봉필'의 사위이므로 돈을 주지 않고 일을 시킬 수 있으니 '나'가 집을 나가게 되면 손해이기 때문에 '나'의 눈치를 볼 수밖에 없는 실정이다.

이렇게 '마름-머슴'과 같은 수직적인 관계라고 할지라도 상황적 맥락을 고려하지 않으면 눈치를 보는 상황을 제대로 이해할 수 없다. 이러한 맥락에서 '나'가 꾀를 부리며 일을 하지 않아도 뺨 한 번 때리고는 아무 말을 하지 못하고 덤덤히 쓴 침만 삼키는 장면이나 '나'가 '점순이'의 어머니도 키가 작은데 어떻게 아이를 낳았냐고 물어 따지는 말에도 그냥 껄껄 웃어넘기는 장면에서도 '봉필'이 '나'의 눈치를 보고 있음이 확연하게 드러난다.

먼저 덤비는 장인님을 뒤로 떠다밀고 내가 허둥지둥 달려들다가 가만히 생각하고, '아니 우리 빙장님과 츰에' 하고 첫 번부터 다시 말을 고쳤다. 장인님은 빙장님, 해야 좋아하고 밖에 나와서 장인님,하면 괜스레 골을 내려고 든다. 뱀두 뱀이래야 좋으냐구, 창피스러우니 남 듣는 데는 제발 빙장님, 빙모님, 하라구 일상 당조심을 받아오면서 난 그것두 자꾸 잊는다.

당장두 장인님, 하나 옆에서 내 발등을 꾹 밟고 곁눈질을 흘기는 바람에야 겨우 알았지만…….

(「봄봄」, 『김유정 전집』 1, 220쪽)

위 인용문에서 볼 수 있듯이 눈치를 주고 보는 상황은 함께 대화를 하는 상대방의 관계가 어떠한가에 따라서도 달라진다. '봉필'은 '나'에게서 장인이라는 소리를 듣고 싶어 하지 않는다. '봉필'이 '나'에게 항상 다른 사람의 장인, 장모를 뜻하는 빙장과 빙모라고 부르도록 단속하고 있지만 '나'가 구장 앞에서 장인이라고 부르자 '봉필'은 발등을 밟는 행위와 곁눈질을 하는 행위로 '나'에게 눈치를 준다. 이때 마름인 '봉필'이 머슴인 '나'에게 직접적으로 장인이라고 부르지 않도록 말을 할 수 있는 상황이지만 간접적으로 눈치를 주고 있는 이유는 바로 구장이 옆에 있기 때문이다.

앞에서 말했듯 '봉필'은 다른 사람 앞에서 '나'가 장인이라고 부르지 못하게 할 만큼 자신의 체면을 중요하게 여기는 인물이다. 구장이 옆에 있는 상황에서 '봉필'은 자신의 목적을 노골적으로 말할 수 없어 비언어적인 행위를 통해 암시적으로 드러내고 있는 것이다. 체면은 사람들이 생각하는 사회적 이미지[17]이므로 '봉필' 역시 체면 유지를 위해서 자신의 마음을 '나'에게 간접적으로 표출하고 있으며, 이와 동시에 구장의 눈치를 보고 있는 이중적인 의미를 보인다. 이렇듯 눈치는 상호작용이 이루어지는 대화 속 사람들의 관계에 따라 해석이 달라지므로 상황적 맥락을 고려하여 살펴보아야 한다.

이러한 점은 「동백꽃」에서도 찾아볼 수 있다.

> "이 바보 녀석아!"
>
> "얘! 너 배냇병신이지?"
>
> 그만도 좋으련만
>
> "얘! 너 느 아버지가 고자라지?"
>
> "뭐? 울 아버지가 그래 고자야?"
>
> 할 양으로 열벙거지가 나서 고개를 홱 돌리어 바라봤더니 그때까지 울타리 위로 나와 있어야 할 점순이의 대가리가 어디 갔는지 보이지를 않는다.
>
> (「동백꽃」, 『김유정 전집』 1, 299쪽)

'점순이'는 바보나 배냇병신이라고 '나'를 욕하며 비난하고 있다. 이 상황만 본다면 마름의 딸인 '점순이'가 소작인 아들인 '나'를 괴롭히는 관계라고 이해할 수 있지만 앞선 상황적 맥락을 살펴보면 '점순이'가 '나'에게 눈치를 주는 장면이라고 해석할 수 있다. '나'가 혼자 일하는 곳

17 위의 글, 43쪽.

에 찾아와 '점순이'가 말을 걸지만 탐탁스럽지 않게 반응하거나 사람들 몰래 '나'에게 봄감자를 건네지만 거부하는 등 '점순이'는 '나'를 좋아하지만 '나'는 그 마음을 알아차리지 못한다.

이에 '점순이'는 '나'의 씨암탉을 괴롭히면서 관심을 유도하고 있는데 이마저도 쉽지 않아 자신의 마음을 알아차려 달라고 반어적인 표현으로 '나'에게 눈치를 주고 있는 것이다. 보통 반어적 발화는 상대방의 말에 반대되는 의견을 가지고 있을 때 사용하지만 상대방의 태도가 불만족스럽거나 현시적 상황과 다른 말을 하고 싶을 때 표현하는 용법[18]이므로 그 안의 함축된 의미를 잘 파악하여야 한다. 이러한 발화는 말하는 바의 전달 의미가 다르기 때문이다. 이렇게 '점순이'가 눈치를 주는 상황은 마름의 딸과 소작인 아들이라는 사회적 관계에서만 파악하기보다는 두 사람이 서로 상호작용하면서 발생한 상황적 맥락 안에서 이루어지는 것을 알 수 있다.

이렇듯 「봄·봄」과 「동백꽃」에서의 눈치는 자신의 마음이나 생각을 돌려 말하며 간접적으로 표현하거나 의미가 함축되어 있어 그 의미를 추론해야 하는 반어적인 표현 등으로 나타난다. 그러나 눈치가 드러나는 문장만으로는 정확하게 그 안에 숨은 의미를 해석할 수 없으므로 눈치를 주고 보는 상황은 상황적 맥락 안에서 인물 간의 관계를 고려해야 할 것이다.

18 김태자, 「간접 발화 행위의 양상과 구조」, 『이화어문학회』 13, 이화어문논집, 1994, 63쪽.

3) 식민지 시대의 권력과 눈치

김유정 소설은 1930년대의 현실을 리얼리즘적 관점으로 재현하고 있다. 현실의 세계와 소설에 반영된 세계가 긴밀하게 연결되어 있어 한국인의 정서와 그 당시 한국의 문화를 고스란히 유추해 볼 수 있다. 따라서 소설에 반영된 사회문화적인 요소를 유추하고 해석하는 과정은 아주 중요한 요소라고 할 수 있을 것이다.

「봄·봄」과 「동백꽃」은 1930년대의 토지의 소유하고 관리한 마름, 다른 사람의 농지를 빌려 농사를 짓는 소작인, 지주에 예속되어 토지를 경작하는 농노 등의 인물이 등장하여 그 당시의 현실을 생동감 있게 그려내고 있다. 이때 소설 속 인물들 간의 눈치 역시 그 시대의 사회문화적인 현상과 내밀하게 연관되어 있다.

「봄·봄」은 황폐한 향토를 적나라하게 드러내기보다는 서정적이고 해학적으로 1930년대의 현실을 풀어나간다. 그렇기 때문에 「봄·봄」을 아름다운 시골에서 청춘 남녀의 사랑 이야기라고 보는 관점도 있지만 소설 속 인물들의 눈치에 주목하면 그 당시의 소작민과 마름이라는 계층과의 갈등, 식민지 이데올로기, 제국주의와 같은 사회 현실이 선명하게 드러난다.

> 장인에게 닭 마리나 좀 보내지 않는다든가 애벌논 때 품을 좀 안 준다든가 하면 그해 가을에는 영락없이 땅이 뚝뚝 떨어진다. 그러면 미리부터 돈도 먹고 술도 먹이고 안달재신으로 돌아치던 놈이 그 땅을 슬쩍 돌라앉는다. 이 바람에 장인님집 외양간에는 눈깔 커다란 황소 한 놈이 절로 엉금엉

금 기어들고, 동리 사람들은 그 욕을 다 먹어가면서도 그래도 굽실굽실 하는 게 아닌가…….

(「봄·봄」, 『김유정 전집』 1, 216쪽)

마을 사람들은 장인에게 불만이 가득하다. 장인은 화가 나는 상황에서는 여지없이 손이 올라가거나 욕을 하기 일쑤기 때문에 별명이 '욕필이'일 정도이기 때문이다. 이때 '굽실굽실하다'라는 표현으로 마을 사람들이 욕을 먹어가면서도 장인에게 눈치를 보고 있음을 알 수 있는데 굽실거린다는 의미는 장인의 비위를 맞추면서 장인이 원하는 대로 행동한다는 것이다. 이는 장인이 마름이고, 마을 사람들이 소작인이라는 계급적 차이에서 오는 눈치로 식민지 지배의 현실 안에 있음을 시사한다.

식민지 지배 시대에서의 토지는 농민들에게 생존과 직결되는 문제였는데 이 당시에 토지의 생산 관계가 근대적으로 편성되는 시기[19]였고, 이러한 급격한 사회 변동은 토지를 중요한 생산 수단으로 생각했던 농민에게는 생계와 생존성의 문제로 다가올 수밖에 없었다. 또한 '토지조사사업'으로 인해 마름이나 지주의 토지 소유권을 강화하고 소작인의 권리를 인정하지 않으며 이를 부정하면서 소작인은 마름 혹은 지주가 가지고 있는 권력에 눈치를 보지 않고는 살 수 없는 상황이 된 것이다.

이러한 눈치는 「동백꽃」에서도 잘 드러난다. 「동백꽃」 역시 아름답고 감각적인 묘사가 두드러지는 소설로 낭만적이고 서정적인 향토를 표상

19 김형규, 「식민주의 질서와 농토의 상동성 혹은 거리」, 『한중인문학연구』 49, 한중인문학회, 2015, 38쪽.

하고 있다. 하지만 「동백꽃」에서도 「봄·봄」과 마찬가지로 소작인과 마름이라는 계층의 현실이 그 뒷면에 깔려 있다.

> 그리고 우리 어머니 아버지도 농사 때 양식이 달리면 점순네한테 가서 부지런히 꾸어다 먹으면서 인품 그런 집은 다시없으리라고 침이 마르도록 칭찬하곤 하는 것이다. 그러면서도 열일곱씩이나 된 것들이 수군수군하고 붙어 다니면 동리의 소문이 사납다고 주의를 시켜 준 것도 또 어머니였다. 왜냐하면 점순이라고 일을 저질렀다가는 점순네가 노할 것이고, 그러면 우리는 땅도 떨어지고 집도 내쫓기고 하지 않으면 안되는 까닭이었다.
>
> (「동백꽃」, 『김유정 전집』 1, 297쪽)

소작인 아들인 '나'의 어머니가 '나'에게 '점순이' 집의 인품을 침이 마르도록 칭찬을 하고 있지만 그와 반대로 '나'에게 '점순이'와 붙어 다니면 소문이 사납다고 하며 붙어 다니지 말라고 우회적으로 눈치를 준다. 이는 위의 「봄·봄」과 같이 '나'의 집은 땅을 빌려 농사를 짓는 소작인의 아들이고, '점순이'의 집은 땅을 빌려주는 마름이기 때문이다. 소작인은 마름에게 항상 굽실거리며 눈치를 봐야 하는 상황이고, 마름이 수틀리면 땅을 빌려주지 않을 것이며 내쫓길 것이 분명하기 때문이다.

이는 '점순이'가 '나'의 씨암탉을 붙들어 놓고 패주는 것을 본 후, '나'는 사지가 떨릴 정도로 화가 났지만 바로 대들지 못하고 먼저 '점순이'의 집에 누가 있는지 사방을 휘돌아 보며 눈치를 보는 장면, '나'와 '점순이'가 같이 있다가 점순이의 어머니가 '점순이'를 찾으러 오니 눈치를 보며

'나'가 엉금엉금 산 위로 냅다 달아나는 장면 역시 청춘 남녀의 사랑 싸움에서 비롯된 눈치로는 해석될 수 없다. 사회적인 계급으로 인해 '나'는 '점순이'에게 현실적인 거리감을 느껴 계속 눈치를 보게 되고 이로 인해 생기는 갈등은 점점 증폭될 수밖에 없는데 이러한 장면은 1930년대의 식민지 시대의 사회문화적인 맥락으로서 해석하지 않으면 제대로 이해할 수 없다.

이처럼 소설에서 나타난 눈치를 제대로 파악하고 이해하려고 할 때는 그 작품 속의 세계와 그 당시의 사회적인 상황, 제도 등의 사회문화적 맥락을 깊이 있게 이해하는 것이 중요하다. 사회문화적 맥락은 같은 사회를 살아가고 있는 제도, 계층, 시대 이념, 공동체의 가치 등을 포함하는 구성물이라고 할 수 있다. 그러므로 「봄·봄」과 「동백꽃」의 인물 간에 드러나는 눈치를 이해하기 위해서는 1930년대의 식민지 시대의 이데올로기, 계급 갈등 등에 대한 학습이 필요할 것이다.

4. 결론

눈치는 대인관계에 있어 중요한 역할을 하며 이러한 눈치를 파악하게 되면 의사소통 상황이나 맥락에 맞게 적절하게 행동할 수 있다. 눈치는 한 사회의 경험과 문화 등이 축적되어 반영되었다고 해도 과언이 아니므로 눈치의 기저에 깔려 있는 한국 문화를 알지 못하면 의사소통이 불가능하며, 더 나아가 상호 간의 관계가 악화되는 상황까지 갈 수 있다.

이에 이 글에서는 한국어 학습자의 의사소통을 원활하게 하는 데에 필수적인 눈치에 주목하여 김유정 소설 「봄·봄」과 「동백꽃」에서 어떻게 눈치가 나타나는지 살펴보았다. 두 작품을 맥락에 따라 살펴본 결과, 언어적인 맥락에서의 눈치는 고개를 좌우로 돌려 돌아보는 행위나 울타리를 치는 행위, 째려보는 행위 등 직접적인 언어로 표현하지 않고 비언어적 행위로 자신의 내심을 우회적으로 내비치고 있다. 또한 행위가 아닌 소리를 내어 발화할 때에도 자신의 의도와 반대되는 반어적 표현으로 전달하거나 그 안에 의미를 함축하여 우회적으로 표현하고 있음을 발견할 수 있다. 그리고 두 작품의 인물들은 크게 '마름-머슴/소작인'의 사회적 관계로 표현된다. 이 관계에서 보통 마름이 머슴에게 눈치를 주고 머슴과 소작인이 마름의 눈치를 보는 것이 통상적이라고 생각되나 인물 간의 관계에 따라 이 상황은 달라진다. 상황적 맥락에서 보면 마름의 집에 일할 사람이 없어 마름이 머슴의 눈치를 살피거나 두 사람의 관계에 구장이라는 다른 인물이 끼어들어 직설적으로 말하지 못하고 돌려서 눈치를 주는 상황 등 표면적 관계에서만 살펴보면 눈치를 제대로 파악할 수 없다. 즉, 작품 속에 드러나는 눈치는 관계의 상호작용을 통해 발생함을 알 수 있다. 이러한 눈치를 더 깊게 들여다보려면 작품 속에서 말하려고 하는 세계관이나 시대상을 이해하지 않으면 안 된다. 마을 사람들이 마름에게 뇌물을 주거나 항상 굽실거리며 눈치를 보는 장면, 소작인의 아들은 마름의 딸과 붙어 다니면 안 된다고 눈치를 주는 장면 등 1930년대 식민지 현실의 권력과 계급 안에서 나타날 수밖에 없는 눈치다. 이렇게 두 작품에서의 눈치는 1930년대의 사회적인 상황과 계층, 시대 이념 등

사회문화적인 현상과 긴밀하게 연결되어 있다.

이러한 작업은 한국어 학습자가 한국인의 문화를 이해하고 접근하는 데 도움을 주며, 더 나아가 한국어 학습자가 의사소통을 원활하게 할 수 있는 역할을 할 수 있다는 데에 의미가 있다고 본다. 다만, 이 글은 맥락에 따른 여러 내용 중에 특징적으로 나타나는 눈치만 다뤘다는 점에서 한계를 지니며 향후 소설 작품 이외에 다른 매체에서 눈치가 어떻게 드러나는지에 대한 보다 다양한 연구가 진행되어야 할 필요성을 느낀다.

참고문헌

기본자료

김숙현 외, 『한국인과 문화간 커뮤니케이션』, 커뮤니케이션북스, 2001.

김유정, 『김유정 전집』 1, 가람기획, 2003.

윤여탁 · 유영미 · 박은숙, 『한국어교육에서 한국문학 정전』, 하우, 2005.

임태섭, 『정, 체면, 연줄 그리고 한국인의 인간관계』, 한나래, 1995.

최상진, 『한국인의 심리학』, 학지사, 2011.

Spivey, N. N., 신헌재 외역, 『구성주의와 읽기 쓰기』, 박이정, 2004.

Firth, J. R., *Papers in linguistics*, Oxford University Press, 1957.

Halliday, M. A. K., *Language as social semiotic : The social interpretation of language and meaning*, Edward Arnold, 1978.

Halliday, M. A. K. & Hasan, R., *Language, context, and text : aspects of language in a social-semiotic perspective*, Oxford University Press, 1989.

논문

강현화, 「한국어교육에서의 문화교수 방향성에 대한 제언」, 『국제한국언어문화학회 학술대회』 2010-5, 국제한국언어문화학회, 2010.

김지연, 「韓國人 對話에 나타나는 體面威脅行爲 樣相에 관한 硏究」, 중앙대 박사논문, 2019.

김태자, 「간접 발화 행위의 양상과 구조」, 『이화어문논집』 13, 이화어문학회, 1994.

김형규, 「식민주의 질서와 농토의 상동성 혹은 거리」, 『한중인문학연구』 49, 한중인문학회, 2015.

박갑수, 「비언어 행동과 한국어교육」, 『국학연구론총』 8, 택민국학연구원, 2011.

신주철, 「한국어교육에서 문화교육으로서의 한국문학교육」, 『한국언어문화교육학회 워크숍』 2004-1, 한국언어문화교육학회, 2004.

정미강, 「영상콘텐츠에 나타난 한국인의 비언어 커뮤니케이션 연구」, 『영상문화콘텐츠연구』 4, 동국대 영상문화콘텐츠연구원, 2011.

오은엽, 「김유정의 「봄 · 봄」에 나타난 웃음문화와 외국인을 위한 문학교육」, 『한국문예비평연구』 41, 한국현대문예비평학회, 2013.

윤여탁, 「문학 작품을 활용한 한국어 문화교육 연구」, 『한국언어문화학』 10-2, 국제한국어문화학회, 2013.

최상진 · 최연희, 「눈치의 사회심리학적 구조」, 『심리학연구』 1989-1, 한국심리학회, 1989.

최상진 · 진승범, 「한국인의 눈치의 심리적 표상체계」, 『한국심리학회 학술대회 발표집』 1995-1, 한국심리학회, 1995.

허재홍 · 박원주 · 김승주, 「눈치개념 연구」, 『인문과학연구』 33, 강원대 인문과학연구소, 2012.

Malinowski, B., "Psycho-Analysis and Anthropology", *Nature* 112, 1923.

제3부 / 김유정 문학과 교육

문학교육에서 김유정 문학 읽기의 지평과 전망*

우신영

1. 들어가며

1) 문제제기

이 연구의 목적은 문학교육이 작가 김유정(1908~1937)을 어떤 방식으로 전유하고 있는지 확인하는 데 있다. 김유정 사후 80여 년이 흘렀고, 김유정의 작품 「동백꽃」이 5차 문학 교과서(1989)에 등장한 이래 꾸준히 교육정전의 위상을 지켜온 지도 30여 년이 되었으며, 그 결과 학습자에게 그나마 현대작가로 자리매김한 지도 상당한 시간이 지났다. 그에 대한 국문학적 연구담론을 통시적으로 고찰하는 작업은 1990년대 이미 이루어진 바 있다.[1] 문학교육 담론에서도 김유정의 작품이 교과서나 문학교실에 어

---

* 이 글은 한중인문학회의 학술지 『한중인문학연구』 64에 게재된 논문을 수정・보완한 것이다.

1 유인순, 『김유정문학 연구사』, 『강원문화연구』 15, 1996.

떤 영향을 끼쳤는지 분석된 바 있다.[2] 하지만 문학교육 현상 속에서 김유정이라는 작가가 어떻게 존재하고 있는지에 대한 입체적 접근은 드물다.

많은 연구자들이 김유정을 '좀 더 다층적으로 연구해야 할 작가'로 지목하는 것을 망설이지 않는다.[3] 김유정의 일부 작품들이 공고한 교육정전으로 자리 잡으면서 그의 작품세계가 몇 개의 키워드 안에서 이해되고, 그 결과 창의적인 해석사를 통해 누적되어가야 마땅할 의미 지평이 축소되는 경향이 뚜렷해졌기 때문이다. 김유정 문학에 대해 학습자들이 최초로, 그리고 아마도 최종적으로 떠올리는 핵심어는 '해학'과 '토속성'일 것이다.[4] 해학이 그토록 강조되는 데는 기존 문학사 기술의 영향이 압도적이다. 문학사가들은 김유정의 작품이 가난의 문제를 해학적 유머로 처리하고 있다는 데 대체로 동의한다.[5] 즉 문제성의 해학적 치환과 골계미의 추구가 김유정 문학의 핵심이라는 것이다. 1936년 이후 도시를 주공간으로 설정한 그의 소설들이 주목되지 않으면서 김유정 문학이 곧 향토문학으로 명명된 것 역시 이러한 경향성을 가중시켰다.[6]

---

2 정진석, 「소설교육에서 신빙성 없는 서술자의 수용에 대한 인지서사적 고찰－'동백꽃'의 예전화 양상을 중심으로」, 『국어교육』 154, 한국어교육학회, 2016; 김지혜, 「김유정 문학의 교과서 정전화(正典化) 연구－7차 교육과정과 2007년 교육과정을 중심으로」, 『현대문학이론연구』 51, 현대문학이론학회, 2012; 김동환, 「교과서 속의 이야기꾼, 김유정」, 김유정학회 편, 『김유정의 귀환』, 2012, 소명출판.

3 김명석, 「김유정 소설 교육과 새 교과서－'동백꽃'을 중심으로」, 『구보학보』 13, 구보학회, 2015, 207～232쪽; 김지혜, 앞의 글.

4 유인순, 『김유정을 찾아가는 길』, 솔과학, 2003, 5쪽.

5 김윤식 · 김현, 『한국문학사』, 민음사, 1973, 197～199쪽; 이재선, 『한국현대소설사』, 홍성사, 1979, 370～372쪽; 정한숙, 『현대한국문학사』, 고려대 출판부, 1982, 157～168쪽; 전광용 외, 『한국현대소설사연구』, 민음사, 1984, 318～333쪽; 조동일, 『한국문학통사』 5, 지식산업사, 1988, 447～451쪽.

6 김우종, 『한국현대소설사』, 선명문화사, 1974, 262～266쪽.

김유정 문학에 대한 교과서의 서술 역시 기존의 문학사 기술을 의식, 참조할 수 밖에 없는 터, 이에 더하여 한국문학의 특징과 전개를 중심으로 구성되는 문학 교과서의 특성에 '해학'은 각별히 맞춤한 개념일 수밖에 없다. '해학'이라는 키워드 안에서 김유정 문학을 다루게 되면, 김유정 문학은 '바보 사위담'과 같은 설화, 「흥부전」과 같은 고전소설, 성석제의 작품과 같은 현대소설들의 계보를 이어주는 일종의 연결고리 역할을 해주기 때문이다. 김유정 문학이라는 연결고리를 통해 한국문학이 지닌 독특한 멘탈리티와 바보 인물군人物群, 미적 범주로서의 골계미 등을 설명하고 그 연속성을 증빙하는 방식은 문학 교과서에서 오랜 기간 애용되어 왔다. 하지만 개념을 설명하기 위해 작품과 작가가 존재하는 구도는 언제나 해석상의 기회비용을 불러올 수밖에 없다. 이러한 개념들로부터 김유정 문학의 전모를 해방시켜주고 갱신시켜줄 전환점이 필요하다.

이 글은 현재 문학교육 담론과 교과서, 학습자가 김유정 문학으로부터 어떤 의미를 어떤 방식으로 왜 전유하고 있는지 점검하고자 한다. 그들이 김유정이라는 한 인물과 어떤 방식으로 접속하고 있는지 점검해보고, 전유의 방식이 놓치고 있는 부분은 없는지, 다른 접속의 코드는 없는지, 있다면 어떤 것들인지 검토해보고자 한다. 이는 김유정이라는 한 작가의 문학적 생을 확장시키는 작업이며 그의 작품이 열어둔 해석사의 깊이와 넓이를 갱신하는 과정이라는 점에 그 연구사적 의의가 있다.

2) 연구 대상 및 방법

분석 대상이 되는 자료는 다음의 세 계열로 나누어 검토하였다.

① 김유정의 문학교육적 의미나 교육 방법에 대한 학술소논문, 학위논문

② 김유정의 작품이 수록된 국어 교과서

③ 김유정의 작품 「봄 · 봄」에 대한 고등학생 독자군의 해석 텍스트

문학교육 담론이 김유정(문학)을 전유하는 방식을 검토하고 시사점을 도출하기 위하여 분석 대상을 선정하였다. 한국교육학술정보원이 제공하는 학술연구정보서비스(RISS)에서 '김유정' (and) '문학교육'이라는 키워드로 검색된 학위논문 99편과 국내학술지논문 26편 중, 김유정 문학을 교육적으로 의미화하고 그 방안을 모색하는 작업이 직접적으로 수행되는 논문을 선별하였다. 그 결과 김유정 문학에 대한 학술소논문 15편, 학위논문 44편이 선별되었다.

교과서가 김유정을 전유하는 방식을 검토하기 위하여 2018년부터 학교 현장에 유통되는 고등학교 국어교과서 속 김유정 문학의 양상을 분석하였다. 총 11종의 국어교과서 중 3권이 김유정의 소설 「봄 · 봄」을 전문 수록하고 있었다. 작가 소개의 양상과 수록 단원, 수록 단원의 학습목표, 학습활동의 수준과 범위 등을 분석하였다.

학습자가 김유정을 전유하는 방식을 분석하기 위해 고등학생 독자군의 해석텍스트 84편을 분석하였다. 논문과 해석텍스트의 경우 서술의 경향성을 포착하기 위해 빈출어휘를 워드클라우드 형태로 추출하는 방식을 택하였다. 분석도구software tool for analysis로는 NVivo11(2015.9.29)를 활용하였다.

2. 문학교육 담론은 김유정을 어떻게 전유하고 있는가

이 절에서는 김유정 문학에 대한 학술소논문 15편, 학위논문 44편에 대한 분석 결과와 그에 기반하여 도출된 시사점을 서술할 것이다. 학술 연구들의 경향성을 분석하기 위해 각 논문들의 제목과 핵심어, 초록을 집중적으로 분석하였다. 이는 각 논문들의 주제의식을 압축적으로 살펴보기 위함이었는데, 각 논문들의 제목, 핵심어, 초록을 각각 별도의 텍스트파일로 변환하여 부호화하였다. 가령 첫 번째 학술소논문의 제목은 RT1으로 부호화되고, 여섯 번째 학술소논문의 핵심어는 RT6이며, 열 번째 학술소논문의 초록은 RA10이다. 학위논문의 경우도 두 번째 학위논문의 제목은 TT2로 부호화되고, 스물일곱 번째 학위논문의 핵심어는 TK27이며, 마흔여섯 번째 학위논문의 초록은 TA46이다. 부호화된 텍스트들을 NVivo에 투입하고 Query 기능을 통해 빈출어휘를 추출하였다.

빈출 어휘 중 유의미한 단어를 빈도순으로 나열하면 〈표 1〉과 같다.

분석 결과 문학교육 연구논문들의 경우 교과서나 학습자와 관련된 김유정 연구가 많았으며 「동백꽃」의 성장소설적 측면에 착목한 연구나 한국어교육에의 활용에 주목하는 양상을 보였다. '교과서에'와 '교과서'라는 어휘의 초록 출현빈도를 합하면 84회에 달했으며, '학습자'와 '학습자'라는 어휘의 초록 출현빈도를 더하면 81회에 달한다. 교육정전으로서 김유정 문학의 의미와 그러한 의미를 학습자를 위해 실체화해 내는 작업에 주력하는 경향성을 확인할 수 있다. 학위논문의 경우 역시 「동백꽃」에 대한 접근이 다수였으며 '교과서', '교육과정', '학습자', '성장소

〈표 1〉 김유정 문학에 대한 문학교육 연구물의 제목, 핵심어, 초록 어휘 빈도 집계

제목 어휘 빈도	소논문	교과서(3)=동백꽃(3)〉문학교육(2)=한국어교육(2)=해학(2)
	학위논문	활용한(12)〉고등학교(7)=교과서(7)〉동백꽃(6)〉교육적(4)=성장소설(4)=중학교(4)〉교육과정(3)=국어교과서(3)=학습자(3)
핵심어 어휘 빈도	소논문	문학교육(3)〉교과서(2)=구어체(2)=동백꽃(2)=의사소통(2)
	학위논문	성장소설(5)〉동백꽃(3)〉교육과정(2)=교육적(2)=내면화(2)=소나기(2)=해학성(2)=협동학습(2)
초록 어휘 빈도	소논문	동백꽃(45)〉교과서에(44)〉학습자(43)〉교과서(40)〉성장소설의(39)〉학습자의(38)〉구체적인(31)=방안을(31)
	학위논문	교육적(49)〉학습자(41)〉교과서에(40)〉성장소설의(39)〉학습자의(35)〉교과서(30)=구체적인(30)=수록된(30)〉동백꽃(28)

설', '해학성' 등의 키워드가 두드러졌다.

김유정의 작품 중 「동백꽃」에 대한 논의가 다수를 차지한다는 점 역시 주목할 만하다. 후술하겠지만 교과서에서는 「봄 · 봄」의 수록을 선호하는 경향이 뚜렷하기 때문이다. 연구 담론이 김유정 문학의 성장소설적 성격이나 한국어교육 제재로서의 활용가능성에 주목하는 데 비해 교과서에서는 '해학' 개념을 설명하는 데 주력하기 때문으로 보인다. 교과서에서 '해학' 개념을 설명하기 위해서는 「봄 · 봄」 속 (예비)장서 간의 기형적 관계가 주는 우스꽝스러움을 강조하는 쪽이 용이하기 때문이다. 「동백꽃」에 내장된 성적 정동의 뉘앙스 역시 교과서로서는 부담스러울 수 있다. 하지만 연구담론들이 주목하는 성장소설의 성격을 부각시키기 위해서는 이 성적 정동이 더욱 중요하다. 소년이 성장하는 데 필요한 감정적, 신체적 전환이 「동백꽃」에서 이루어지기 때문이다.

「봄 · 봄」이나 「동백꽃」이 엄밀한 의미에서 성장소설이라 할 수 있는지는 새로운 논의의 장을 필요로 한다. 일반적으로 성장소설은 성인기

로 입문하는 자가 경험하는 갈등과 성장, 그리고 자신을 둘러싼 현실에 대한 각성을 골자로 하는 작품으로 정의된다.[7] 즉 한 인물이 시민 사회에 입문하며 한 명의 시민으로 재탄생하는 과정이 성장서사의 골자를 이룬다. 하지만 「봄・봄」이나 「동백꽃」에 그러한 사회와의 본격적 갈등이나 화해, 보편타당한 교양의 습득 과정은 표면화되지 않는다. '성장적 모티프를 포함한 소설'을 모두 성장소설로 볼 수 있다는 이완된 관점[8]도 있기는 하지만 그러한 관점에 입각할 경우 대부분의 현대소설이 성장소설로 이해될 수 있다. 「동백꽃」이 성적 개화의 일단을 보여주고 있기는 하지만 그것을 전인적 성장이나 시민적 자기인식의 과정으로 보기는 미흡하다.

분석대상이 된 15편의 학술소논문 중 1/3에 달하는 5편의 논문[9]이 한국어교육 제재로서 김유정 문학의 가능성을 탐구한다는 점은 흥미로운 현상이다. 이러한 일련의 논문들은 다음의 두 전제에 굳건히 터해 있다. 첫째, 해학은 한국 고유의 정서미학이자 표현 방식이다. 둘째, 김유정 문학을 통해 외국인 학습자에게 그것을 이해시킬 수 있다. 첫 번째 전제부

7 김윤정, 「김유정 소설의 정동 연구—연애, 결혼 모티프를 중심으로」, 『현대문학이론연구』 71, 현대문학이론학회, 2017, 114~115쪽; 한용환, 『소설학 사전』, 고려원, 1992, 241쪽.

8 최현주, 『한국 현대 성장소설의 세계』, 박이정, 2002.

9 변신원, 「문학 속에 드러난 민족문화의 자취와 외국인에 대한 문학 교육—김유정 소설의 해학적 웃음을 중심으로」, 『외국어로서의 한국어교육』 25-1, 연세대 언어연구교육원 한국어학당원, 2001; 오은엽, 「김유정의 '봄・봄'에 나타난 웃음문화와 외국인을 위한 문학교육」, 『한국문예비평연구』 41, 한국현대문예비평학회, 2013; 정이붕・김장선, 「문학 작품을 활용한 한국어교육 연구—김유정의 '봄・봄'을 중심으로」, 『겨레어문학』 58, 겨레어문학회, 2017; 조수진, 「한국어교육에서 '해학'의 정서 표현 교육 방안—김유정의 '동백꽃'을 중심으로」, 『한국문예비평연구』 56, 한국현대문예비평학회, 2017; 권경미, 「세계시민 양성을 위한 문학 교육 방법 연구」, 『한국문화연구』 26, 이화여대 한국문화연구원, 2014.

터 살펴보자. 해학이 한국 고유의 정서미학이자 표현 방식이라는 것이 논증 가능한, 나아가 교육 가능한 명제인가. 고정희[10]가 밝혔듯 문학 속의 특수한 정서를 곧장 민족정서로 보편화할 때 도그마적 민족주의로 귀결될 가능성이 높아진다. 한국적 정서의 실체가 모호하고 그것을 개념화하는 주체의 작업이 의도적이라는 혐의를 받을 수 있다. 즉 우리에게만 고유한 원형질의 무언가가 있다는 것 자체가 상상적이며, 그러한 상상은 공동체를 형성하기 위한 작업을 위해 요구될 때가 많다는 것이다.[11]

두 번째 전제는 어떠한가. 류종렬[12]은 2011년 당시 한국에서 유통되는 한국어 교재의 한국문학 수록 현황을 조사한 바 있는데, 현대소설의 경우 3개 교재 이상 수록된 작품은 3편에 불과하다. 김유정의 「봄・봄」(3회), 주요섭의 「사랑손님과 어머니」(4회), 황순원의 「소나기」(3회)가 그것이다.[13] 고려대 한국어문화교육센터 교재의 경우 아예 「봄・봄」 전문을 게재하고 있다. 그러나 아무리 고급 한국어학습자라 해도 김유정 소설에 등장하는 강원도 방언과 비속어들을 해독하기란 쉽지 않을 것으로 예상할 수 있다.

윤여탁[14]에서는 한국어 문화교육을 위한 문학 제재를 선정하면서 초・중급 학습자에게는 장르 규칙이 덜 엄격한 기행문을, 중・고급 학습자에

10 고정희, 「고전시가와 민족정서 교육―1920년대 시조 및 민요 재발견의 공과를 바탕으로」, 『고전문학과 교육』 22, 한국고전문학교육학회, 2011.

11 김종철, 「민족 정서와 문학교육」, 『문학교육학』 6, 한국문학교육학회, 2000, 123쪽.

12 류종렬, 「한국어 교재의 한국문학 텍스트 수록 현황과 방향」, 『제27회 한중인문학회 국제학술대회 자료집』, 한중인문학회, 2011.

13 위의 글, 355쪽.

14 윤여탁, 「문학 작품을 활용한 한국어 문화교육 연구」, 『한국어문화학』 10-2, 국제한국언어문화학회, 2013.

게는 한국의 동시대적 특성을 잘 반영한 시와 소설을 선택하고 있다.[15] 맥케이McKay는 EFL/ESL 수업의 텍스트 선정 조건으로 어학적(어휘, 구문, 문체), 문화적, 문학적(구조, 성격) 용이성을 꼽는다.[16] 따라서 한국어교육에서 문학 제재를 활용할 때는 해당 제재가 한국어교육을 위해 가질 수 있는 언어적, 문화적, 교육적 적합성과 용이성을 두루 살펴야 한다. 이러한 조건에 비추어 보았을 때 과연 김유정의 「봄·봄」이 한국어교육을 위해 가장 효과적인지 논의해볼 필요가 있다.

3. 교과서는 김유정을 어떻게 전유하고 있는가

이 글에서는 김유정의 작품을 수록한 국어 교과서에 대한 분석 결과와 그에 기반하여 도출된 시사점을 서술할 것이다. 2018년부터 유통되기 시작한 국어교과서 11종을 수합하여 검토한 결과 동아(고), 지학사(이), 해냄에듀(정) 등 3종의 교과서에 김유정의 작품이 수록되어 있었으며, 작품은 모두 「봄·봄」 전문으로 동일하였다. 현행 교과서의 체제를 고려하여, 단원 및 학습목표/제재 수록 양상/작가 소개/학습활동 등을 분석하였다. 분석 내용을 표로 정리하면 〈표 2〉와 같다.

분석 결과 11권의 국어 교과서 중 중 3권이 동일 단원, 동일 성취기준

15 위의 글, 158쪽.

16 Mckay, S., Literature in the ELS Classroom, *TESOL Quartely* 16-4, TESOL International Association, 1982, pp.531~532.

에 김유정의 작품 「봄 · 봄」을 배치하는, 흥미로운 현상이 포착되었다. 3종 모두 '문학의 갈래와 특성' 단원에 「봄 · 봄」을 배치하고 있었다. 이 단원과 관련되는 성취기준은 "[10국05-02] 갈래의 특성에 따른 형상화 방법을 중심으로 작품을 감상한다"이다.(국어과 교육과정, 2015) 「봄 · 봄」은 현행 국어과 교과서에서 서사(소설) '갈래'의 개념과 특징을 학습하기에 '적절한' 텍스트로서 일정 수준 합의를 얻어내고 있다고 볼 수 있다. 학습목표 역시 대동소이한데 주로 서사 갈래의 개념과 특징을 이해하는 목표와 작품의 구성 요소나 형상화 방식을 탐구하는 목표로 구성되어 있다.

학습활동 역시 유사하다. 동아(고)에서는 소설의 내용을 정리한 후 서사 갈래의 특징과 문학적 형상화 방법을 탐구하도록 한다. 나아가 소설의 내용과 형식의 유기적 관계를 탐구하고 설화 「코춘대길」과 「봄 · 봄」을 비교하도록 유도한다. 지학사(이) 역시 소설의 전개와 구성 특징을 파악하고 인물이나 표현상 특징 등을 분석한다. 다만 작품의 사회문화적 맥락을 도입한 4번 활동이 다소 이색적이다. "이 소설의 해학적 문체가 당시 농촌 사회의 현실을 진지하게 보여 주지 못했다는 평가도 있다. 이러한 평가와 관련하여 서로 의견을 나누어 보자"라는 활동을 통해 작품에 대한 맥락적 이해와 가치평가를 토론에 부치도록 하고 있다. 설화 「지귀」와 「봄 · 봄」을 비교하는 활동은 동아(고)와 유사하지만, 체크리스트로 서사 갈래에 대한 이해도를 자기 평가하도록 하는 점은 독특하다. 해냄에듀(정)의 경우 작품의 구성 요소를 성격, 갈등, 배경, 표현 등으로 쪼개어 나가는 식으로 활동을 구성하고 있으며, 마지막에 가상의 학습자

〈표 2〉 교과서별 소설 「봄 · 봄」의 수록 양상

출판사	동아(고)	지학사(이)	해냄에듀(정)
수록 작품	봄 · 봄	봄 · 봄	봄 · 봄
단원명	1. 문학의 갈래와 특성 (2) 봄 · 봄	1. 문학 속으로 (2) 소설과 서사	2. 문학의 여러 빛깔 (2) 봄 · 봄
소단원 학습목표	-서사 갈래의 특징과 문학적 형상화 방법을 이해한다. -소설의 구성 요소들이 작품 전체와 유기적 관계를 맺고 있음을 이해한다.	-서사 갈래의 개념과 특징을 안다. -형상화 방법을 중심으로 서사 문학 활동을 한다.	-서사 갈래의 개념과 특징을 이해하며 작품을 감상할 수 있다. -작품의 구성 요소를 중심으로 하여 서사 갈래의 형상화 방식을 이해할 수 있다.
수록 양상	전편	전편	전편
작가 소개 부분	김유정(1908~1937) 소설가. 1930년대 사회의 경제적 궁핍상과 삶의 애환을 특유의 해학과 반어적 기법을 통해 그려 냈다. 주요 작품으로는 「금 따는 콩밭」, 「봄 · 봄」, 「동백꽃」 등이 있다.	별도로 없음. 활동에 보기 자료로 제시. "이 작품에서 김유정은 강원도 산골 농민의 생활에 어울리는 토속적인 언어는 물론이고, 비어, 속어를 즐겨 구사하고 있다. 그런데 이는 저속한 느낌을 주거나 감정을 격하게 만들기는커녕, 능청스러운 익살과 해학을 통해 등장인물의 소박함과 진실성을 선명히 느끼게 해 준다. 또한 1인칭 시점에서 구어(口語)를 즐겨 사용하며, 의성어와 의태어를 자유자재로 구사하는 것도 다른 소설에서는 찾기 어려운 특징이다."	김유정(1908~1937) 소설가. 그의 작품들은 일관되게 당대 민중들에 관한 이야기를 다루고 있으면서도 대부분 해학의 정서를 담고 있다. 그의 해학은 고통스러운 삶 속에서 자유로워지고자 하는, 해학적 삶의 염원이 함축된 것이다. 주요 작품으로 「소낙비」, 「금 따는 콩밭」, 「만무방」, 「동백꽃」 등이 있다.
학습활동 비고	-소설 내용 정리 -서사 갈래의 특징과 문학적 형상화 방법 탐구 -소설의 내용과 형식의 유기적 관계 탐구 -설화 「코춘대길」과 「봄 · 봄」 비교	-소설의 전개 정리 및 구성상 특징 파악 -소설 속 인물의 성격과 인물 간 관계 파악 -표현상 특징 탐구 -작품의 사회문화적 맥락 이해 -설화 「지귀」와 「봄 · 봄」 비교 -서사 갈래를 잘 이해했는지 평가	-작품의 사건을 정리하고 소설의 구성상 특징 파악 -인물의 성격 파악 -인물의 갈등 파악 -배경의 역할 파악 -표현상 특징 파악 -시점을 바꾼 글과 서술상 특징 비교

글(원작의 시점 변환)과 「봄 · 봄」을 비교하도록 한 활동이 이채롭다.

「봄 · 봄」은 고등학생 학습자들이 독해하기에 '상대적으로' 흥미롭고, 교육정전으로서의 위상이 확고한 동시에, 전편을 수록할 수 있는 희귀한 소설이다. 「봄·봄」에 대한 교과서 집필진들의 애호는 합리적이고 수긍할 만한 것이다. 문제는 그러한 교과서 소설, 즉 「봄·봄」과 「동백꽃」 위주로 김유정 문학의 교육적 외연이 좁아들고 있다는 것이다. 김명석,[17] 김지혜[18] 등에 의해 교과서에서 김유정 작품 선정의 편중성이 지적된 바 있다. 「소낙비」나 「만무방」에 나타나는 날카로운 현실 인식과 기타 도시소설들의 존재감이 흐려지고, 학습자와 동년배 인물군이 등장하는 성장소설, 혹은 해학적 소설의 작가로 소모될 가능성이 농후해지기 때문이다.

작품의 편중성보다 더욱 위험한 것은 작가세계를 해석하는 어휘들, 즉 해석어휘의 편향성이다. 〈표 2〉에서 정리된 작가 소개만 보더라도 작가를 관통하는 핵심 키워드로 '해학'과 '토속성'이 부각된다. 해냄에듀(정)의 경우 길지 않은 작가 소개에서 '해학'이라는 어휘가 3번이나 등장하는 것도 이를 뒷받침한다. 문제는 그러한 해석어휘들이 실제 작품에 대한 학습자의 공감적, 비판적, 창의적 해석과 그 해석의 소통 과정에서 의미 있게 활용되지 못한다는 점에 있다. 김동환[19]이 우려했듯 강력하게 고정된 해석어휘들은 유연한 해석을 억제하고, 작품 수용을 "형해화된 지식의 차원"에서 멈추게 할 가능성이 높다.

한편 정진석[20]은 교과서가 보여주는 김유정 작품 선정 및 해석의 편향성이 오히려 교과서의 의도적 프레이밍이라고 주장한다. 교과서로서는

17 김명석, 앞의 글.
18 김지혜, 앞의 글.
19 김동환, 앞의 글.
20 정진석, 앞의 글.

성취 기준에 맞춤한 방향으로 작품해석의 프레임을 가동시킬 수밖에 없다는 것이다. 이 글은 특히 '신빙성 없는 서술자' 개념에 대한 일종의 예전例典으로서 동백꽃이 활용되고 있는 양상을 조명한다. 하지만 의문은 남는다. 왜 특정한 성취기준을 위해 「봄·봄」과 「동백꽃」만이 프레이밍의 대상이 되어야 하는가.

김동환[21]은 교과서 정전 형성의 출발점으로 1950~1960년대 대학교양국어 교재를 지목한다. 11종의 교재에 수록된 40여 편의 소설이 정전의 위상을 획득하게 되고, 이 소설들은 대체로 '저항'적 목적을 갖지 않는, 이른바 '순수문학'적 작품들이라는 것이다. 그리고 그 작품들 중 하나가 「동백꽃」이다. 이러한 원인에 더해 교과서가 학습독자들의 연령과 감정을 의식하면서 학습독자와 연령적 거리가 가까운 소년 인물들이 등장하는 「동백꽃」과 「봄·봄」을 선호하게 되었을 것으로 추론할 수 있다. '해학'이라는 비구체적인 민족정서나 '신빙성 없는 서술자'와 같은 난해한 개념을 학습하기 위한 쉽고 친근한 텍스트로서 그 위상이 공고해진 것이다.

물론 김유정의 교과서 수록 작품을 전면 교체하자고 주장하는 것은 아니다. 성취기준이 교과서의 체제와 서술을 장악하는 한 어떤 텍스트이든 경직된 방식으로 이해되는 것은 피하기 어렵다. 대신 「봄·봄」이나 「동백꽃」 속 '나'가 정말 어리숙한 것인지, 해학은 구체적으로 텍스트의 어떤 장소, 어떤 층위에서 빚어진 효과인지, 김유정의 다른 작품과 교과서 정전은 어떻게 상호텍스트적 관계를 맺는지 등을 질문할 공간을 남겨주

21 김동환, 앞의 글.

는 것만으로 해석의 자장은 역동적으로 변모할 수 있다. 김유정이 정말 1930년대 농촌을 해학적으로 대상화한 작가인지, 토속적 언어 사용의 목적이 등장인물의 진실성을 강화하기 위함인지, 해학의 정서란 대체 어떤 것이며, 작품의 어떤 층위에서 실체화되고 있는지 등을 질문할 수 있을 것이다. 이를 통해 김유정 문학에 붙어 있던 '농촌'과 '어수룩함', '해학' 등의 라벨을 유연화할 수 있는 가능성이 발생한다.

김유정의 작품은 성취 기준에 맞추어 특정한 프레임으로 초점화되어 온 경향이 강하다. 즉 갈래적 특징과 관련된 성취 기준에 배치될 때는 인물, 갈등, 사건, 서술자의 기능 위주로 정리되고, 문학사와 관련된 성취 기준에 배치되면 해학이 강조되며, 매체와 관련된 성취 기준에 배치되면 영상화된 작품 「봄 · 봄」과 원작 소설 「봄 · 봄」을 비교하는 데 치중한다. 이는 김유정 문학이 가진 자유롭고 능란한 운신의 폭을 보여준다는 점에서 긍정적이다.

하지만 그의 작품이 효용론적 가치 차원에서만 논의되는 것은 문제적이다. 따라서 학습자가 김유정의 문학세계를 보다 의미 있게 경험할 수 있는 구심점이 제공될 필요가 있다. 지금처럼 소략한 작가소개와 명제적 시대 맥락만으로는 섬세한 작품 해석에 도달하기 어려우므로 다각화된 시도들을 통해 해석의 발산을 꾀할 수 있는 활동들이 요구된다. 가령 김유정의 작품 「노다지」를 당대 수용맥락을 고려해서 금광계열 소설의 하나로 독해하면 박태원의 「소설가 구보씨의 일일」에 나타나는, 금광 현상에 대한 구보의 사유와 엮어 읽기가 가능하다. 이 경우 금광계열 소설에 대한 문학사적/문화사적 읽기가 시도될 수 있다. 당대에 대한 문화사적 사유로서 김유정 작품을 읽어내고 다른 작품과 상호텍스트적으로 접붙이는 작업이 가능하다.

또한 '해학'이라는 개념만 강조하기보다는 다른 해학적 소설과 김유정의 그것이 어떻게 같고도 다른지, 가령 대상을 형상화하는 성석제의 스타일과 김유정의 스타일을 어디에서 갈라지는지 파악할 필요가 있다. 즉 해학이나 토속성, 농촌소설 등과 같은 레테르가 작품의 결과 무관한 정보information로 주입되도록 하지 않고, 텍스트와 텍스트 사이를 유연하게 가로지르며 접합시키는 기능을 할 수 있도록 해야 한다.

4. 학습자는 김유정을 어떻게 전유하는가

이 장에서는 김유정의 작품 「봄 · 봄」에 대한 고등학교 학습독자의 해석텍스트 84편을 분석하였다. 이 텍스트들은 2014년 연구자의 박사학위논문 집필을 위해 수합되었던 것으로 실제로 논문에서 활용되지는 못했으나 고등학생 독자와 대학생 독자들의 해석 경향성과 그 패턴을 확인하는 데 유의미한 자료로 참조된 바 있다.

자료 수합 기간은 2014년 2월부터 2014년 7월까지였으며, 자료 수합 대상은 서울 소재 K고 2, 3학년 학습자와 인천 소재 K고 2, 3학년 학습자들이었다. 고등학생 독자군의 경우 표본의 속성이 고르게 분포하도록 보통학력 이상 85.6%로 중 정도의 국어과 성취도를 기록한 S시 소재 K 고등학교, 보통학력 이상 74.9%로 하 정도의 국어과 성취도를 기록한 I

〈그림 1〉 고등학생 독자군의 해석텍스트 빈출어휘 워드클라우드

시 소재 K고등학교에서 자료를 수합하였다. 당시 분석에서 각 텍스트마다 붙여졌던 부호를 여기서도 그대로 사용하였다. 예를 들어 「봄・봄-H3-I-M-163」의 경우 「봄・봄」에 대해 163번째로 수합된 인천 지역 고등학교 3학년 남학생의 해석텍스트를 의미한다. 해당 해석텍스트들을 대상으로 빈출어휘구름을 생성한 결과는 〈그림 1〉과 같다.

고등학생 독자군의 해석텍스트 빈출어휘 워드클라우드에서는 '일제강점기', '국민들이', '우리나라를', '우리나라', '우리나라가' 등 소설의 사회문화적 맥락과 관련된 언술이 많이 등장하는 경향을 보였다. '답답하고' 등 독자로서 작품 속 인물이나 상황에 대해 느꼈던 감정이 직설적으로 표현되기도 했다. 고등학생 해석텍스트들만이 지닌 개성과 새로운 경향성 역시 포착할 수 있었다. 평가와 무관했던 과제 맥락상, 학습독자들은 자신이 지닌 선관념이나 경험을 해석텍스트에 적극적으로 투입하거나 기존 해석에 대한 비판적 해석, 즉 일종의 반해석을 시도하려는 태도를 드러냈다.

그 결과 「봄 · 봄」의 새로운 의미주제로 '갑을 관계', '고용 문제', '비정규직', '자본주의' 등의 새로운 키워드들이 등장했다. 많은 해석텍스트들이 더 이상 「봄 · 봄」을 일제강점기 농촌의 토속적 풍경 속에 오가는 소년소녀의 '썸'으로 읽기보다는 「알바생 자르기」(장강명, 2015)의 1930년대 버전으로 독해해내고 있었다. 갑을 관계를 둘러싼 권력의 역학구도를 「봄 · 봄」 속에서 읽어내고 나아가 그러한 구도의 세상을 살아가야 할 한명의 을乙로서 자신의 삶을 고민하는 일군의 '새로운' 독자들이 나타났다. 이를 통해 「봄 · 봄」을 해학적 청소년 성장소설로 독해하려는 연구자들의 시선과 실제 학습독자들의 읽기 양상 사이에는 상당한 간극이 있음을 확인할 수 있었다. 강자 대 약자의 도식으로 「봄 · 봄」을 독해하는 대표적 사례로 다음 인용문들을 살펴보자.

> ① 장인어른은 현대사회에서의 강자, 있는 자이다. 하지만 욕심이 많고 자신의 욕심을 채우기 위해서는 남도 거리낌 없이 이용할 대로 이용한다. 그리고 장인어른에게 농락당하는 '나'는 자신이 장인어른 아래서 일하는 것이 불합리적이고 이상하다는 것을 느끼지만 계속 이용당하는 꼬라지를

보면 '나'는 약자, 없는 자이다. 약자로서 있는 자에게 불공평한 약속에 얽매여 어쩔 도리 없이 이용당하는 걸 보면 답답했고 이런 일이 현대사회에서도 나타난다는 점에서 안타깝다고 생각하였다. 또 점순이의 행동도 답답하고 간사하다고 느꼈다.(「봄봄—H2-S-F-114」)

② 이 이야기는 일제의 돈 많은 친일파놈들을 장인이라 하고 힘없는 사람을 데릴사위라고 생각하면 그 시대와 부자들을 동시에 비판하는 것이라고 생각한다.(「봄 · 봄—H3-I-M-163」)

인용문 ①은 장인어른을 강자, '나'를 약자로 규정한다. 그리고 그러한 갑을 관계의 기저에 불공평한 약속, 즉 '불공정거래'가 있음에 주목한다. ② 역시 힘 있는 자와 힘없는 자의 도식을 설정한다. 많은 학습독자들이 「봄 · 봄」에 드러나는 계약 및 관계의 불공정성에 대해 큰 분노를 표하는데, 이는 학습독자들의 세대적 특수성과도 관련이 깊다.[22] 표준국어대사전에 따르면 '불공정하다'는 표현은 '공평하고 올바르지 아니하다'는 사전적 의미를 갖는다. '해학성'이나 '향토성'의 키워드만큼이나 혹은 그 이상의 강도로 「봄 · 봄」에 대한 해석에서 지배적인 키워드가 불공정함Unfairness이라는 사실 자체도 놀랍거니와, 그 이유 역시 이전에는 심각하게 고려된 바가 없었다.

공정성에 대한 유례없이 강렬한 세대적 감수성은 학습독자로 하여금

22 안계한, 「청년세대의 공정성 인식이 무망감에 미치는 영향」, 한국상담대 석사논문, 2018.

「봄 · 봄」을 일종의 노동소설로 독해하도록 유도한다. 불공정성에 대한 분노가 강한 나머지 일부 해석텍스트는 불공정한 계약, 나아가 불공정한 사회를 살아가기 위한 개인적 교훈을 도출하는 데 주력하기도 한다.

> ③ 이 소설의 작가는 이러한 사회의 모습을 미련한 사위의 모습으로 드러내어 지배계층의 행태를 풍자하고 우리들에게 이런 식으로 이용당하며 사는 게 아닌 자신의 권리를 지키면서 살아가라는 메세지를 남긴 거라고 나는 생각한다. 나는 절대로 호구 같은 사위처럼 이용당하는 삶을 살지는 않겠지만 이 소설을 통해 계약은 절대 애매하지 않게 정확히 맺어야 한다는 걸 다시금 깨우치게 되어 만족하고 있다.(「봄 · 봄—H3-I-M-262」)

> ④ 나는 이 책을 읽고 '멍청하면 당하고 산다'라는 생각이 들었다. 왜 이런 생각을 했냐면 주인공 '나'는 계속 부림을 당하다가 불만이 쌓였을 때 장인어른이 조만간 결혼을 시켜준다는 말을 하면 다시 아무 말 없이 부림을 당하는 모습을 보고 생각이 들었다. 근데 내가 살면서 가장 와닿았던 것도 '멍청하면 당하고 산다'이다.(「봄 · 봄—H3-I-M-193」)

「봄 · 봄」의 데릴사위처럼 이용당하지 않고 계약관계를 확실히 해야겠다는 현실적 깨달음이 이 소설을 얻은 뒤 ③의 독자가 얻은 큰 소득이다. 작가의 창작 의도가 피지배계층에게 자신의 권리를 수호하라는 메시지를 전달하는 것이라고 독자는 판단한다. 자신이 파악한 창작의도에 부합하는 방식으로 해석적 결론을 정리한다. 즉 자신은 "절대로 호구"처럼 살지 않을 것이며 "계약은 절대 애매하지 않"고 정확하게 맺을 것이라는 다짐이다. ④의 경우 역시 이 소설을 통해 "멍청하면 당하고" 살 수 밖에 없다는 각박한 삶의 진실을 깨우쳤다고 토로한다. 학습독자들은 공정성만큼이나 젠더 문제, 인권 문제 등에 대한 민감성 역시 해석에 적극적으로 투입한다. 그러다보니 새로운 방식의 인물 해석이 이루어지기도 한다.

> ⑤ 심지어 주인공과 점순이의 나이 차는 12살 띠동갑인데, 양심도 없다고 생각한다.(「봄·봄－H2-S-F-132」)

> ⑥ '나'는 지금으로 말하자면, 원조교제인 거 같다. 아직 십대인 점순이를 데리고 빨리 결혼을 하는 것을 보면 도둑놈 같다. 제가 보수적이긴 하지만, 점순이는 아직 어린아이이니까, 점순이의 아버지 장인이 '아직 점순이는 키가 너무 작아서 안돼'라고 말하는 것 같다.(「봄·봄－H2-S-F-131」)

⑤의 경우 주인공과 점순이의 나이 차를 문제 삼는다. 「봄·봄」 원문에서는 '나'와 주인공의 나이 차가 열 살로 처리되어 있다. 그런데 ⑤의 해석텍스트를 쓴 독자는 무의식적으로 이들의 나이차를 '띠동갑'으로 과장한다. 열 살 차이든, 열두 살 차이든 이 독자의 가치관이나 도덕적 감각으로는 수용하기 어렵다. ⑥ 역시 마찬가지다. 점순이의 나이(16세)는 독자가 살아가고 있는 시대 맥락에서는 도저히 결혼을 시도할 만한 나이가 못된다. 그런 까닭에 이 독자는 작품의 생산 맥락과 수용 맥락의 시간 및 문화 차이를 일소해버리고, "원조교제"를 시도하는 인물로 주인공을

매도해버린다.

이러한 독자들의 읽기 방식이 지닌 문제점은 명확하다. 텍스트의 목소리를 경청하는 과정은 짧거나 얕은 대신 자신의 관심interest은 극대화되고 있기 때문이다. 좋은 독서가 수반하게 마련인 자아의 일시적 몰각 단계가 누락되고, 바로 현실적 메시지를 도출한다는 점 역시 문제적이다. 텍스트와의 유효충돌을 이루지 못하고 텍스트 경험 이전과 이후의 변화를 경험하지 못했다는 점에서 '텍스트 이해를 통한 자기 이해'라는 문학 해석의 본질에 육박하지 못한 상태라 볼 수 있다고 비판하는 것도 가능하다. 하지만 '강자 VS 약자'의 프레임을 통한 「봄·봄」 해석을 시도한 모든 독자들이 개인적 처세법이나 교훈만 획득하고 해석을 종료하는 것은 아니다. 상당수의 독자들이 그러한 프레임을 독자 자신의 수용 맥락으로 옮겨오는 작업까지 시도한다.

> ⑦ 나는 이 봄·봄이라는 소설의 '나'를 보고 노동자들 특히 외국인 노동자들이 생각났다. 이 점에서 나는 노동자들 특히 외국인 노동자들이 돈을 벌기 위해 이 나라로 와서 고용주에게 돈을 받는다고 약속하고 일을 하지만 고용주는 다음 주겠다고 계속 미룬다. 실제로 못 배우거나 외국에서 와 잘 모르는 노동자들을 상대로 일을 시키고 문구점에서나 파는 장난감 돈을 준다고 한다. 또 봄·봄에서 장인이 '나'에게 일을 하지 않으면 징역을 간다고 협박을 하는 부분도 외국인 노동자들이 고용주에게 불법체류로 신고한다는 협박을 받는 것과 유사하다고 생각한다.(「봄·봄―H3-I-M-201」)

⑧ 이 글은 고전소설이지만 실생활에서는 불법체류 중인 외국인 노동자를 무임금으로 사용하는 악덕 고용주와 비슷하다고 느꼈다.(「봄・봄—H3-I-M-257」)

⑨ 농경 중심의 시골을 배경으로 쓰여지긴 했으나 이 소설에서 일어나는 사건들이 왜인지 낯설지가 않고 마음에 와닿는다. 멀리서는 외국인 노동자들이나 섬노예 같은 사람들, 가까이에서는 우리 부모님이 이렇게 힘들게 일을 하면서도 차마 쉽게 그만두지 못하고 일하는 모습을 볼 수 있기 때문이다.(「봄・봄—H3-I-M-262」)

⑦의 경우 「봄・봄」 속 '나'를 현실 속 외국인 노동자들에 대입한다. 이들에게 노동의 대가를 약속하고도 지키지 않는 고용주에 다시 작품 속 '장인'이 대입된다. 징역을 갈 수도 있다고 하는 장인의 협박은 불법체류자로 신고하겠다는 고용주들의 목소리와 동일시된다. ⑧과 ⑨ 역시 외국인 노동자나 섬 노예 등에 '나'를 겹쳐 읽으며 노동력을 착취당하는 약자의 모습에서 슬픔을, 강자의 뻔뻔함에서 분노를 체험한다. ⑨의 경우 힘든 노동으로 삶을 이어가는 부모님의 모습을 작품에 오버랩 하기도 한다. 작품 속 장인은 마름으로, 전형적인 자본가나 고용주와는 그 성격을 달리한다. 지주(배참봉댁)의 대리인으로서 마름 봉필이 지닌 권력은 소작농들에게나 유효할 뿐, 장인이 '나'를 '마름으로서' 착취하는 것은 아니기 때문이다. 이들 사이에는 그냥 '벼 잘되면 너 장가들지 않니' 식의 느슨한 구두 계약만이 존재할 뿐이다. 하지만 독자들은 '나'에 대한 봉필의 행태를

현대사회의 고용주들이 갖는 갑(甲)의 권력으로 얼른 치환한다.

⑩ 이런 장인의 행동이 마치 요즘 사회의 악덕고용주와 같은 것인데, 이 장인은 성격도 더러워서 막 때리고 욕을 해대면서 일만 시키니 만약 내가 그 상황에 처했을 때면 나는 뛰쳐나왔을 것이다.(「봄・봄—H3-I-M-167」)

⑪ 여기서 데릴사위와 장인의 모습으로 노동력의 부당한 착취를 비판하고 있다. 이 비판은 과거 일제 강점기의 안에서 생각해 본다면 일본이 한국의 노동력을 부당하게 착취하는 모습을 연상할 수 있다. 또한 이 모습은 현대사회에서도 보여지며 현대사회에서 바라본다면 직원에게 돈을 제대로 지급하지 않고 부당하게 노동력을 착취하는 악덕업주들을 생각해 볼 수 있다. 노동력 착취의 모습은 각각의 시대, 각각의 공간에 따라 조금씩 다르지만 계속 발생하고 있다.(「봄・봄—H3-I-M-166」)

⑫ 이런 장인어른의 교활함과 양심 없는 행동에 계속 당하고 있던 '나'는 결국 화를 참지 못하고 구장을 찾아갔지만 구장은 힘이 없는 '나'가 아닌 장인어른의 편을 들어주었다. 구장의 이러한 모습은 우리나라 현실에서도 많이 보이는 모습 같아 안타까웠다.(「봄・봄—H2-S-F-112」)

⑬ 나이가 찬 딸의 키가 자라지 않는다고 계속 성례를 미루고 있는 장인의 모습에서 착취자의 사악함과 악랄함이 느껴졌다. 문득 우리나라의 정치인들의 모습이 생각났다. 어쩌면 이렇게 똑같을 수 있을까? 연일 보도되는

> 온갖 부패, 비리 사건에 연루된 고위 관료, 정치가들의 이름만 들어도 그들의 뻔뻔함에 화가 나지 않을 수 없다. 정말 지금과 과거의 가진 자들의 모습이 이렇게 똑같을 수 있는 걸까? 한숨이 나온다.(「봄 · 봄—U-K-F-44」)

⑩과 ⑪은 장인의 행동을 악덕업주의 그것으로 파악하고, ⑫는 그러한 악덕업주의 편을 들어주는 구장의 모습에서 속악한 현실을 본다. ⑬에 이르면 이제 독자의 현실 인식은 정치적인 데까지 나아간다. 착취자인 장인의 모습에서 이 독자는 뉴스를 뒤덮고 있는 정치인들의 작태를 발견한다. 현실 정치에 대한 분노가 앞선 나머지 작중인물 '봉필'과 현실 속 관료들 사이의 차이점이 섬세하게 독해되지는 못한다. 지금 이 독자에게 더 중요한 것은 "화가 나"고 "한숨이 나온다"는 것일 뿐이다. 정말 봉필이 '가진 자'이기는 한 것인지, 장인의 행위와 정치인의 행위 사이에 상동관계가 성립할 수 있는지 등이 좀 더 질문되어야 한다는 것은 물론이다.

이러한 해석의 경향성들을 (그 단순성은 인정하되) 학습자의 해석능력 결핍으로 보기보다는, 학습자만이 수행할 수 있는 해석의 자산資産으로 파악할 수는 없을까. 학습자들은 전문독자들이 쉽게 접근할 수 없는 그들만의 사회 · 문화적 레퍼토리와 텍스트 경험을 보유하고 있다. 사회 · 문화적 모델에서는 텍스트 생산과 수용에 관여하는 사회 · 문화적 이데올로기를 강조한다. 특히 독자가 특정한 위치에서 사회 · 문화적 실천과 경험으로 획득한 지식을 설명하기 위해 레퍼토리 개념을 설정한다. 문학독서에 영향을 미치는 자원 중 문학적 레퍼토리 역시 큰 비중을 차지한다.[23] 이처럼 학습자들이 갖고 있는 사회·문화적 레퍼토리의 위상을 인정하고 이를 해석의 자원으로 승인한다면, 학습자들은 창의적 해석자로서 자신만의 독특하고 고유한 해석을 생산하는 경험을 할 수 있다. 일부 독자들은 좀 더 나아가 현실에 대한 성찰과 과제 발견까지 수행한다.

⑭ 평소 부당한 손해는 인정 못하는 나로서 소설을 읽는 동안에 정말 답답했고 소설에 나온 것처럼 병신 같았다. 이런 단순하고 우둔한 소설 속 '나'를 보니 우리나라 국민들이 생각났다. (…중략…) 이런 사회가 계속되니 결국 최근에는 세월호 사건과 같은 큰 사건이 터지고 마는 것이다. 이제는 대한민국 국민들이 더이상 '나'처럼 우둔하고 멍청한 인물이 아닌 정반대인 국민들이 됐으면 소망한다. 이런 생각을 항상 하고 있어서 나는 나 뿐만 아니라 내 주변에서 부당한 대우나 불이익을 받는 걸 참지 못하고 맞서는 거 같다.(「봄·봄-H3-I-M-177」)

⑮ 우리나라 현재의 현실에서, 사회적 약자, 또는 외국인들에게 일어나는 일도 이런 경우의 일이 많을 거라고 생각한다. 예를 들어 지식이 없고, 할 줄 아는 것이 몸으로 일하는 것 밖에 모르는 불법 체류 외국인들에게 밥도 제대로 주지 않고, 하루 종일 일년 내내 공장에 가두어 일시키는 그런 사건이 요즘 많이 발생한다. 그런 종류의 사건들과도 비슷하게 생각해볼 수 있을 것 같다. 우리 모두 이런 종류의 소설을 읽고 현재의 문제점과 혹시 자신

23 최인자, 「문학 독서의 사회·문화적 모델과 '맥락' 중심 문학교육의 원리」, 『문학교육학』 25, 한국문학교육학회, 2008, 435쪽.

이 이렇게 행동하고 있지는 않은지, 누가 당하고 있지는 않은지 이 작품을 읽고, 우리들도 더더욱 생각을 많이 해보아야 할 것이다. 그리고 이런 역사 의식 속에서 우리가 지켜나가야 할 것들이 많다고 생각한다. 그것이 우리 국민들의 숙제이다.(「봄 · 봄-H3-I-M-171」)

⑭의 경우 독자 자신이 부당함을 견디지 못하는 인물임을 선언하며 소설 속 '나'에 대한 답답함을 표현한다. '나'의 단순함과 우둔함 속에서 동시대인들의 모습을 본다. 과거로부터 학습하지 못하는 인간, 불의를 관용해버리는 국민들에 대한 미움을 표출하는 것이다. 해석텍스트는 해석의 대상을 텍스트에 국한시키지 않고, 현실 맥락을 곧장 겨냥한다. 정치인의 실명이 직접 거론되고 '우둔'함이 초래한 국가적 재난이 언급된다. 독자는 국민들이 「봄 · 봄」의 '나'가 아닌, 그 반대의 모습을 보여주기를 "소망"한다고 말한다. 그러한 "소망"을 품고 있기에 자신은 언제나 부당함에 저항하는 태도를 견지하게 된다는 말도 덧붙인다.

⑮ 역시 우리가 살아가는 세계의 어느 한 장소에서는 '나'와 같이 고통받는 약자가 있지는 않을지 민감하게 느끼고 사유해야 한다고 주장한다. 타인의 고통에 대한 민감한 감수성은 단순한 도덕적 당부 정도가 아니라 "국민들의 숙제"로 부상된다. ⑭와 ⑮는 일견 작품 해석이라기보다는 사회 해석, 혹은 독자 자신에 대한 해석처럼 보인다. 하지만 소설은 '있는 사회'의 모습을 통해 '있어야 할 사회'의 모습을 고민하게 만드는 장르라는 점에서, 그리고 모든 해석은 궁극적으로 자신에 대한 해석이라는 점에서, 이 해석텍스트들은 소설 해석의 한 속성을 단적으로 예시해주는

것도 사실이다.

민재원[24]은 끊임없는 문제의 제기가 곧 문학 활동의 본질이라 주장하며 '(개인적/공동체적) 문제제기 중심 교수학습', 일명 PPL(problem presenting learning)을 제안한다.[25] 이때 문제는 일반적인 문제중심학습(PBL : problem-based learning) 식의, 그러니까 얼른 해결되기를 기다리는 그런 간명한 형태의 문제가 아니다. 이때 문제는 오직 제기되기 위해서만 존재하는, 그런 성격의 문제에 가깝다. 위에서 분석된 독자들의 해석텍스트는 「봄·봄」이라는 문학이 열어준 '문제'의 장場에서 나름의 개인적/공동체적 문제제기를 능란하게 수행하고 있다. 문학교육 담론이 힘주어 강조하던 해석정전의 갱신 역시 이미 선취하고 있다.

이 장에서 수행된 고등학생 독자들의 해석 텍스트 분석 결과 김유정 문학에 대한 해석은 계속해서 새롭게 씌어지고 있음을 확인할 수 있었다. 연구담론이나 교과서보다 더욱 발 빠르게 학습자들에 의해 김유정 문학에 대한 해석정전은 이미 갱신되고 있으며, 전유에 의한 의미망의 확장 역시 활발함을 알 수 있었다. 이제는 문학교육 담론이 이러한 학습자들의 전유 양상과 그 의미에 시선을 줄 시점이다.

---

24 민재원, 「문제제기 중심의 현대시 교수·학습 모형 제안을 위한 이론적 검토」, 『국어문학』 67, 국어문학회, 2018.

25 위의 글, 349~355쪽.

참고문헌

기본자료

강가영, 「고등학교 문학 교과서 수록 성장소설에 나타난 통과제의 양상과 학습자 수용」, 단국대 석사논문, 2013.

강남희, 「국어교과서 소설작품의 주제와 가치관 연구—제6차 교육과정 고등학교 교과서를 중심으로」, 『이화교육논총』 9, 이화여대 교육대학원, 1998.

권경미, 「비판적 문학교육의 교수학습 과정 연구」, 이화여대 석사논문, 2006.

______, 「세계시민 양성을 위한 문학교육 방법 연구」, 『한국문화연구』 26, 이화여대 한국문화연구원, 2014.

김경은, 「각색하기 활동을 통한 희곡 지도 방안 연구」, 이화여대 석사논문, 2005.

김경현, 「구조분석과 모티프를 통한 독서 지도 방안 연구—「산골 나그네」와 「날개」를 중심으로」, 경기대 석사논문, 2017.

김대일, 「초점화를 활용한 소설의 시점 교육 방법 연구」, 한국외대 석사논문, 2017.

김동환, 「교과서 속의 이야기꾼, 김유정」, 김유정학회 편, 『김유정의 귀환』, 2012, 소명출판.

김명미, 「김유정과 성석제 문학에 나타난 해학의 문학 교육적 가치—'봄·봄', '동백꽃'과 '조동관 약전', '황만근은 이렇게 말했다'를 중심으로」, 동국대 석사논문, 2013.

김명석, 「김유정 소설 교육과 새 교과서—'동백꽃'을 중심으로」, 『구보학보』 13, 구보학회, 2015.

김 실, 「김유정 도시 소설의 교육적 가치」, 동국대 석사논문, 2012.

김연희, 「학습자 중심의 소설 지도 방안 연구—김유정의 '봄·봄'을 중심으로」, 경희대 석사논문, 2012.

김정애, 「문학 교육 방법론 연구—김유정 소설을 중심으로」, 건양대 석사논문, 2003.

김정자, 「문학작품을 활용한 한국어교육 연구」, 인하대 박사논문, 2014.

김지원, 「문학작품수용과 내면화에 대한 교수·학습 연구—7차 교육과정 중·고등학교 국어 교과서 수록된 성장소설 중심으로」, 연세대 석사논문, 2008.

김지혜, 「김유정 문학의 교과서 정전화(正典化) 연구—7차 교육과정과 2007년 교육과정을 중심으로」, 『현대문학이론연구』 51, 현대문학이론학회, 2012.

김진숙, 「지역발전을 위한 지역문학관 활성화 정책연구」, 중앙대 석사논문, 2012.
김효정, 「2009 개정 교육과정 중학교 국어 교과서의 현대 소설 학습 활동 연구—'수난이대', '동백꽃'을 중심으로」, 서울시립대 석사논문.
김효진, 「소년 인물의 성장 모티프를 활용한 소설 교육 연구」, 연세대 석사논문, 2011.
노귀남, 「김유정 문학세계의 이해」, 『새국어교육』 50-1, 한국국어교육학회, 1993.
류해리, 「중학교 국어교과서 학습활동 분석—7학년 개정교과서에 수록된 성장소설 단원을 중심으로」, 전남대 석사논문, 2012.
박경주, 「문화 교육으로서의 소설 지도 연구—'전형성'을 중심으로」, 숙명여대 석사논문, 2004.
박기범, 「구어체 소설의 문학교육적 가치」, 『문학교육학』 51, 한국문학교육학회, 2016.
박숙옥, 「김유정 소설에 나타난 현실 인식과 문학 교육」, 부경대 석사논문, 2004.
박일명, 「축제의식을 활용한 서사의 풍자성 교육」, 이화여대 석사논문, 2011.
박지현, 「협동학습을 통한 소설 교육 방안 연구—김유정의 '동백꽃'을 중심으로」, 국민대 석사논문, 2005.
박지훈, 「지역 문학관 답사를 활용한 문학 교수—학습 방안」, 동국대 석사논문, 2013.
백현주, 「'非/半언어적 표현'과 소설 교육 방법 연구—'봄·봄'을 중심으로」, 성신여대 석사논문, 2003.
변신원, 「문학 속에 드러난 민족문화의 자취와 외국인에 대한 문학 교육—김유정 소설의 해학적 웃음을 중심으로」, 『외국어로서의 한국어교육』 25-1, 연세대 언어연구교육원 한국어학당원, 2001.
서영란, 「현대소설을 통한 논리적 사고력 지도 연구」, 숙명여대 석사논문, 2003.
송가현, 「고등학교 '문학' 과목의 맥락 교육 연구—교과서 구현 양상을 중심으로」, 이화여대 석사논문, 2018.
시링링, 「해학미의 소설 교육적 의미와 방법 연구—김유정 문학을 중심으로」, 수원대 석사논문, 2016.
신난숙, 「金裕貞 연구—현실 인식 및 해학성을 중심으로 文學 교육적 고찰」, 아주대 석사논문, 2003.
양일동, 「김유정 문학 교육연구—자기결정성이론에 입각한 JigsawIII 협동학습 모형을 중심으로」, 연세대 석사논문, 2009.

오문희, 「SIOP 모델을 활용한 한국어문학교육 방안 연구－학문 목적 한국어 학습자를 대상으로」, 경기대 석사논문, 2017.

오은엽, 「김유정의 '봄·봄'에 나타난 웃음문화와 외국인을 위한 문학교육」, 『한국문예비평연구』 41, 한국현대문예비평학회, 2013.

왕명수, 「현대소설을 활용한 한국문학교육 방안 연구－김유정의 '동백꽃'을 중심으로」, 부산외대 석사논문, 2017.

유미숙, 「성장소설 연구－중학교 교과서 중심으로」, 아주대 석사논문, 2007.

유지민, 「성장소설 연구－7차 중.고등학교 국어 교과서 중심으로」, 동아대 석사논문, 2008.

윤서영, 「서사 만화를 활용한 소설 읽기 능력 신장 방안」, 한국교원대 석사논문, 2010.

윤수진, 「김유정 소설지도 연구」, 숙명여대 석사논문, 1999.

이선미, 「영상 매체를 활용한 소설 교육 방안 연구－김유정 소설 '봄·봄'을 중심으로」, 한양대 석사논문, 2011.

이슬기, 「소집단 협동학습을 통한 소설 교수법 연구－김유정의 「동백꽃」을 중심으로」, 아주대 석사논문, 2010.

임현민, 「김유정 소설 텍스트의 국어교육적 활용에 관한 연구－고등학교 '국어' 교과서를 중심으로」, 국민대 석사논문, 2015.

장수정, 「「봄·봄」의 해학적 특성과 교수방법」, 아주대 석사논문, 2008.

장윤의, 「학습자 활동 중심의 국어과 소설 지도 방안 연구－10학년 국어 교과서를 중심으로」, 이화여대 석사논문, 2004.

전수연, 「2009 개정 국어교과서 학습활동 연구－10 학년 현대소설 단원을 중심으로」, 성신여자대 석사논문, 2011.

전은주, 「고등학교 국어 교과서 수록 소설의 현황에 관한 연구－2007 개정 교육과정 국어 교과서에 수록된 현대 소설을 중심으로」, 고려대 석사논문, 2012.

정이붕·김장선, 「문학 작품을 활용한 한국어교육 연구－김유정의 '봄·봄'을 중심으로」, 『겨레어문학』 58, 겨레어문학회, 2017.

정재림·이남호, 「'거리'를 활용한 소설감상교육－김유정 소설 감상을 중심으로」, 『우리문학연구』 42, 우리문학회, 2014.

정주영, 「스토리텔링을 활용한 소설 교육－김유정의 '동백꽃'을 중심으로」, 상명대 석사논문, 2013.

정진석, 「소설교육에서 신빙성 없는 서술자의 수용에 대한 인지서사적 고찰—'동백꽃'의 예전화 양상을 중심으로」, 『국어교육』 154, 한국어교육학회, 2016.
정호웅, 「전상국의 장편 『유정의 사랑』 과 '김유정 평전'」, 『구보학보』 12, 구보학회, 2015.
조수진, 「한국어교육에서 '해학'의 정서 표현 교육 방안—김유정의 '동백꽃'을 중심으로」, 『한국문예비평연구』 56, 한국현대문예비평학회, 2017.
조우임, 「중학교 국어교과서 수록 성장소설의 적절성 연구」, 중앙대 석사논문, 2014.
진선호, 「作中人物을 中心으로한 效率的인 小說讀解 指導方法 硏究」, 전남대 석사논문, 1987.
최선영・차봉준, 「김유정의 문학작품과 독서토론 교육의 의의」, 『교양교육연구』 10-1, 한국교양교육학회, 2016.
최정은, 「비평적 읽기 교육 방법 연구」, 숙명여대 석사논문, 2011.
한정화, 「고등학교 교과서의 문학사 단원 구성 연구—문학사적 연속성을 고려한 단원 구성을 중심으로」, 서강대 석사논문, 2013.

논문 및 단행본

Mckay, S., Literature in the ELS Classroom, *TESOL Quartely* 16-4, TESOL International Association, 1982.
고정희, 「고전시가와 민족정서 교육—1920년대 시조 및 민요 재발견의 공과를 바탕으로」, 『고전문학과 교육』 22, 한국고전문학교육학회, 2011.
고형진・김찬기・김유범, 『고등학교 국어』, 동아출판, 2018.
김우종, 『한국현대소설사』, 선명문화사, 1974.
김윤식・김현, 『한국문학사』, 민음사, 1973.
김윤정, 「김유정 소설의 정동 연구—연애, 결혼 모티프를 중심으로」, 『현대문학이론연구』 71, 현대문학이론학회, 2017.
김종철, 「민족 정서와 문학교육」, 『문학교육학』 6, 한국문학교육학회, 2000.
류종렬, 「한국어 교재의 한국문학 텍스트 수록 현황과 방향」, 『제27회 한중인문학회 국제학술대회 자료집』, 한중인문학회, 2011.
민재원, 「문제제기 중심의 현대시 교수・학습 모형 제안을 위한 이론적 검토」, 『국어문학』 67, 국어문학회, 2018.

안계한, 「청년세대의 공정성 인식이 무망감에 미치는 영향」, 한국상담대학원대 석사논문, 2018.

우신영, 「현대소설 해석교육 연구－독자군별 해석텍스트의 분석을 중심으로」, 서울대 박사논문, 2015.

유인순, 『김유정문학 연구사』, 『강원문화연구』 15, 1996.

______, 『김유정을 찾아가는 길』, 솔과학, 2003.

윤여탁, 「문학 작품을 활용한 한국어 문화교육 연구」, 『한국어문화학』 10-2, 국제한국언어문화학회, 2013.

이삼형・김창원・정재찬 외, 『고등학교 국어』, 지학사, 2018.

이재선, 『한국현대소설사』, 홍성사, 1979.

전광용 외, 『한국현대소설사연구』, 민음사, 1984.

정민・노철・강석준 외, 『고등학교 국어』, 해냄에듀, 2018.

정한숙, 『현대한국문학사』, 고려대 출판부, 1982,

조동일, 『한국문학통사』 5, 지식산업사, 1988.

최인자, 「문학 독서의 사회・문화적 모델과 '맥락' 중심 문학교육의 원리」, 『문학교육학』 25, 한국문학교육학회, 2008.

최현주, 『한국 현대 성장소설의 세계』, 박이정, 2002.

한용환, 『소설학 사전』, 고려원, 1992.

김유정 도시소설의 교육적 가능성 고찰*

홍인영

1. 들어가며

김유정은 총 31편의 소설을 남긴 것으로 알려져 있다. 이 중에서 소설의 배경을 기준으로 나누었을 때 절반(15편)은 도시를 다룬 소설이다.[1] 김유정은 1933년 「산골 나그네」, 「총각과 맹꽁이」 이상의 두 편을 발표한 뒤 1년을 쉬고 1935년부터 본격적으로 작품을 내기 시작했으나 1937년 이른 나이로 요절하여 문학 활동의 기간이 길지 않다. 그러나 짧은 기간 생산된 삼십여 편의 단편소설에 대한 연구의 양은 상당한 편이다. 작가론

* 이 글은『우리말글』81(우리말글학회, 2019.6)에 게재된「김유정 도시소설의 교육적 가능성 고찰」을 재수록한 것이다.

1 이 글에서 도시소설로 본 작품은「심청」,「봄과 따라지」,「두꺼비」,「봄밤」,「이런 음악회」,「야앵」,「옥토끼」,「생의 반려」,「정조」,「슬픈이야기」,「따라지」,「땡볕」,「연기」,「형」,「애기」이다.

과 작품론에 이어서 교육적 제재로서의 측면, 문화콘텐츠와 관련된 연구 등이 이루어지고 있다.[2]

그동안 김유정 소설에 대한 논의는 농촌소설이 중심이 되어 왔다. 김유정을 향토성이 짙은 작가로 자리매김하고, 1930년대 농촌의 현실을 개성 있는 문체로 담아낸 점을 높이 평가한 것이다. 가난의 문제를 객관적으로 그리되 이를 독특한 소설언어의 문체로 나타내고 해학적으로 처리한다는 의견[3]이 그 예이다. 이처럼 김유정의 작품에 대해서는 농촌, 향토성, 빈궁, 전통 등을 중심으로 하여 해학미, 아이러니적 구성법 등을 강조하는 연구가 주를 이룬다. 반면에 농촌소설과 비슷한 수효로 존재하

2 손광식, 「유랑과 정착의 관계 형성과 현실인식의 문제-김유정론」, 『반교어문연구』 6, 반교어문학회, 1995, 207~255쪽; 김종호, 「1930년대 농촌소설의 농민의식 반영 양상-김유정론」, 『비평문학』 24, 한국비평문학회, 2006, 105~130쪽; 김종호, 「'전이(轉移)'를 통한 소설 인물의 변모 양상-김유정론」, 『비평문학』 25, 한국비평문학회, 2007, 179~204쪽; 유인순, 「김유정의 우울증」, 『현대소설연구』 35, 한국현대소설학회, 2007, 121~138쪽; 김세령, 「1950년대 김유정론 연구」, 『현대문학이론연구』 49, 현대문학이론학회, 2012, 5~32쪽; 홍래성, 「반(反)자본주의를 위한 사랑의 형상화-김유정론」, 『한민족문화연구』 56, 한민족문화학회, 2016, 131~172쪽; 김종호, 「김유정의 고백소설 연구」, 『인문학연구』 18, 경희대 인문학연구원, 2010, 151~171쪽; 이덕화, 「김유정의 "위대한 사랑"과 글쓰기를 통한 삶의 향유」, 『한국문예비평연구』 43, 한국현대문예비평학회, 2014, 203~226쪽; 김미영, 「병상(病床)의 문학, 김유정 소설에 형상화된 육체적 존재로서의 인간」, 『인문논총』 71-4, 서울대 인문학연구원, 2014, 45~79쪽; 이민희, 「김유정의 자전(自傳) 소설 「두꺼비」와 「生의 伴侶」 연구-한문소설 『절화기담(折花奇談)』과의 비교를 중심으로」, 『어문학보』 35, 강원대 국어교육과, 2015, 3~39쪽; 서동수, 「김유정 문학의 유토피아 공동체와 크로포트킨의 상호부조론」, 『스토리&이미지텔링』 9, 건국대 스토리앤이미지텔링연구소, 2015, 101~125쪽; 이현주, 「김유정 농촌소설에 나타난 "향토" 표상」, 『시학과 언어학』 31, 시학과언어학회, 2015, 173~206쪽; 김예리, 「김유정 문학의 웃음과 사랑」, 『한국예술연구』 14, 한예종 한국예술연구소, 2016, 211~231쪽; 이상진, 「문화콘텐츠 '김유정', 다시 이야기하기」, 『현대소설연구』 48, 한국현대소설학회, 2011, 429~458쪽; 양세라, 「김유정 소설과 비서술적 음악의 꼴라쥬, 〈김유정 봄·봄〉-오태석 극작법 연구」, 『드라마연구』 40, 한국드라마학회, 2013, 81~113쪽; 김종회, 「김유정 소설의 문화산업적 활용 방안 고찰」, 『비평문학』 62, 한국비평문학회, 2016, 59~76쪽. 이상의 연구를 예로 들 수 있으며 여기에서 언급하지 않은 연구들도 많은 양이 제출되어 있다. 또한 교육 제재로 김유정의 작품을 다룬 연구에 대해서는 2장에서 다루었다.

3 유인순, 『김유정을 찾아가는 길』, 솔과학, 2003, 87쪽.

는 도시소설에 대해서는 주목이 적었던 것이 사실이다. 이는 농촌소설에 비해 도시를 배경으로 한 소설들이 소품에 가깝다는 점, 그리고 도시소설을 논의하고자 할 때 공통적으로 도출해낼 만한 특징이 잘 보이지 않는다는 점[4] 등에서 연유한다.

그러나 실제 김유정이 생활한 기간은 농촌보다 도시가 길며 따라서 그의 작품세계에 도시생활이 미친 영향은 작지 않다. 또한 한국문학의 전통적 특질로 일컬어지는 토속성을 제외하고도 1930년대에 경험한 근대에 대한 감각 등은 주목할 가치가 충분하다. 먼저 전기적 사실을 보면 김유정은 강원도 춘천 실레에서 출생 후 어려서부터 서울과 춘천을 오가면서 생활했다. 1931년부터 3년간 춘천에서 머문 것을 제외하면 대부분의 생애를 경성에서 보냈으며 특히 많은 작품이 쓰인 시기인 29세 전후에는 서울에서 지냈다. 김유정이 남긴 자료를 보면 그가 영화와 레코드를 감상하고 제임스 조이스 등을 읽는 등[5] 근대 문명을 접했던 사실을 알 수 있다. 또한 1935년 구인회에 가입하여 문학적 영향을 받음으로써 김유정은 이전까지 주력했던 농촌 소재의 소설쓰기에서 전환하여 사소설의 경향을 드러내는 등 새로운 문학의 흐름에도 적극적으로 관여했던 것으로 보인다. 구인회의 기관지인 『詩와 小說』에 박녹주에 대한 구애 과정을 그린 자전적 소설 「두꺼비」를 실은 것 등을 통해 알 수 있다.[6] 자기 자신

4 박상준, 「반전과 통찰－김유정 도시 배경 소설의 비의」, 『현대문학의 연구』 53, 한국문학연구학회, 2014, 10쪽.

5 권채린, 「김유정 소설의 도시 체험과 환등상적 양상」, 『현대소설연구』 47, 한국현대소설학회, 2011, 46쪽.

6 노지승, 「맹목과 위장, 김유정 소설에 나타난 자기(self)의 텍스트화 양상」, 『현대소설연구』 54, 한국현대소설학회, 2013, 118쪽.

을 이야기로 표현하기 시작한 것은 이후에 창작된 도시소설에서도 공통적으로 발견되는 양상이다.

이와 같은 생애사적 사실과 더불어 김유정에게 도시는 농촌과 대립하여 이분법으로 나뉘는 공간이 아니었으며 봉건주의 사회에서 근대 자본주의 사회로 이행하는 과정에 놓인 생존의 공간[7]이라는 점에서 농촌과 도시가 서로 영향을 받는 것으로 인식되었다. 이는 그의 소설에서 이농민이 서울에 정착하는 과정, 그 안에서 마주하는 도시의 이중성, 그리고 농촌, 도시 할 것 없이 추구하는 자본에 대한 욕망 등으로 나타난다. 이러한 도시소설의 특징을 파악함으로써 김유정의 문학세계를 보다 폭넓게 조망하고 그의 작품을 깊이 이해할 수 있을 것이다. 최근에는 이와 같이 김유정 문학을 도시, 근대, 자본주의 등의 관점에서 바라보는 연구가 늘어나고 있다.[8]

이 글은 김유정 도시소설의 가치를 문학교육의 측면에 집중해서 바라보고자 한다. 문학교육에서 김유정 작품은 「봄·봄」과 「동백꽃」을 위시하여 대표적인 교과서 정전으로 자리 잡고 있다. 이들 작품은 시점 및 서술자 개념의 학습, 문학사적 의의를 지닌 작품의 경험, 작가의 독특한 문체 파악 등의 성취기준을 위한 유용한 제재로서 오랜 시간 사랑받아왔다. 그러나 특정 몇 작품에 한정된 문학교육에서 벗어나 새로운 제재 발굴의

7 정현숙, 「김유정 소설과 서울」, 『현대소설연구』 53, 한국현대소설학회, 2013, 330쪽.
8 최원식, 「김유정을 다시 읽자」, 『한국근대문학을 찾아서』, 인하대 출판부, 1999; 이익성, 「김유정 '도시소설'의 근대성」, 『한국현대문학연구』 24, 한국현대문학회, 2008, 137~166쪽; 김영택·최종순, 「김유정 소설의 근대적 특성」, 『비교한국학』 16-2, 국제비교한국학회, 2008, 95~117쪽; 김화경, 「김유정문학의 근대자본주의 경험과 재현양상」, 김유정학회 편, 『김유정의 귀환』, 소명출판, 2012.

측면에서 김유정의 도시소설이 새로운 시각을 제공할 수 있다고 보았으며 문학교육을 통해 달성하고자 하는 목적에 폭넓게 접근하기 위한 디딤돌이 될 수 있다고 본다. 이에 따라 2절에서는 그동안 문학교육의 영역에서 이루어진 김유정 작품에 대한 논의와 활용을 검토하고, 3절에서는 김유정의 도시소설 중 몇 작품을 예로 들어 인물 교육, 시점 교육, 사회 · 문화적 맥락의 교육 측면에서 교육적 가능성을 살펴보겠다.

2. 문학교육의 제재로서 김유정 작품

문학교육에서 김유정과 그의 작품에 대한 논의는 국어교육 연구와 한국어교육 연구로 나누어서 살펴볼 수 있다. 국어교육의 영역에서는 교과서를 중심으로 정전화된 김유정 문학에 대한 연구와 해학성 및 구어체적 특징의 교육적 의미 연구, 그리고 김유정의 작품을 통한 소설의 소통구도에서 '거리'의 교육, 독서토론 교육, 측은지심의 함양을 논의한 논문들이 있다.

등단 당시 농촌소설로 주목을 받았던 김유정의 작품은 1938년 조광사에서 출판된 문학전집에부터 수록되기 시작했으며, 1950년대 '대학교양국어' 교재에 실리면서 정전으로 자리 잡았다고 한다. 그리고 6차 고등국어 국정교과서에 「동백꽃」이, 이후 7차 고등국어에 「봄 · 봄」이 실리면서, 이 두 작품이 김유정의 대표작이 되었다. 문학 활동의 수용과 창작 능력을 강조하는 7차 교육과정, '매체'가 부각되는 2007년 개정 교육과정을 거치면서, 교과서 내에서 김유정 문학이 더욱 다각도로 수용되고 있다. 피폐한 농촌의 현실을 시대적 배경 속에서 다룬 「만무방」과 「금 따는 콩밭」 등이 교과서 제재로 채택된 것에서 알 수 있다.[9]

이후 2009 개정 교육과정 중학교 국어 교과서에 실린 「동백꽃」을 대상으로 학습 목표와 제재 수록 양상, 학습활동의 문제점 등을 비교 분석한 연구[10]가 뒤를 이었다. 「동백꽃」은 중학교 국어 교과서 9종과 고등학교 문학 교과서 1종에 수록되면서 서술자(말하는 이)의 특성 파악이라는 단일한 학습목표를 위한 제재로 활용되었다. 해당 논문에서는 김유정 소설의 해학적 문체나 판소리 전통의 계승, 풍부한 방언의 사용 등에 대해서는 다루지 않는 점을 비판하였다.

다음으로 구어체 소설의 문학교육적 가치를 다룬 박기범[11]에서는 김유정 소설이 토속어, 방언, 육담, 비속어를 적극적으로 활용한 점에 주목하였다. 일제 지배하에서 기획된 언어와 문화의 말살 정책에 맞서는 방안으로 지역의 방언과 문화를 끌어들임으로써 의성어, 의태어, 부사어, 동사 등을 동원한 고유어를 통해 이야기의 전통을 이어간 점, 그리고 서술자가 순박하고 어리석은 인물의 어투를 빌려 씀으로써 인물, 서술자, 독자 사이의 결속을 강화하여 결과적으로 식민지 근대화에 맞서는 나름대로의 미학적 대응을 실천한 점을 높이 평가하고 있다.

송재익[12]에서는 해학성을 중심으로 「떡」, 「아내」, 「봄·봄」, 「동백꽃」

9 김지혜, 「김유정 문학의 교과서 정전화(正典化) 연구—7차 교육과정과 2007년 교육과정을 중심으로」, 『현대문학이론연구』 51, 현대문학이론학회, 2012.
10 김명석, 「김유정 소설 교육과 새 교과서—동백꽃을 중심으로」, 『구보학보』 13, 구보학회, 2015.
11 박기범, 「구어체 소설의 문학교육적 가치」, 『문학교육학』 51, 한국문학교육학회, 2016.
12 송재익, 「김유정 소설의 이면 읽기와 소설교육—해학성을 중심으로」, 『한국어문교육』 26,

에서 웃음이 어떻게 구현되는지 분석하고 웃음의 이면에 현실의 아픔과 슬픔이 내재한다는 사실을 강조했다. 이를 교수·학습 상황에 적용하여 학습독자가 '암시된 저자'의 의도를 추론하며 능동적인 자세로 웃음의 이면을 읽어내야 한다고 말한다.

김유정 소설의 교육적 활용에 대한 논문으로는 세 편의 연구물이 있는데 먼저 정재림·이남호[13]는 작가와 독자, 작가와 서술자 사이의 관계, 즉 거리에서 비롯되는 효과로서 김유정 문학의 해학과 풍자를 이해하고 거리를 중심으로 한 소설감상교육을 제안하였다. 「봄·봄」, 「만무방」, 「소낙비」를 활용하여 서술자와 대상의 거리, 내포작가와 서술자의 일치, 내포작가의 견해에 대한 내포독자의 공감 등 의사소통의 각 주체와 그 관계에 대한 파악을 논의하였다. 최선영·차봉준[14]은 「봄·봄」과 「만무방」을 다룬 대학에서의 독서 토론 수업 사례를 분석하여 김유정 소설이 지니는 교육적 가치를 입증하였다. 그리고 임경순[15]에서는 문학의 본질인 인간다운 삶을 중심으로 김유정 소설이 담고 있는 타자의 문제가 독자로 하여금 측은지심을 불러일으켜 고통 받는 약자를 이해하게 한다는 의의를 말하였다.

이상의 연구들은 김유정의 소설이 국어교육의 장에서 어떤 위치를 차

고려대 한국어문교육연구소, 2018.

13 정재림·이남호, 「'거리'를 활용한 소설감상교육 – 김유정 소설 감상을 중심으로」, 『우리문학연구』 42, 우리문학회, 2014.

14 최선영·차봉준, 「김유정의 문학작품과 독서토론 교육의 의의」, 『교양교육연구』 10-1, 한국교양교육학회, 2016, 485~506쪽.

15 임경순, 「독서 교육의 한 방향 : 측은지심의 함양 – 김유정 소설을 중심으로」, 『한중인문학회 국제학술대회』 2018(6), 한중인문학회, 2018.

지하고 있는지 면밀하게 분석하고 현실의 교육 장면에서 적용 가능한 실질적인 교육안을 제시했다는 의의가 있지만 연구 대상은 여전히 농촌소설 중심의 교과서 수록 작품 몇몇에 한정되어 있어, 김유정의 작품세계를 새로운 각도에서 살펴 교육의 가능성을 탐색하는 일이 필요하다.

국어교육 학계의 이와 같은 논의의 흐름과 더불어 학습독자가 교과서에서 마주하는 작가 소개 역시 김유정을 농촌소설 작가로 다루는 것이 일반적이다.

> 소설가. 일제 강점기의 토속적인 인간상을 따뜻한 시선과 해학적 문체로 그려 내었다. 「봄・봄」, 「동백꽃」, 「만무방」 등의 작품이 있다.[16]

> 소설가. 주로 농촌을 배경으로 한 해학적이고 인간미 넘치는 작품을 발표했다. 주요 작품으로는 「동백꽃」, 「만무방」, 「금 따는 콩밭」 등이 있다.[17]

> 소설가. 농촌의 실상을 해학적으로 표현한 작품을 주로 썼습니다. 주요 작품에 「봄・봄」, 「금 따는 콩밭」, 「만무방」 등이 있습니다.[18]

> 소설가. 탁월한 언어 감각을 바탕으로 농촌을 배경으로 한 향토성과 해학성이 담긴 작품들을 주로 썼다. 주요 작품으로 「봄・봄」, 「만무방」 등이 있다.[19]

---

16 이삼형 외, 『고등학교 국어』, 지학사, 2018, 25쪽.
17 류수열 외, 『고등학교 국어』, 금성출판사, 2018, 31쪽.
18 박영목 외, 『중학교 국어』, 천재교육, 2018, 36쪽.
19 류수열 외, 『중학교 국어』, 금성출판사, 2018, 26쪽.

강원도 춘천 출생이다. 농촌을 배경으로 하여 인간의 소박한 모습을 해학적으로 그려 낸 작품들을 발표했다. 주요 작품으로 「봄・봄」, 「금 따는 콩밭」 등이 있다.[20]

김유정의 작품세계에 대해 '토속적인 인간상', '주로 농촌을 배경으로 한 해학적이고 인간미 넘치는 작품', '농촌의 실상을 해학적으로 표현한 작품' 등으로 말하고 있으며, 언급한 작품은 「봄・봄」, 「동백꽃」, 「만무방」, 「금 따는 콩밭」을 벗어나지 않는다. 물론 이와 같은 설명은 교과서에서 학습하는 작품과 직접적인 연관을 가지며 소설가 김유정을 나타내는 대표적인 수식어라는 점에서 크게 무리가 되지는 않는다. 그러나 그의 창작 소설 중 절반이 도시소설이며 도시를 배경으로 한 소설에서도 김유정이 지니는 특장점이 있다는 측면에서 학습자에게 좀더 폭넓은 시각을 제공할 필요가 있다.

한편 한국어교육의 영역에서 김유정 소설은 주로 한국의 민족적 정서를 해학적 웃음으로 설명하거나[21] 사랑, 계급 등의 보편적인 문화 요소를 담고 있어 세계시민교육의 자료로 기능한다는 점[22]을 중심으로 다루어지며, 구체적인 작품을 통해 소설 읽기의 전, 중, 후 단계에서 할 수 있

20 노미숙 외, 『중학교 국어』, 천재교육, 2018, 40쪽.

21 변신원, 「문학 속에 드러난 민족문화의 자취와 외국인에 대한 문학 교육 – 김유정 소설의 해학적 웃음을 중심으로」, 『외국어로서의 한국어교육』 25-1, 연세대 한국어학당, 2001; 오은엽, 「김유정의 봄・봄에 나타난 웃음문화와 외국인을 위한 문학교육」, 『한국문예비평연구』 41, 한국현대문예비평학회, 2013.

22 권경미, 「세계시민 양성을 위한 문학교육 방법 연구」, 『한국문화연구』 26, 이화여대 한국문화연구원, 2014.

는 교육활동을 제시하는 연구들[23]이 있다. 이상의 연구에서도 「봄 · 봄」과 「동백꽃」이 주된 제재로 쓰이는데 이는 전통적 한국문화를 강조하는 한국어교육 상황에서 자연스러운 현상이라고 하겠다. 다만 한국 문화의 다양한 양태를 경험하게 하려면 한국어교육에서도 도시소설의 활용이 필요하다.

지금까지 선행연구 검토를 통해 문학교육에서 김유정의 작품이 농촌소설 몇 편에 한정되어서 다루어지는 점을 확인하였으며, 3장에서는 도시소설에 주목하여 교육적 가능성을 모색할 것이다.

3. 김유정 도시소설의 교육적 가능성

1) 효과적인 심리 묘사를 통한 인물 교육

김유정 도시소설의 첫 번째 교육적 가능성은 인물 교육의 제재로서 의미 있다는 점이다. 관련 성취기준으로는 "[10국05-01] 문학 작품은 구성 요소들과 전체가 유기적 관계를 맺고 있는 구조물임을 이해하고 문학 활동을 한다",[24] "[12문학02-01] 문학 작품은 내용과 형식이 긴밀하게 연관되어 이루어짐을 이해하고 작품을 감상한다"[25]를 들 수 있다. 김유

23 정이봉 · 김장선, 「문학 작품을 활용한 한국어교육 연구-김유정의 「봄 · 봄」을 중심으로」, 『겨레어문학』 58, 겨레어문학회, 2017; 조수진, 「한국어교육에서 '해학'의 정서 표현 교육 방안-김유정의 「동백꽃」을 중심으로」, 『한국문예비평연구』 56, 한국현대문예비평학회, 2017.

24 교육부, 『국어과 교육과정』(교육부 고시 제2015-74호 [별책 5]), 2015, 66쪽.

25 위의 책, 125쪽.

정 소설의 인물 교육적 의의는 인물의 내면심리를 잘 드러낸다는 특징으로 구체화된다.

내면심리의 표현은 우선 도시소설에 나오는 인물들이 대부분 도시로 밀려들어온 하층민이라는 점과 관련된다. 도시라는 생활공간을 자의로 선택하지 못한 인물들은 도시의 주변부에 머물면서 자신의 고유한 목소리를 내지 못한다. 이러한 설정은 구체적인 배경의 묘사보다는 인물의 심리에 집중[26]하는 서술을 통해 성격 및 인물 간의 관계를 드러내고 도시 빈민들의 삶의 모습을 실감나게 그려내는 것으로 이어진다.

「심청」을 통해 살펴보겠다. 이 작품은 룸펜인 인물이 종로로 가는 길에 본 거지에 대한 느낌이 중심이 되는 소설이다. 제목인 '심청心-'은 '마음보'를 뜻하는 말로 소설의 '그'는 "매캐한 방구석에서 혼자 복을만치 볶다가 열벙거지가 벌컥 오르면 종로로 튀어나오는" 버릇을 지닌, 다시 말해 '심청이 곱지못한' 성미를 지녔다.

> 그가 어실렁어실렁 종로로 나오니 그의 양식인 불평은 한두가지가 아니었다. 자연은 마음의 거울이다. 온체 심뽀가 이뻔새고 보니 눈에 띠는 것마다 모다 아니꼽고 구역이 날 지경이다. 허나 무엇보다도 그의 비위를 상해주는건 첫재 거지였다.
>
> 대도시를 건설한다는 명목으로 웅장한 건축이 날로 늘어가고 한편에서는 낡은 단칭집은 수리좇아 허락지 않는다. 서울의 면목을 위하야 얼른 개과천

26 권은, 「식민지 도시 경성과 김유정의 언어감각」, 『인문과학연구』 38, 성신여대 인문과학연구소, 2018, 68쪽.

선하고 훌륭한 양옥이 되라는 말이었다. 게다 각상점을 보라. 객들에게 미관을 주기 위하야 서루 시새워 별의별짓을 다해가며 어떠한 노력도 물질도 아끼지 않는 모양같다. 마는 기름때가 짜르르한 헌 누데기를 두르고 거지가 이런 상점앞에 떡 버티고서서 나리! 돈한푼 주-, 하고 어줍대는 그꼴이라니 누이시도록 짜증 가관이다. (…중략…) 거지를 청결하라. 땅바닥의 쇠똥말똥만 칠게 아니라 문화생활의 장애물인 거지를 먼저 치우라. 천당으로 보내든, 산채로 묶어 한강에띠우든…… (…중략…)

"왜 이럽소, 나리! 한푼 주세요."

그는 속으로 피익, 하고 선웃음이 터진다. 허기진 놈 보고 설렁탕을 사달라는게 옳겟지 자기보고 돈을 내랄적엔 요놈은 거지중에도 제일 액수 사나운 놈일게다. (…중략…)

그는 고개만을 모루 돌리어 거지를 흘겨보다가

"이 꼴을 보아라!"

그리고 시선을 안으로 접어 꾀죄죄한 자기의 두루마기를 한번 쭈욱 훑어보였다. 하니까 요놈도 속을 채렸는지 됨됨이 저렇고야, 하는듯싶어 저도 좀 노려보드니 제출물에 떠러저 나간다.[27]

'그'의 비위를 상하게 하는 것은 대도시의 웅장한 건축 아래에 '기름때가 짜르르한 헌 누데기를 두'른 거지이다. 그런데 이 거지를 경멸하다시피하는 그는 거지와 차별화된 지위에 있어서 그런다기보다는 거지가

---

27 전신재 편, 『원본 김유정 전집』, 강, 2012, 180~182쪽. 이하에서 인용하는 김유정 작품의 출처는 쪽수만 표기하겠음.

보기에도 '됨됨이 저렇고야'라며 '제출물에 떠러저 나'갈 만큼 행색이 별볼일 없다. 즉 '그'는 거지가 크게 탐을 낼 만한 위치에서 거지에게 거리를 두는 것이 아니라 거지보다 조금 나은 위치, 거지처럼 구걸을 하지는 않는, 딱 그 정도의 위치에서 거지를 치우라고 하는 것이다. 여기에서 보이는 인물의 심리는 자신 역시 이 도시에서 거지와 별반 다를 것 없이 '거반 오정이나 바라보도록 요때기를 들쓰고 누엇'는 처지로서 조금만 잘못하면 거지와 같은 신세가 될지도 모른다는 불안감에서 비롯된 거지에 대한 불평과 경멸이다.

그리고 더 나아가 이러한 거지를 방치하는 도시에 대한 조소를 볼 수 있다. '그'는 거지를 '이벌레들'이라고 칭하며 '이벌레들을 치워주지 않으면' 한 걸음도 나갈 수 없다고 말한다. '그'는 표면적으로는 "개과천선하고 훌륭한 양옥이 되"는 도시를 찬양하고 "서울이라는 큰 위신"에 손색을 가하는, "까마귀발"을 한 "거지를 청결하라"고 하지만, 그 이면에는 "객들에게 미관을 주기 위하야 서루 시새워 별의별짓을 다해가며 어떠한 노력도 물질도 아끼지 않"으면서 정작 거지의 문제를 해결하지 못하는 현실을 비판하고 거지와 같은 존재들이 쫓겨나는 근대의 풍경을 조소한다.[28]

이와 같은 감정은 '그'가 거리에서 만난 '동무'를 바라보는 시각에서도 드러난다. 그가 거지를 피하고 있을 때 '저면'에서부터 "길을 치고 다니는 나리"가 나타났으니 바로 "고보때에 가치뛰고 가치웃고 가치즐기

28 진영복, 「김유정 소설의 반개인주의 미학」, 『대중서사연구』 23-4, 대중서사학회, 2017, 141~142쪽 참고.

든 그리운 동무", 순사 '나리'가 된 동무이다. ''톨스토이'가 되느니 '칸트'가 되느니 떠들며 껍적이든' '그'는 '주체궂은 밥통'이 되어버렸을 뿐인데 동무는 출세하여 '나리'가 되었다. 그는 거지를 쫓는 일을 '직책으로' 하는 동무에게 '베드로'라고 치사하며 "감사와 우정이 넘치는 탐탁한 작별"을 남겨놓는다. 동무를 '나리'라고 칭하는 것, 작별 인사로 과장된 어법인 기도를 읊조리는 것 등에서 출세한 동무에 대한 경계심과 자신을 깎아내리는 냉소를 엿볼 수 있다. 이와 같은 표현은 김유정 도시소설의 특색 중의 하나인 도시에 정착하지 못한 하층민의 내면심리를 탁월하게 드러내는 특성을 보여준다.

또 다른 작품인 「야앵夜櫻」에서는 벚꽃구경을 나온 경자, 영애, 정숙이 주고받는 말에서 인물의 심리가 잘 드러난다. 이 작품에서 인물 심리 묘사의 특징은 우선 괄호의 사용에서 드러난다.

> (저게 눈물을 짓는 것이 아닌가? 정숙이가 왜 또 저렇게 풀이 죽었을까? 아마도 아까 주인녀석에게 말대답하다가 패랑패랑한 여자라구 사설을 당한 것이 분해 저러는게 아닐까? 그러나 정숙이는 그렇게 맘 좁은 사람은 아닐텐데 —) 하고 경자는 아리숭한 생각을 하다가 떼로 몰리는 어른틈에 끼어 좋다고 방싯거리는 알숭달숭한 어린 애들을 가만히 바라보고야 아하, 하고저도 비로소 깨다른듯싶었다.(229쪽)

경자, 영애, 정숙은 모두 카페 여급으로 창경원에 밤벚꽃놀이를 나와서 걷는다. 소설의 초반에서 경자와 영애는 뒤에서 걸어가면서 '어느 틈엔가 저만침 떨어져서 홀로 걸어가고 있는' 정숙에 대한 이야기를 나눈다. 정숙은 남편과 이혼하고 홀로 사는데 혼자 키우던 딸아이를 잃은 슬픔에 빠져 있다. 그런 정숙이 창경원에 와서 놀러 나온 어린아이들을 바라보며 "손수건을 가끔 얼굴로 가저가며 시름없이 걷"는 모습을 보고 경자는 정숙의 속마음에 대해 여러가지로 추측을 해 본다. 정숙이 우는 것인지, 아닌지, 꽃놀이를 나와서 저렇게 풀이 죽은 이유는 무엇일지, 주인에게 책망을 들은 탓인가 싶지만 정숙의 본래 성격을 미루어 보아 그렇지는 않을텐데 등등 괄호 안에 담긴 내용은 정숙의 사정을 전달하는 역할을 함과 동시에 정숙을 바라보는 경자의 속마음을 나타내준다.

> (망할년, 그래 내가 바보야? 남의 이야기는 다 듣고 고맙단 소리한마디 없이, 망할년! 학교는 얼마나 다녔다구 밤낮 저만 안다지, 그리고 그 교양인가 빌어먹을건 어서 들은 문잔지 건뜻하면
> "넌 교양이 없어서 그래 —"? 말대가지같이 생긴 년이 저만 잘났대 —)
> 영애는 속으로 약이 바짝 올랐으나 그렇다고 겉으로 내대기에는 말솜씨로든 그 위풍으로든 어느모도른 경자에게 딸린다.(233쪽)

위 인용문은 경자와 영애 사이의 대화 가운데 삽입된 괄호이다. 소설의 초반부터 꽃구경의 진수는 향기에 있다, 아니다로 실랑이를 벌이던 두 사람은 주로 경자가 타박을 하고 영애는 샐쭉하게 받아치는 대화를 나눈다. 그 와중에 정숙의 사연을 묻는 경자에게 영애는 이런저런 이야기를 들려주는데, 남편과 헤어진 정숙의 처사에 대해 서로 다른 입장에

서 말을 하다가 경자가 "허지만 그게 다 교양이 없어서 그래—"라고 말하자 영애의 속마음이 위와 같이 표현된다. 자신의 말에 딴지를 걸거나 타박을 하고 걸핏하면 교양 운운하는 경자를 '망할년', '말대가지같이 생긴 년'으로 칭하며 '약이 바짝 올랐'지만 이 말을 밖으로 내밸을 만한 배짱은 없다. 경자를 대하는 영애의 심리가 잘 드러나며, 두 인물 간 밀고 당기는 위치가 효과적으로 표현되었다.

다음으로는 상대방에 대한 묘사에서 문장의 주체가 그 사람을 어떻게 생각하는지가 드러난다. '호박같이 뚱뚱한 영애의 몸집', '저렇게 디룩두룩하니까 코청도 아마' 이와 같은 묘사는 경자의 시점에서 서술된 것인데 꽂 향기를 맡으라고 들이밀었을 때 영애가 '보자는 꽂'을 '애들같이 꺾어들고 그'런다며 손사래를 치는 상황에서 나온 것이다. 영애를 미욱스럽게 여기는 경자의 심리가 드러난다. 반면 영애 입장의 서술에서는 '억설쟁이 경자', '망아지모양으로 껑충거리며' 등의 표현으로 경자를 묘사하는데 이를 통해 경자에게 '있속없이' '쪼여지내는' 영애의 야속하고 원망 섞인 심정을 알 수 있다.

또한 이 작품은 전반을 차지하는 대화문을 통해 인물 심리의 파악이 용이하다.

> "재! 영애야! 아마 정숙이가 잃어버린 딸 생각이 또 나나보지? 저겄좀봐라, 자꾸 눈물을 씻지않니?"
>
> "글세"
>
> 영애는 이렇게 엉거주춤이 받고는 언쟎은 표정으로 정숙이의 뒷모양을

이윽히 바라보다가

"요새론 더 버쩍 생각이 나나보드라 집에서도 가끔 저래"

"애좀 잃어버리고 멀 저런담, 나같으면 도리어 몸이 가든해서 좋아하겠다"

"어째서 제가 난 아이가 보구싶지 않으냐? 넌 아즉 애를 못나봐서그래"(229쪽)

"그럴거 뭐 있어? 얻었다가 싫으면 또 차내던지면 고만이지"

"말이 쉽지 어디그러냐? 사내가 한번 달라붙으면 진득이모양으로 어디 잘 떨어지니? 너같으면 혹—"하고 은연히 너와 정숙이언니와는 번이 사람이 다르단 듯이 입을 삐쭉했으나 경자가 이 눈치를 선 듯 채이고 저도 뒤둥그러지며

(…중략…)

"남편이 무서워서 그러니? 애두! 왜그렇게 소견이 없니? 하루라두 같이 살든 남편을 암만 싫드라두 무슨 체모에 너 나가라고 그러니?"

"체모? 흥! 어서 목말라 죽은 것이 체모야?" 하고 콧등을 흥, 흥, 하고 울리니까

"너는 체모두 모르는구나! 아이 별아이두! 그게 교양이 없어서 그래"

하고 때는 이때라구 얼른그 '교양'을 돌려대고 써먹어보았다.(233쪽)

경자와 영애의 말씨름을 통해 각각의 심리를 묘파하면서 힘의 우열이 있는 둘의 관계 양상을 잘 드러내는 한편 정숙이 딸을 그리워하고 우연히 조우한 전 남편에 대해 품는 복잡한 심리를 곡진하게 그려낸다.[29] 이

작품의 제목은 '夜櫻', 즉 밤벚꽃놀이지만 꽃놀이가 벌어지는 곳의 풍경을 묘사하는 데에는 거의 품을 들이지 않고 있으며 인물들이 주고받는 대화와 심리전이 중심을 이룬다. 내면의 묘사를 통해 인물 개별이 지닌 삶의 결핍을 들춤으로써 역으로 도시의 생활상을 드러낸다고도 볼 수 있다. 꽃놀이조차 여유 있게 즐기지 못하는 빠듯한 여급으로서의 생활, 잃어버린 딸을 그리워하는 정숙의 일화, 그리고 경자와 영애가 '교양'을 둘러싸고 나누는 대화의 내용은 그 자체로 도시인들의 환상과 그것의 균열 지점을 나타낸다.[30]

이상에서 살펴본 「심청」이나 「夜櫻」 모두 스토리는 단조롭고 그렇다 할 사건이 펼쳐지지 않는다. 그러나 그렇다고 해서 작품 자체가 단조롭지는 않은데 이는 인물의 심정 묘사를 풍부하게 하기 때문이다.[31] 또한 분량이 일반적으로 단편이라고 일컫는 다른 작품들에 비해 짧아서 오히려 압축미가 살아있다. 따라서 이와 같은 작품은 고등학생에게 분량 면에서 읽히기가 쉽고, 압축적인 단편소설의 미학을 경험하도록 하기 적합하다. 몇몇 장면을 통해 극대화되는 인물의 심리 묘사를 통해 소설에서 인물을 형상화하는 방법을 교육하는 데 김유정 도시소설은 효용성이 높다.

이들 작품으로 가능한 문학교육의 내용은 소설의 구성요소 중 하나인 인물이 작품 전체의 의미 형성에 미치는 영향을 심리 묘사를 중심으로 파악하기, 인물의 형상화 방법을 이해하기 등이다. 소설에서 인물과 성

---

29 박상준, 「반전과 통찰—김유정 도시 배경 소설의 비의」, 『현대문학의 연구』 53, 한국문학연구학회, 2014, 26쪽.

30 권채린, 앞의 글, 55~56쪽.

31 박상준, 앞의 글, 27쪽.

격은 소설의 대화나 사건 등을 이끌어가는 주요한 역할을 한다. 서사의 많은 요소들은 인물을 중심으로 상호 연관된다. 행동, 사건, 구성, 배경, 문체, 주제 등이 인물과의 관계 속에서 의미를 지닌다. 인물의 행동은 사건을 형성하고 성격은 거기에 필연성을 부여한다는 점에서 구성과 연관되며, 인물의 행위가 개인적 혹은 사회적 선택이라는 점에서 주제와 연관된다. 또한 문체는 인물의 성격을 규정하는 데 도움을 준다.[32]

학습독자는 김유정의 도시소설에서 두드러지는 심리 묘사 등의 인물 형상화 양상을 통해 인물이 다른 서사 요소와 맺는 관계를 확인하고 소설의 의미를 파악할 수 있는데 이때 독자의 능동적인 구성적 태도가 요구된다. 인물을 드러내는 여러 가지 단서를 종합하여 독자 주도의 해석을 하는 것이 중요하다.

2) 관점의 다변화 및 신빙성을 고려한 시점 교육

시점point of view 및 초점화focalization는 소설교육에서 중요하게 다루어진다. 서사의 핵심이자 소설 장르의 특성을 뚜렷하게 보여줄 수 있는 개념이기 때문이다. 관련 성취기준은 "[10국05-02] 갈래의 특성에 따른 형상화 방법을 중심으로 작품을 감상한다",[33] "[12문학02-01]문학 작품은 내용과 형식이 긴밀하게 연관되어 이루어짐을 이해하고 작품을 감상한다", "[12문학02-05]작품을 읽고 다양한 시각에서 재구성하거나

---

32 이승준, 「고등학교 교과서의 서사이론에 대한 비판적 고찰 2－제7차 교육과정 문학교과서의 '인물'을 중심으로」, 『교육문제연구』 25, 고려대 교육문제연구소, 2006, 136쪽.

33 교육부, 앞의 책, 66쪽.

주체적인 관점에서 창작한다"[34]를 들 수 있다. 사실 2장에서 논의했다시피 중학교의 시점(서술자) 교육에서 김유정의 「동백꽃」과 「봄・봄」은 이미 예전例典[35]으로 쓰이고 있다. 이 두 작품은 시점을 교육하기에 적합한데 우선 「동백꽃」은 1인칭 서술자를 통해 사랑이 발견되고 묘사되는 방식이 두드러지는 작품으로, 전지적 시점에 비해 1인칭 시점이 가진 제약을 통해 감자를 주거나 닭싸움을 붙이는 점순이의 행동과 말을 관찰하는 '나'가 상대방의 속마음을 헤아리는 과정이 주요한 교육 내용으로 다루어진다.[36] 「봄・봄」은 점순이와의 혼례를 기다리며 데릴사위 역할을 하는 '나'와 장인과의 갈등을 주된 내용으로 한다. '나'의 시각에서 장인에 대한 감정이 어떻게 그려지는가가 소설 감상의 묘미가 되는데 작년 봄과 올해 봄을 비교하며 과거의 '나'와 지금의 '나'의 입장에서 장인에 대해 달라진 판단을 보이는 지점이 흥미롭다. 이 두 작품은 중학생 학습자가 서술자와 시점의 개념을 학습하기에 적합성을 띠고 있지만 이 글에서는 소설교육의 제재로서 보다 다양한 작품의 활용이라는 측면에서 김유정의 도시소설을 제안하고자 하며 서술자의 문제와 관련해서 「따라지」와 「두꺼비」를 살펴보겠다.

먼저 「따라지」는 동일한 인물에 대해 다양한 인물의 시각에서 말하고 있어 초점주체의 다변화를 학습하기에 용이하다. 김유정의 도시소설은

---

34 이상 교육부, 앞의 책, 125~126쪽.

35 김동환, 「국어과 교과서의 문학 제재와 관련된 쟁점과 제안」, 『국어교육학연구』 47, 국어교육학회, 2013, 50쪽.

36 김명석, 「김유정 소설 교육과 새 교과서-동백꽃을 중심으로」, 『구보학보』 13, 구보학회, 2015, 223쪽.

작가 개인의 삶을 재현한 자기서사의 특징을 지니는 작품이 많은데 이때 1인칭의 독단적인 시선으로만 자신을 드러내는 것이 아니라 여러 화자의 진술이 뒤섞이는 복화술의 화법을 사용한다.[37] 「따라지」는 버스걸, 카페 여급, 공장여공 등이 모여사는 사직동의 어느 초가집을 배경으로 한 소설로 도심의 직장에 다니는 여러 직군의 사람들이 모임으로써 생기는 삶의 모습을 그리고 있다. 이들은 대부분 사글세를 제때 내지 못하는 빈곤한 서민들이다.[38] 김유정의 농촌소설에 등장하는 인물들은 한결같이 탈출하려고 하고 있으며, 한사코 농민이 되지 않으려고 발버둥치는데,[39] 김유정은 그렇게 농촌을 떠난 인물들이 도시에 정착한 모습을 도시소설에서 그린다.[40] 「따라지」의 주요 인물인 '톨스토이'는 그가 세 들어 사는 집의 주인과 그를 사모하는 카페여급 아끼꼬, 그리고 아끼꼬의 친구인 영애의 시선에서 각각 다르게 묘사된다.[41]

> "여보! 어떻게 됐소?"
>
> "아 이거참 미안합니다. 오늘두—"
>
> 덥쑤룩한 칼라머리를 이렇게 긁으며 역시 우물쭈물이다.

---

37 임정연, 「김유정 자기서사의 말하기 방식과 슬픔의 윤리」, 『현대소설연구』 56, 한국현대소설학회, 2014, 474쪽.

38 권은, 앞의 글, 82쪽.

39 김상태, 「김유정과 해학의 미학」, 전신재 편, 『김유정 문학의 전통성과 근대성』, 한림대 아시아문화연구소, 1997, 114쪽.

40 조경덕, 「김유정의 소설 쓰기와 자기 인식 – 「슬픈이야기」, 「따라지」 분석」, 『한국문학이론과 비평』 55, 한국문학이론과비평학회, 2012, 246~247쪽.

41 이하에 나오는 '톨스토이'에 대한 각기 다른 시선에서의 서술과 관련해서는 임정연, 앞의 글, 477쪽을 참고함.

"오늘두라니 그럼 어떻걸 작정이요?" 하고 눈을 한번 무섭게 떠보였다마는 이 위인은 마만 얼러도 노할 주변도 못된다.

나이가 새파랗게 젊은 녀석이 웨 이리 헐일이 없는지 밤낮 방구석에 팔짱을 지르고 멍허니 앉어서는 얼이 빠졌다. 그렇지 않으면 이불을 뒤쓰고는 줄창같이 낮잠이 아닌가, 햇빛을 못봐서 얼굴이 누렇게 시드렀다. 경무과 제복공장의 직공으로 다니는 즈 누이의 월급으로 둘이 먹고지난다. 누이가 과부결래 망정이지 서방이라도 해가면 이건 어떻걸라고 이러는지 모른다. 제 신세 딱한줄은 모르고 만날 (303쪽)

먼저 '톨스토이'에게 '삭을세를 못받아서 악이 오른' 주인의 눈에 비친 그는 한심하기 이를 데 없는 위인이다. '덥쑤룩한 칼라머리를' 긁으며 '우물쭈물'하는, '맘만 얼러도 노할 주변도 못'되는 그는 주인의 눈에는 '새파랗게 젊은' 나이임에도 불구하고 할 일 없이 방구석에서 멍하게 앉아있는 백수일 뿐이다. '얼이 빠졌다', '얼굴이 누렇게 시드렀다', '제 신세 딱한줄은 모르고' 등의 서술에서 '톨스토이'를 바라보는 시각을 알 수 있다.

반면에 동일한 인물에 대해 어떤 입장에 있느냐에 따라 서술이 다르게 나타난다.

낮에 사직원 산으로 올라가면 아끼꼬는 가끔 톨스토이를 만난다. 굵은 소나무 줄기에 등을 비겨대고 먼 하늘만 정신없이 바라보고 섰는 톨스토이다. 아끼꼬가 그앞을 지나가도 못본척하고 들떠보도 않는다. (…중략…) 이걸

보면 아끼꼬는 여자고보를 중도에 퇴학하든 저의 과거를 연상하고 가엽슨 생각이 든다. 누님에게 얻어먹고 저러구 있는 것이 오작 고생이랴. 그러고 학교때 수신선생이 이야기하든 착하고 바보같다는 그 톨스토이가 과연 저런건지 하고 객쩍은 조바심도 든다.(315쪽)

톨스토이를 남모르게 맘에 두고 그 별명도 자신이 지어준 아끼꼬에게는 그가 '성질이 어찌 괄한지 대문간서부터 들어오는 기색이' 나는 누님에 대해 '끽소리'도 못하고, 밥을 먹을 때면 '군말없이 두다리를 세우고, 눈을 나려깔고' 있는 '착하고 바보같'은 아우이자 '굵은 소나무 줄기에 등을 비겨대고 먼 하늘만 정신없이 바라보고 섰는' 문학청년이다. 또 한편 그런 아끼꼬를 지켜보는 친구 영애는 '톨스토이'가 누님에게 '씩씩하게 대들질 못하'는 '병신스러운' 사람이라고 한다.

이처럼 동일한 인물에 대해서도 서로 다른 목소리를 등장시키는 것은 김유정 소설의 초점화 방식이 지니는 특징이다. 「따라지」에서 여러 목소리가 나올 수 있는 것은 도시소설의 배경이 셋방이라는 점과도 연관된다. 가난이 일상이 된 도시의 셋방은 방과 방 사이를 나누는 벽이 제 역할을 하지 못하며 각 방에 기거하는 사람들의 이동에서도 사생활을 보호받지 못해[42] 그 집에 머무르는 이상 계속해서 서로의 생활영역을 자의로든 타의로든 침범하게 된다. 세를 내지 못하는 청년의 평소 모습을 보고 타박하는 주인, 청년의 사정을 가여워하며 연모의 감정을 품는 여인, 친구가

42 조경덕, 앞의 글, 247쪽.

좋아하는 청년의 보지 않아도 될 생활상을 보게 되는 여인의 친구 모두 어쩔 수 없이 생활공간을 공유하면서 각기 다른 감정을 갖게 되는 것이다. 여러 인물의 시각과 목소리가 혼재되는 서술상의 특징은 이와 같이 김유정 도시소설의 배경이 되는 당시 빈민가의 도시 공간과 연결된다.

이를 통한 교육 내용으로는 소설의 형식과 내용이 맺는 관계를 서술의 측면에서 조망할 수 있다. 서사문학의 본질은 서술적인 것에 있다.[43] 이는 동일한 이야기를 어떻게 말하는가에 따라 결과물이 달라진다는 의미인데 예를 들어 하루의 일을 단 하나의 문장으로 압축해서 표현할 수도 있고 행위의 중간에 사건을 삽입하여 한 편의 긴 글로 구성할 수 있다. 또는 아침부터 저녁까지 시간 순서대로 말할 수도 있고 거꾸로 저녁의 장면에서 시작하여 시간을 거슬러 올라가며 말할 수도 있다. 이와 같은 형식을 서사적 차원에서 내용인 '스토리'와 비교하여 '담론'[44]이라고 부르는데 소설의 형식과 내용은 밀접한 관계를 맺으며 조직되어 있고 이는 소설이라는 장르의 특징적인 형상화 방식으로 앞에서 거론한 성취기준 [10국05-02]를 학습하기에 적합하다.

또한 한 편의 소설에서 각기 다른 시각을 드러내는 서술 부분을 찾아보고 그와 같은 서술상의 특징으로 인한 효과를 파악하게 하는 교육이 가능하다. 위에서는 '톨스토이'에 대한 여러 인물의 각기 다른 서술을 집중적으로 찾아보았는데 「따라지」에는 여러 인물이 등장하므로 초점을

---

43 로버트 숄즈 · 로버트 켈로그 · 제임스 펠란, 임병권 역, 『서사문학의 본질』, 예림기획, 2007, 435~442쪽.

44 S. 채트먼, 한용환 역, 『이야기와 담론—영화와 소설의 서사구조』, 고려원, 1991, 40~41쪽.

달리 하여 교육활동을 할 수 있다.

나아가 각 인물에 감정이입하여 공감적 상상력을 활성화시키는 교육이 있을 수 있다. 예컨대 주인의 입장에서 밉살스럽게 보이는 '톨스토이'에 대해 자신이 주인의 미움을 받는 '톨스토이'라면 어떤 심정일지, 방세를 제때 못내는 사정에 대해 어떻게 받아들이고 있는지 등을 생각해볼 수 있다. 또는 '아끼꼬'의 입장에서 서술한다고 했을 때 셋방에 모여사는 다른 사람들에 대한 감정과 '톨스토이'를 대하는 감정에서 어떤 차이가 있는지, 자신의 마음을 몰라주는 그를 이해할 수 있는지, 그를 탐탁지 않게 생각하는 친구에 대해서는 어떻게 생각하는지 등을 상상해봄으로써 서술자 교육에서 중요한 다른 관점에서의 이해와 공감에 대해 학습할 수 있다.

다음으로 「두꺼비」를 통해서는 서술 주체의 신빙성에 대해 교육할 수 있다. 그동안 소설교육에서 서술자의 신빙성과 관련하여 '믿을 수 없는 서술자'에 대해서는 앞서 언급한 「동백꽃」의 '나'와 주요섭의 「사랑 손님과 어머니」의 '옥희'를 통해 주로 다루어왔다. 독자는 기본적으로 서술자의 신빙성에 대한 신뢰를 바탕으로 소설을 읽는다는 점에서 허구 세계의 인물과 사건에 몰입하는 경향이 강한 반면 시점이나 서술자를 의도적으로 의식하는 경우는 드물다. 따라서 학습자가 소설 읽기에서 시점이나 서술자의 서술 행위를 선택적으로 주목하기 위해서는 읽기 이전에 교수자로부터 그러한 주목을 구체적으로 요구받거나 그러한 주목을 가능하게 하는 텍스트를 제공받아야 한다. 신빙성 없는 서술자는 '내포작가의 규범을 대변하지 못하거나 거기에 따라 행동하지 못하는 서술자'로, 서술자의 정신이 지닌 특이함을 전경화함으로써 독자로 하여금 서술자가 점유하는 담론 층위에 주의를 기울이도록 한다.[45] 소설교육이 학습독자에게 주로 제시해 온 관점은 「동백꽃」의 '나'가 보이는 순박한 소년의 이미지와 특유의 어리숙한 말과 행동의 강조,[46] 그리고 「사랑손님과 어머니」의 '옥희'의 경우 여섯 살이라는 어린 나이와 그로 인해 발생하는 이해가 미진한 부분 또는 적절하게 말하지 못하는 부분 등의 부각이었다. 이를 통해 독자의 선택적 주목을 자연스럽게 유도한 것이다.

이 두 작품은 성취기준의 달성에 부합하는 요소를 두루 갖추고 있으며 중・고등학생 학습자가 서술자의 신빙성을 판단하기에 큰 무리가 없다는 점에서 지금까지 유용한 예전으로 기능해왔다. 그러나 오히려 이 때문에 '나'가 지닌 눈치 없음 또는 '옥희'가 지닌 어린 아이의 시선이라는 특성이 곧 '믿을 수 없는 서술자'의 전부라고 인식될 수 있으며 학습자들은 이들 유형에 한정해서 시점 교육내용을 학습하게 된다는 한계가 있다.

이에 비해 「두꺼비」의 '나'는 연령대가 성인이며 영어시험을 앞둔 학생, 즉 학교에 다니는 지식인이라는 점에서 그 본질적인 특성으로는 신빙성을 파악하기 어렵지만 소설텍스트에서의 서술 양상을 보면 신빙성을 의심하게 되기 때문에 '믿을 수 없는 서술자'의 다양한 국면을 학습할 수 있는 자료가 된다.

---

45 Nünning, A. F., "Reliability", D. Herman., M. Jahn・M. L. Ryan(eds.), *Routledge Encyclopedia of Narrative Theory*, New York : Routledge, 2005, pp.495~496; 정진석, 「소설교육에서 「사랑손님과 어머니」의 정전화 양상과 개선 방향」, 『문학교육학』 46, 한국문학교육학회, 2015, 90쪽.

46 이와 같은 관점에 대해서는 비판의 여지가 있지만 이 글에서는 다루지 않는다. 또한 이 관점의 비판과 관련된 내용은 정진석, 「소설교육에서 신빙성 없는 서술자의 수용에 대한 인지서사적 고찰-「동백꽃」의 예전화 양상을 중심으로」, 『국어교육』 154, 한국어교육학회, 2016, 97~125쪽을 참고할 수 있다.

「두꺼비」는 김유정이 명창기생인 박녹주에게 열렬히 구애할 무렵의 일을 허구화한 것으로 알려져 있다. 전문학교 학생 리경호는 '옥화'라는 이름의 기생을 열렬히 사모하여 그녀의 오라비를 통해 편지를 보내고 급기야는 빚을 내어 순금반지를 그에게 사서 보내지만 결국 두꺼비를 닮은 옥화의 오라비는 편지나 반지를 전달하지도 않은 채 경호를 농락한다는 이야기이다.[47]

이 작품은 '경호'가 초점화자가 되어 자신의 이야기를 들려주는 1인칭 서술로 되어있는데 일반적인 1인칭 서술 작품과는 달리 '경호'가 전체 서사의 의미를 파악하지 못하는 무지를 드러냄으로써 믿을 수 없는 서술자의 양상을 나타낸다. 우선 1인칭 서술은 서술자가 직·간접적으로 체험하거나 관찰한 것을 회상 형식으로 재현한다는 점에서 상황성과 핍진성이 자연스럽게 확보되며, '나'라는 인물성이 주는 자기정체성으로 인해 독자에게 호소력이 강하다는 장점을 지닌다. 그러나 독자는 오히려 주관적 서술자 '나'의 호소에 가려서 서술자가 제공하는 정보를 맹목적으로 따라가지 않도록 주의해야 한다. '믿을 수 없는 서술자'는 서술자 자신의 어떤 특별함 치우침이나 오류를 갖고 있는 존재이기 때문이다. 이때의 경도傾倒나 오류는 작가가 개인이나 사회에 대한 풍자, 폭로, 논평을 하기 위한 장치로 설정된 것일 수도 있고, 당대의 현실에 대한 새로운 관점을 제시하기 위한 것일 수도 있다.[48]

---

47 노지승, 「맹목과 위장, 김유정 소설에 나타난 자기(self)의 텍스트화 양상」, 『현대소설연구』 54, 한국현대소설학회, 2013, 123쪽.

48 한국소설학회, 『현대소설 시점의 시학』, 새문사, 1996, 173~175쪽.

나는 사실 놈이 필요한데까지 이용당할대로 다 당하엿다, 더는 싫다, 생각하고 애꿎은 창문을 딱 닫힌 다음 다시 앉어서 책을 뒤지자니 속이 부각부걱 고인다. 허지만 실상 생각하면 놈만 탓할 것도 아니요 어디 사람이 동이 낫다구 거리에서 한번 흘낏 스처본, 그나마 잘 낫으면 이어니와, 쭈그렁 밤송이 같은 기생에게 정신이 팔린 나도 나렷다.(202쪽)

이만하면 일은 잘 얼렷구나, 안심하고 하숙으로 돌아오며 생각해보니 (…중략…) 고만치 나에게 관심을 가젓음에는 그담은 내가 가서 붙잡고 조르기에 달렷다, 궁리한것도 무리는 아닐 것이다.(203쪽)

하여튼 양단간에 한시간후라고 시간까지 지어하고 갓을 때에는 되도록 나에게 좋은 기회를 줄랴는데 틀림이 없고 이렇게 내가 옥화를 얻는다면 학교쯤은 내일 집어쳐도 좋다 생각하고, 외투와 더부러 허룽허룽 거리로 나슨다.(204쪽)

'나'(경호)는 옥화에게 사모의 마음을 품고 있는 연애의 당사자인데, 그 중간 다리 역할을 해주는 옥화의 오라비(두꺼비)에게 전적으로 의지함으로써 두꺼비의 속셈(편지를 전해주지 않는다든지, 반지를 빼돌린다든지)을 알아차리지 못하는 어리숙함을 보인다. 즉 사건이 진행되는 상황을 제대로 판단하지 못하는 것이다. 두꺼비에게 이용당했다는 생각을 하면서 자신을 탓하다가도 두꺼비가 전해주는 옥화의 상태를 곧이곧대로 믿고 희망을 갖는다. '나에게 좋은 기회를 줄랴는데 틀림이 없고'와 같은 판단은 독자로 하여금 '나'의 어리석음에 한탄하게 만드는 지점이다.

또한 이 작품은 전체가 한 개의 형식 단락으로 이루어져있다는 특징을 지니는데, 사건의 서술이나 묘사뿐만 아니라 작중 화자의 생각과 작중인물의 대화까지도 하나로 통합되고 있다.[49] 따라서 대화에서의 서술자의 의식과 지문에서의 서술자 의식이 상반되게 나타[50]남으로써 '나'가 자신의 이야기를 하는 상황에서도 서술의 일관성이 유지되지 않은 채 사건에 대한 해석이 이중적이고 혼종적인 형태를 띤다.[51]

이와 같은 믿을 수 없는 서술자의 활용은 독자로 하여금 획일화된 해석이 머무르지 않고 인물과 사건에 대해 계속해서 생각해보게 함으로써 풍부한 담론을 생산하게 한다는 장점을 지닌다. 김유정의 도시소설이 담고 있는 이야기는 본격화되지 않은 근대적 삶을 마주한 혼란을 중심으로 한다. 이 혼란은 비단 경제적 어려움에서만 비롯되는 것은 아니며 도시의 생활양식, 이를테면 자유연애의 풍조 등과도 관련지을 수 있다. 「두꺼비」의 '나'가 보이는 불투명하고 복합적인 자신의 모습, 사랑하는 여인의 오라비에게 농락당하지만 그것이 비극으로 끝나기보다는 세월이 흐르기를 바라며 옥화를 사랑한 자신이나, 여러 가지 측면에서 가여운 처지에 있는 옥화나, 중간에서 빌붙어 있는 두꺼비 모두에게 연민의 시선을 보내는 모습 등은 믿을 수 없는 서술자라는 서술 장치를 통해 풍부한 서사적 함의를 지니게 된다.

---

49 이익성, 앞의 글, 148쪽.

50 『원본 김유정 전집』, 201쪽.

51 임정연, 「김유정 자기서사의 말하기 방식과 슬픔의 윤리」, 『현대소설연구』 56, 한국현대소설학회, 2014, 481쪽.

3) 창작 당시 사회 · 문화적 맥락의 교육

1936년 이후 쓰인 김유정의 도시소설에는 당시의 서울이 어떻게 도시화되고 있었는지가 잘 드러난다. 농촌을 떠나온 이농민들이 생활의 공간을 찾는 모습과 식민자본주의를 둘러싼 혼란의 양상을 확인할 수 있다. 관련된 성취기준은 "[10국05-04] 문학의 수용과 생산 활동을 통해 다양한 사회 · 문화적 가치를 이해하고 평가한다",[52] "[12문학02-02] 작품을 작가, 사회 · 문화적 배경, 상호 텍스트성 등 다양한 맥락에서 이해하고 감상한다",[53] "[12문학03-04] 한국 문학 작품에 반영된 시대 상황을 이해하고 문학과 역사의 상호 영향 관계를 탐구한다"[54]이다.

앞서 살펴본, 김유정의 도시소설이 일관되게 견지하는 주변인 또는 약자에 대한 재현은 30년대 식민지 경성의 화려함 이면에 있는 공허함, 농촌을 벗어나 도시를 꿈꾸는 사람들이 품는 헛된 환상에 주목하는 것으로 이어진다. 관련 작품은 「땡볕」으로 이 소설은 순박한 이농민 부부가 도시에 와서 겪는 비극적인 사건을 다루고 있다. 김유정이 세상을 떠나기 한 달 전에 쓴, 죽음의 그림자가 드리워진[55] 작품이다.

'중복허리의 뜨거운 땡볕'에 '시골서 올라온지 얼마 안되는' 덕순이와 그의 아내가 있다. 아내는 '누렇게 시'든 얼굴로 아랫배가 '요량없이 부어'올라 있는데 이 '영문모를' 병을 고치러 서울에 온 것이다. 서울의 대학병원에서 '월급을 주구 고처준다는' 말을 듣고 상경한 부부는 병원에

52 교육부, 앞의 책, 66쪽.

53 위의 책, 125쪽.

54 위의 책, 128쪽.

55 『원본 김유정 전집』, 324쪽.

서 하는 '연구'를 통해 병도 고치고 돈도 벌 생각에 기대를 품는다. 그러나 의사가 '몇 번을 거듭 주물러보고, 두드려보고, 들어보고, 이러기를 얼마 한다음 시떱지않게 저쪽으로 가 대여에 손을 씻어가며 간호부를 통하야' 나온 말은 뱃속에서 죽은 아기를 수술로 꺼내야 하며, 그대로 두면 일주일 내에 아내가 위독해지고, '제병 고처주는' 일이므로 당연히 '월급'은 주지 않는다는 것이었다. '죽으면 죽엇지 배는 안' 짼다는 아내의 말에 부부는 '더한층 무서워진' 더위 속으로 나온다.

이처럼 부부가 지닌 서울에 대한 이미지와 정보가 실제와 어긋나는 환상이었다는 점이 밝혀지면서 이 소설의 비극적 정조가 유발된다. 병을 매개로 '월급'을 받고자 하는 그들의 욕망은 서울에 대한 무지와 오인에서 비롯되었으며, 문명화된 의학의 수혜를 받으려면 '돈'이 필요하다는 사실이야말로 그들이 직면한 도시의 진면목이다. 덕순과 아내에게 도시는 무력한 절망과 체념을 주는 냉정한 세계로 다가온다.[56]

또 다른 작품으로는 「슬픈 이야기」가 있다. 이 소설은 '장가를 들었어도 얼마든지 좋을 수 있을만치 나이가 그토록 지났는대도 어쩌는 수 없이 사글셋방에서 이렇게 홀로 둥글둥글 지내는' '나'가 이웃에 사는 부부의 싸움에 간섭을 하는 이야기를 다루고 있다. 부부싸움의 기척을 듣고 간섭할 만큼 사생활이 보호되지 않는 빈민가의 삶을 생생하게 보여준다. 전기회사 감독인 남편은 여학생과 재혼하기 위해 아내에게 폭력을 일삼고 이혼을 강요한다. 이와 같은 비인간적인 행태는 도시화가 초래하는

56 권채린, 앞의 글, 53쪽.

몰윤리와 맞닿아있다. 도시화는 끊임없이 욕망을 강화시키고 새로움을 추구하도록 종용하며 그에 따라 새로운 직업이 생겨나고 도덕과 윤리도 예전과는 다른 양상을 나타낸다.[57]

이 소설의 배경이 되는 신당리 토막촌은 도시 빈민들이 모여 살던 집단 거주지로 일제가 동양척식주식회사의 고급주택지 개발을 내세워 남산 동쪽 신당리에 살던 도시 빈민들을 강제로 내쫓았던 사실과 관련된다. 소설에서 남편은 돈과 사회적 지위가 확보되자 오랜 세월 함께 고생한 조강지처를 쫓아내고 여학생과 재혼하려는 몰염치한 인물이다. 일상 깊숙이 파고든 이기적인 욕망과 돈으로 인한 인간관계의 균열을 통해 도시화의 비극성을 드러내고 있다.[58]

이상의 특징은 김유정이 그린 도시와 근대의 모습이 이상, 박태원 등의 작품에서 나타나는 도시와 차별되는 지점으로서 학습독자는 1930년대 농촌과 역학관계를 맺고 있는 도시, 도시문명이 지니는 이중성, 근대화의 비극적 이면 등을 통해 사회・문화적 맥락을 중심으로 작품을 이해할 수 있다.

김유정의 도시소설에서 특징적인 점은 농촌에서 도시로 이주한 하층민들의 삶이 나타난다는 점, 도시의 그늘을 드러내는 방식이 농촌의 모습을 지닌 인물을 통해 드러난다는 점이다. 물론 이를 통해 당시의 도시 전체 모습을 조망할 수는 없으며 작가의 시각을 통과한 부분적인 측면이라고 할 수 있다. 다만 동일 시기의 다른 소설에서 잘 볼 수 없기 때문에 의미가 있다.

이와 같이 농촌과 연계된 도시소설은 김유정의 현실 인식과 작가의식

57 정현숙, 「김유정 소설과 서울」, 『현대소설연구』 53, 한국현대소설학회, 2013, 341쪽.
58 위의 글, 342~343쪽.

활용 가능 작품	구분	교육 내용	관련 성취기준
「심청」 「夜櫻」	인물 교육	· 내면심리의 파악을 통한 인물 형상화 방법 탐구 · 인물과 주제의 관계를 통해 소설의 의미 파악	[10국05-01] 문학 작품은 구성 요소들과 전체가 유기적 관계를 맺고 있는 구조물임을 이해하고 문학 활동을 한다. [12문학02-01] 문학 작품은 내용과 형식이 긴밀하게 연관되어 이루어짐을 이해하고 작품을 감상한다.
「따라지」 「두꺼비」	시점 교육	· 초점주체의 다변화를 통해 관점의 확장 및 공감 교육 · 믿을 수 없는 서술자에 대한 주목을 통해 다양한 해석 추구 · 서술 형식의 고려를 통해 소설에서 내용과 형식의 관계 학습	[10국05-02] 갈래의 특성에 따른 형상화 방법을 중심으로 작품을 감상한다. [12문학02-01] 문학 작품은 내용과 형식이 긴밀하게 연관되어 이루어짐을 이해하고 작품을 감상한다. [12문학02-05] 작품을 읽고 다양한 시각에서 재구성하거나 주체적인 관점에서 창작한다.
「땡볕」 「슬픈 이야기」	사회·문화적 맥락 교육	· 농촌과 역학관계를 맺고 있는 도시에서의 삶 인식 · 1930년대 도시문명의 이중성 이해	[10국05-04] 문학의 수용과 생산 활동을 통해 다양한 사회·문화적 가치를 이해하고 평가한다. [12문학02-02] 작품을 작가, 사회·문화적 배경, 상호 텍스트성 등 다양한 맥락에서 이해하고 감상한다. [12문학03-04] 한국 문학 작품에 반영된 시대 상황을 이해하고 문학과 역사의 상호 영향 관계를 탐구한다.

에서 연유한다. 그의 작품에서는 농촌소설이든 도시소설이든 주로 고통받는 하층민이 중심인물로 설정되는데 이들은 땅이나 돈을 가진 자들에게 적극적으로 대항하지 않으며 이렇다 할 타개책 없이 삶을 이어나간다. 여기에서 엿볼 수 있는 것은 김유정이 바라본 1930년대 식민지 시대란 농촌과 도시 모두 하층민들이 발붙이고 살 만한 공간은 찾기 어렵게 된 상황이라는 점이다.[59] 또한 그럼에도 불구하고 그의 작품에서 인물들

은 삶을 지속시키는데, 적극적인 의지는 결여되어 있지만 그렇다고 해서 허무하게 삶을 놓아버리지는 않는다. 여기에서는 작가의 생애사적 사실과 관련된 인식지평을 확인할 수 있다. 유년시절에 겪은 아버지와 형의 폭력, 성년기에 체험한 병마의 위협으로 인해 김유정에게는 '생명의 유지' 또는 '삶의 지속'이 절박했던 것으로 보인다.[60] 이는 그의 작품에서 배경이 농촌이든 도시이든 궁핍한 현실이지만 그 안에서 어떻게든 생존을 이어나가는 인물을 그리는 것으로 드러난다. 김유정의 소설을 관통하는 생존 중심의 세계관은 농촌소설과 도시소설을 함께 읽을 때 더욱 효과적으로 파악할 수 있으며 이는 그동안 농촌소설에 편중된 소설교육의 경향을 보완해야 한다는 이 글의 주장에 힘을 싣는 동시에 도시소설에 대한 강조가 결코 농촌소설과 분리되는 것이 아님을 뒷받침한다.

이상의 내용을 정리하여 교육적 활용 방안을 표로 나타내면 위와 같다.

4. 나가며

이 글은 문학교육에서 다루어지는 김유정의 작품이 농촌을 배경으로 한 소설에 한정되어 있고, 시점이나 문체적 특성을 다루는 특정 학습목

59 김종건, 「1930년대 소설의 공간설정과 작가의식의 상관성 연구－김유정과 이무영을 중심으로」, 『우리말 글』 15, 대구어문학회, 1997, 408쪽.

60 박현선, 「김유정의 인식지평과 존재의 언어」, 『아시아문화연구』 27, 경원대 아시아문화연구소, 2012, 91～92쪽.

표(성취기준)의 달성을 위해 한 두 작품이 예전으로 기능하고 있는 현실에 대하여 김유정 문학의 또 다른 측면인 도시소설의 교육적 가능성을 제안하고자 하였다. 전체 창작물의 절반을 차지하는 김유정의 도시소설은 작가의 실제 생활이 서울에서 주로 이루어져 그의 문학세계에 도시 체험이 끼친 영향이 클 것이라는 점, 그리고 도시가 농촌과 분리되어 존재하는 것이 아니라 이농민의 도시 정착 등을 다룸으로써 1930년대의 도시화에 내재한 복합성 등이 다른 작가의 도시소설과 변별될 수 있다는 점에서 의미를 지닌다고 보았다.

선행연구 검토를 통해 국어교육과 한국어교육에서 김유정의 작품이 어떻게 자리매김하고 있는지 살피고 그로부터 도시소설의 교육적 적용의 필요성을 도출하였다. 다음으로 구체적인 작품을 예로 들어 도시소설의 교육적 가능성을 인물 교육, 서술자 교육, 사회·문화적 맥락의 교육의 측면에서 논의하였다.

그간 논의가 활발하지 않았던 김유정 도시소설의 교육적 가능성을 다루었다는 점에서는 의의가 있지만 여전히 '중등학교 학습자가 읽기에 적합한가'라는 물음에 대해 자신 있게 답변하기 어렵다는 한계가 남아있다. 1930년대 도시 하층민의 생활상을 다루는 가운데 표출되는 폭력성이나 소재의 선정성 등의 문제와 관련하여 교과서에 어떤 방식으로 수록할 것인지 고민이 필요하다. 또한 완성도가 떨어진다는 비판에 대해서도 교육 제재로서의 가치를 증명해야 할 것이다.

그럼에도 불구하고 보다 본질적인 의의를 찾는다면 김유정의 도시소설이 지니는 주변성 자체에 주목할 수 있지 않을까. 문학은 본래 주변부의 목소리를 담고 있으며 존재가 '어떻게 잘 실패하는지'를 보여준다. 그런 문학작품 중에서 정전의 위상을 얻게 되는 작품은 어느새 중심부에 자리 잡아 그 나름대로의 의미를 지니게 된다. 교육의 장에서 많은 관심을 받는 작품들은 치밀한 선정 기준을 거친 것이며 활용되는 중에도 계속해서 그 교육적 의의에 대해 비판과 도전을 받으면서 교육 내용이 정련되므로 중심부에 있는 작품을 무작정 깎아내릴 필요는 없다. 그러나 삶의 복잡다단함을 담는 것이 문학일진대 이를 가르치는 영역에서 언제나 변화는 필수적이며, 이때의 변화란 '지금' 생산되는 작품을 부지런히 수용하는 것에 더해 과거에 이미 생산되었으나 소외되었던 작품들에도 지속적으로 눈길을 주어 발굴하는 것도 포함해야 한다. 김유정의 도시소설은 삶의 핍진성을 전달하며 늘 새롭고자 하는 문학정신을 반영할 수 있다는 점에서 오늘날의 학습독자들이 읽고 그 가치를 체득하기에 적합하다고 본다.

참고문헌

교육부, 『국어과 교육과정』(교육부 고시 제2015-74호 [별책 5]), 2015.

권경미, 「세계시민 양성을 위한 문학교육 방법 연구」, 『한국문화연구』 26, 이화여대 한국문화연구원, 2014.

권 은, 「식민지 도시 경성과 김유정의 언어감각」, 『인문과학연구』 38, 성신여대 인문과학연구소, 2018.

권채린, 「김유정 소설의 도시 체험과 환등상적 양상」, 『현대소설연구』 47, 한국현대소설학회, 2011.

김동환, 「국어과 교과서의 문학 제재와 관련된 쟁점과 제안」, 『국어교육학연구』 47, 국어교육학회, 2013.

김명석, 「김유정 소설 교육과 새 교과서-동백꽃을 중심으로」, 『구보학보』 13, 구보학회, 2015.

김미영, 「병상(病床)의 문학, 김유정 소설에 형상화된 육체적 존재로서의 인간」, 『인문논총』 71-4, 서울대 인문학연구원, 2014.

김상태, 「김유정과 해학의 미학」, 전신재 편, 『김유정 문학의 전통성과 근대성』, 한림대 아시아문화연구소, 1997.

김세령, 「1950년대 김유정론 연구」, 『현대문학이론연구』 49, 현대문학이론학회, 2012.

김영택·최종순, 「김유정 소설의 근대적 특성」, 『비교한국학』 16-2, 국제비교한국학회, 2008.

김예리, 「김유정 문학의 웃음과 사랑」, 『한국예술연구』14, 한국예술종합학교 한국예술연구소, 2016.

김종건, 「1930년대 소설의 공간설정과 작가의식의 상관성 연구-김유정과 이무영을 중심으로」, 『우리말 글』 15, 대구어문학회, 1997.

김종호, 「1930년대 농촌소설의 농민의식 반영 양상-김유정론」, 『비평문학』 24, 한국비평문학회, 2006.

______, 「'전이(轉移)'를 통한 소설 인물의 변모 양상-김유정론」, 『비평문학』 25, 한국비평문학회, 2007.

______, 「김유정의 고백소설 연구」, 『인문학연구』 18, 경희대 인문학연구원, 2010.
김종회, 「김유정 소설의 문화산업적 활용 방안 고찰」, 『비평문학』 62, 한국비평문학회, 2016.
김지혜, 「김유정 문학의 교과서 정전화(正典化) 연구—7차 교육과정과 2007년 교육과정을 중심으로」, 『현대문학이론연구』 51, 현대문학이론학회, 2012.
김화경, 「김유정문학의 근대자본주의 경험과 재현양상」, 김유정학회 편, 『김유정의 귀환』, 소명출판, 2012.
노미숙 외, 『중학교 국어』, 천재교육, 2018.
노지승, 「맹목과 위장, 김유정 소설에 나타난 자기(self)의 텍스트화 양상」, 『현대소설연구』 54, 한국현대소설학회, 2013.
로버트 숄즈 · 로버트 켈로그 · 제임스 펠란, 임병권 역, 『서사문학의 본질』, 예림기획, 2007.
류수열 외, 『중학교 국어』, 금성출판사, 2018.
________, 『고등학교 국어』, 금성출판사, 2018.
박기범, 「구어체 소설의 문학교육적 가치」, 『문학교육학』 51, 한국문학교육학회, 2016.
박상준, 「반전과 통찰—김유정 도시 배경 소설의 비의」, 『현대문학의 연구』 53, 한국문학연구학회, 2014.
박영목 외, 『중학교 국어』, 천재교육, 2018.
박현선, 「김유정의 인식지평과 존재의 언어」, 『아시아문화연구』 27, 경원대 아시아문화연구소, 2012.
변신원, 「문학 속에 드러난 민족문화의 자취와 외국인에 대한 문학 교육—김유정 소설의 해학적 웃음을 중심으로」, 『외국어로서의 한국어교육』 25-1, 연세대 한국어학당, 2001.
서동수, 「김유정 문학의 유토피아 공동체와 크로포트킨의 상호부조론」, 『스토리&이미지텔링』 9, 건국대 스토리앤이미지텔링연구소, 2015.
손광식, 「유랑과 정착의 관계 형성과 현실인식의 문제—김유정론」, 『반교어문연구』 6, 반교어문학회, 1995.
송재익, 「김유정 소설의 이면 읽기와 소설교육—해학성을 중심으로」, 『한국어문교육』 26, 고려대 한국어문교육연구소, 2018.
양세라, 「김유정 소설과 비서술적 음악의 꼴라쥬, 〈김유정 봄 · 봄〉—오태석 극작법 연구」, 『드라마연구』 40, 한국드라마학회, 2013.

오은엽, 「김유정의 봄・봄에 나타난 웃음문화와 외국인을 위한 문학교육」, 『한국문예비평연구』 41, 한국현대문예비평학회, 2013.
유인순, 『김유정을 찾아가는 길』, 솔과학, 2003.
______, 「김유정의 우울증」, 『현대소설연구』 35, 한국현대소설학회, 2007.
이덕화, 「김유정의 "위대한 사랑"과 글쓰기를 통한 삶의 향유」, 『한국문예비평연구』 43, 한국현대문예비평학회, 2014.
이민희, 「김유정의 자전(自傳) 소설 「두꺼비」와 「生의 伴侶」 연구—한문소설 『절화기담(折花奇談)』과의 비교를 중심으로」, 『어문학보』 35, 강원대 국어교육과, 2015.
이삼형 외, 『고등학교 국어』, 지학사, 2018.
이상진, 「문화콘텐츠 '김유정', 다시 이야기하기」, 『현대소설연구』 48, 한국현대소설학회, 2011.
이승준, 「고등학교 교과서의 서사이론에 대한 비판적 고찰 2—제7차 교육과정 문학교과서의 '인물'을 중심으로」, 『교육문제연구』 25, 고려대 교육문제연구소, 2006.
이익성, 「김유정 '도시소설'의 근대성」, 『한국현대문학연구』 24, 한국현대문학회, 2008.
이현주, 「김유정 농촌소설에 나타난 "향토" 표상」, 『시학과 언어학』 31, 시학과 언어학회, 2015.
임경순, 「독서 교육의 한 방향 : 측은지심의 함양—김유정 소설을 중심으로」, 『한중인문학회 국제학술대회』 2018-6, 한중인문학회, 2018.
임정연, 「김유정 자기서사의 말하기 방식과 슬픔의 윤리」, 『현대소설연구』 56, 한국현대소설학회, 2014.
전신재 편, 『원본 김유정 전집』, 강, 2012.
정이붕・김장선, 「문학 작품을 활용한 한국어교육 연구—김유정의 「봄・봄」을 중심으로」, 『겨레어문학』 58, 겨레어문학회, 2017.
정재림・이남호, 「'거리'를 활용한 소설감상교육—김유정 소설 감상을 중심으로」, 『우리문학연구』 42, 우리문학회, 2014.
정진석, 「소설교육에서 「사랑손님과 어머니」의 정전화 양상과 개선 방향」, 『문학교육학』 46, 한국문학교육학회, 2015.
______, 「소설교육에서 신빙성 없는 서술자의 수용에 대한 인지서사적 고찰—「동백꽃」의 예전화 양상을 중심으로」, 『국어교육』 154, 한국어교육학회, 2016.

정현숙, 「김유정 소설과 서울」, 『현대소설연구』 53, 한국현대소설학회, 2013.
조경덕, 「김유정의 소설 쓰기와 자기 인식－「슬픈이야기」, 「따라지」 분석」, 『한국문학이론과 비평』 55, 한국문학이론과비평학회, 2012.
조수진, 「한국어교육에서 '해학'의 정서 표현 교육 방안－김유정의 「동백꽃」을 중심으로」, 『한국문예비평연구』 56, 한국현대문예비평학회, 2017.
진영복, 「김유정 소설의 반개인주의 미학」, 『대중서사연구』 23-4, 대중서사학회, 2017.
최선영・차봉준, 「김유정의 문학작품과 독서토론 교육의 의의」, 『교양교육연구』 10-1, 한국교양교육학회, 2016.
최원식, 「김유정을 다시 읽자」, 『한국근대문학을 찾아서』, 인하대 출판부, 1999.
한국소설학회, 『현대소설 시점의 시학』, 새문사, 1996.
홍래성, 「반(反)자본주의를 위한 사랑의 형상화－김유정론」, 『한민족문화연구』 56, 한민족문화학회, 2016.
S. 채트먼, 한용환 역, 『이야기와 담론－영화와 소설의 서사구조』, 고려원, 1991.
Nünning, A. F., "Reliability", D. Herman., M. Jahn & M. L. Ryan(eds.), *Routledge Encyclopedia of Narrative Theory,* New York : Routledge, 2005.

제4부 / 김유정과 문화 콘텐츠

명동의 달*

황영미

찰랑거리는 직모 단발머리를 한 이미지는 연구실 책상에 앉아 심드렁한 표정으로 컴퓨터 검색창에 '뇌암'을 검색한다. 연구실 서쪽 창으로 들어오는 햇살이 따스하지만, 너무 밝은 탓인지 그녀는 미간을 잠깐 찌푸리더니, 의자에서 일어나 블라인드를 치고는 다시 컴퓨터 앞에 앉는다. 10년 전 뇌암 진단이 처음으로 내려졌을 때는 고상한 그녀도 누군가에게 원망을 하고 싶은 심정이었다. '이게 뭡니까. 무슨 나쁜 일을 한 것도 아닌데, 왜 이런 형벌이 내려졌는지. 아직 결혼도 못 해 봤는데…….' 차라리 죽어버릴까 하는 생각을 안 한 것은 아니었다. 죽음을 각오한 마당에 못 할 게 뭐냐며 치료도 거부할까 생각했던 적도 있었다.

하지만 생각처럼 호기 있게 자살도 치료를 거부하지도 못했다. 마침

---

* 이 소설은 김유정학회 제10회 가을학술세미나(2019.10.6)에서 발표했던 원고를 수정한 후, 한국작가교수회 기관지인 『소설시대』 22(2019.12)에 게재된 것임.

연구년이어서 가족 외에는 누구에게도 알리지 않고 병원에 온갖 각서를 쓴 후 1차 뇌수술을 했다. 뇌수술은 뇌의 중요 부위가 수술할 때 건드려질 수도 있어서 한쪽 마비가 오는 등, 수술하기 전보다 더 나쁜 상태로 되기 일쑤다. 다행히 수술은 잘 됐고, 수술 이후 고통스러운 항암치료가 계속됐지만, 별다른 증상 없이 5년이 지나면 괜찮을 것이라고 들었다. 병원에 가서 약을 타긴 했지만 별다른 증상이 없었다. 그러고도 자그마치 10년이 지났다. 조심하면서 불행 중 다행이라고 생각하며 늘어난 생명에 감사하면서 하루하루 살아가는 중이었다. 암에 걸린 게 한편으로는 좋은 점도 있었다. 언제 죽을지 모른다는 생각이 모든 것을 소중하게 보게 만들었다. 모든 게 죽으면 다시 못 올 기회라는 것을 그때서야 깨닫게 된 것이다.

이런 그녀에게 이해 안 될 게 없었고, 원래도 화를 잘 안 내는 편이었지만 화날 일도 없었다. 기회가 되는 한 인생을 즐기려 노력했다. 방학 때마다 여행 가기를 좋아하는 친구인 식품영양학과 교수 김혜리가 여행 가자면 두말없이 얼른 따라갔다. 김 교수와는 중학교 때 같은 반이 되고부터 친했다. 집도 가까워 시험공부도 같이 했고 한밤중에 공부가 끝나 집에 갈 때 데려다준다며 혜리네 집 앞까지 갔다가 얘기가 안 끝났다며 다시 그녀의 집으로 혜리와 함께 돌아오기도 하는 등 여러 차례 동네를 오간 적 많다. 취향이 비슷해 음악회도 같이 가고, 영화도 같이 자주 보러 다녔다. 고등학교는 달랐지만 같은 대학에 진학하게 되면서 대학 때 다시 더 가까워진 친구다. 식품영양학과 교수답게 여행지 최고의 맛집에서 멋진 분위기로 식사하는 게 취미인 혜리는 연구의 일환이라며 음식 값도 척척

계산하곤 했다. 지난 겨울 방학에도 혜리와 함께 이탈리아 시칠리아에서 멋진 풍광과 맛있는 음식을 먹으며 행복한 시간을 가졌다. 또 음식을 잘 만드는 혜리가 숙소에서 음식을 만들면 설거지 담당은 늘 나였다. 평소 요리도 자주 안하는 터라 당연히 설거지도 잘 안 하고 살아왔던 나로서는 혜리와의 여행에서 내 인생에서 가장 많은 설거지를 했다.

어떤 일이든 매일 감사를 연발하며 즐겁게 살아가던 중이었다. 그런데 달포 전부터 심하게 피곤이 몰려와 수업하기도 어렵고, 어지럼증과 함께 토할 것 같은 증상이 잦아진 것이다. 죽기보다 가기 싫은 병원에 가서 다시 검사를 해야 했다. 전이가 시작됐는지의 여부를 진단하기 위해 이곳저곳을 지난주에 모두 검사했다. 컨디션이 별로였지만 그래도 연구는 놓을 수 없어 책상에 앉아 있기는 한다. 하지만 마음은 납덩이처럼 무겁다.

친구 김혜리와는 '김유정 소설에 나타난 음식문화'로 공동연구를 진행하는 중이었다. 김혜리가 일제강점기 당시 음식문화를 조사하고 이미지는 김유정 작가의 자료나 소설을 조사하여 음식문화와 연결시키는 연구였다. 유럽 여행도 함께 다녀온 사이지만, 정작 혜리한테도 병세를 말하지는 못했다. 암 재발을 생각지도 못하고 시작한 연구였다. 만일 암이 전이됐다는 결과가 다음 주에 나온다면 연구가 다 무슨 소용인가. 그녀는 한숨이 저절로 나왔다. 지난주에 병원검사 때문에 수업도 조교가 미리 준비해 놓은 강의동영상을 트는 것으로 대신했다. 가슴이 답답해 온다. 그때 공동연구를 진행하는 혜리의 제자 윤승연 연구원에게서 전화가 왔다.

"교수님, 1920년대 잡지를 뒤져보니, 경성 음식문화는 여름 음료에서 가장 많이 달라진 것 같습니다. 보리수단, 원수봉 같은 전통음료에서 1930년대 음료는 플레인, 아이스커피, 레모네이드, 오렌지주스, 스트로베리에이드, 밀크셰이크 등이었다는 내용을 찾았습니다. 교수님께서는 김유정 소설에 나오는 음료부터 먼저 조사해주시면 되실 거예요."

윤승원 연구원의 말이 다른 세상에서 들려온 듯 멀리 들렸다. 정신을 집중해서 겨우 대답을 한다.

"알았어요. 나도 새 자료를 입수해서 검토 중이에요. 이번 주말까지 정리해서 보내줄게요. 그러면 목록 보고 음식문화 쪽 전체 리스트와 비교해 보세요. 윤 연구원이 중간에서 수고 많아요."

그녀는 겨우 전화를 끊고 나서 연구실 소파에 철퍼덕 누웠다. 온몸에 힘이 쭉 빠지고 천근만근 무겁다. 다른 장기에까지 전이됐다는 결과가 나오면 이 연구는 그만둔다고 얘기해야 할까. 제1저자 역할을 한 윤 연구원에게 가장 미안하다는 생각이 들었다. 김유정 소설에 나오는 음식문화를 연구한 다음에는 일제강점기 영화에 나오는 음식문화를 연구하겠다고 계획을 말하면서 신이 나 있던 윤 연구원에게 찬물을 끼얹을 수는 없었다.

이미지 교수가 여러 한국작가 중 김유정에게 끌린 건 김유정 작가의 문학성 때문이기도 하지만, 그가 목을 매달다시피 한 박록주와의 그 용감하고 치열한 짝사랑 때문인지도 모른다. 이미지 교수도 젊은 시절 사랑 한번 안 해본 것은 아니다. 대학 문학 동아리 모임에서 여자 회원이라면 누구나 관심을 가지지 않을 수 없는 매력남 장진수에 대한 나홀로 사랑이다. 얼굴이 유난히 희고 큰 키의 그는 일단 그리스 조각같은 외모뿐만 아니라 글도 잘 썼다. 다른 남자 회원도 많았지만 여자 회원들은 오로지 진수바라기가 많았는데, 이미지 교수도 그랬고, 친구 김혜리도 그랬다. 김혜리와 만나면 다른 얘기 하다가도 결론은 장진수로 돌아가곤 했다. 그러나 행운은 남성 편력이 많았던 박현옥한테 돌아갔다. 이미지보다 냉정한 편이었던 혜리는 현옥이가 진수 씨와 열애 중이라니 우린 포기해야지, 미지도 정신차리라고 담담히 말했다. 하지만 그녀는 그렇게 쉽게 포기가 되지 않았다. 한번은 장진수에게 만나자고 하려고 전화를 했지만, 정작 그와는 동아리 행사 얘기만 하다가 전화를 끊었다. 심지어 진수는 현옥이한테 그녀가 전화했다는 사실을 말해 낯 뜨겁게 만들었다.

"미지야, 너 진수 씨한테 전화했다며? 진수 씨가 다음 날이 동아리 모임인데, 동아리 모임에서 행사 얘기 하면 되는데, 미지가 왜 자기한테 전화했는지 모르겠다고 하더라."

그때 현옥이의 자신만만한 표정이 아직도 잊혀지지 않는다. 그런 일을 당하고도 오래도록 장진수에 대한 그리움은 그녀 마음에 남아 있었다. 그가 무엇을 하고 있는지 관심을 두고 지켜봤고, 그가 현옥이는 아니었지만, 결혼한다는 소식을 듣고 동아리 여자 회원으로서는 혼자 다른 남자 회원들과 함께 그의 결혼식에 갔었다. 그녀에게 신부 얼굴은 눈에 들어오지도 않았다. 여전히 그의 얼굴에는 후광 같은 빛이 나는 것 같았다. 그토록 오래도록 사랑한다고 말 한 번 못한 그녀에 비하면 김유정은 박록주와 이루어지지 못했다고 하더라도 열정적으로 록주에게 사랑을 고백했고, 그 사랑을 글로 남겼다. 그녀는 어찌보면 김유정의 광기어린 사랑을 탐구하고 싶었는지도 모르겠다.

'그래도 내 할 일은 해야지'라고 중얼거리며, 동경에서 학술대회 할 때 알게 된 한국어 전공 야마다 교수가 보내준 작가 김유정의 마지막 편지를 다시 읽어보았다. 원래 김유정이 안회남한테 보냈던 마지막 편지는 잘 보관돼 김유정 문학관에도 전시되어 있다. 그런데 김유정이 그 이후에 쓴 편지가 일본에 있는 릿쿄대학 도서관에서 발견됐다며 복사해서 국제우편으로 보내준 귀한 자료다. 일제 강점기에 수많은 자료나 사료가 일본으로 가게 됐다는 건 알고 있었지만, 작가가 친구에게 보낸 지극히 사적인 편지 같은 자료마저 일본에 있다는 건 의외였다.

필승 전(前)

필승아.

일전에 너에게 보낸 편지가 네 마음을 무겁게 했을 것이 마음에 내내 걸려 다시 편지 쓴다. 지금도 병세는 점점 나빠지고 있어서, 내가 죽으면 내 인생에는 뭐가 남나 하는 생각이 자주 든다. 내 일생에 가장 좋았던 기억만 가지고 저세상인지 하늘인지 모를 곳에 갔으면 한다.

갑자기 명동에 있던 다방 '제비'에 자주 갔던 생각이 든다. 얼굴마담인 금홍 씨는 뭘 하느라 바쁜지 자리를 늘상 비우고, 대부분 김해경 그 작자 이상이 다방을 지키고 있었잖나. 경영이 잘 안 되는 탓에 일하던 애도 내보낸 터라 상이 타주는 맛도 없는 쓴 커피를 마시면서 '문학이 뭔지, 인생이 뭔지'에 대해 침을 튀기며 얘기했었지. 매번 마시는 맛없는 커피 대신 가루피스를 달라고 했는데도 커피하고 홍차밖에 없어서 할 수 없이 맛없는 커피만 먹었었다. 영업은 잘 안 됐지만 '제비'는 내게 많은 의미를 지닌 공간이 됐지. 문학이 사실 외로움을 파먹고 자라는 거라 혼자 작업을 하면서 힘든 면이 많잖아. 그런데 비슷한 생각을 지닌 문학의 동지를 만나 대화를 해보니 영혼이 통하는 사람을 만나는 게 인생의 가장 큰 복이라는 생각까지 든다.

사실 나는 그동안 소설이란 모름지기 그럴듯한 허구라는 생각에 사로잡혀 실레마을 사람들을 희화화시켜 소설을 썼다. 사실 시골 사람들의 삶은 배운 우리들보다는 참으로 어이없을 정도로 힘들었지. 내가 다시 태어나 저런 삶을 살게 되면 못살 것 같다는 생각으로 시골사람들을 묘사하는 게 무슨 의무감처럼 느껴졌었다.

그런데 서울에 와서 문우들을 만나보니, 일본에서 대유행인 서양에서 갓 수입한 모더니즘 문학에 문우들은 흠뻑 빠져 있더군. 제임스 조이스의 『율리시즈』도 해외에서는 처음으로 일본에서 번역될 정도로 모더니즘의 열기가 뜨거웠다고 하는군. 사실 내가 등단이라는 코스를 치르기는 했지만, 문단 인맥이 전무하고 문인 친구라고는 상밖에 없어, 구인회에 들어가자는 상의 말에 솔깃했어. 그런데 구인회에 막상 가보니 전부 서양물이 든 멋쟁이더군. 구보는 최고 신 유행인 갑바 머리에 노마이를 걸쳐 입고는 지팡이를 한 손에 살짝 짚고 온 멋쟁이지. 필승이 너도 알다시피 상은 옷이 많지는 않지만, 반짝반짝한 백구두에 맥고모를 쓰고 다니지 않았었나. 그렇다고 나까지 뭐 양놈들 흉내를 낼 수는 없지 하면서 늘 입던 한복에 두루마기까지 척하니 걸치고 나타나니까 다들 조금 놀란 표정을 짓더군.

하지만 대화를 해보니 소설의 표현이나 주제 같은 것에서는 전혀 이견이 없을 정도로 비슷했다. 막상 구인회 멤버들 하고 얘기를 나누다보니, 남의 이야기만 쓰고 있는 내가 여태 뭐했나 하는 생각이 들더란 말이지. 내 자신의 이야기가 가장 진실되게 독자와 교감할 수 있다는 생각이 점점 확고해졌다. 상이나 구보, 상허 등은 모더니즘을 신사조로 숭앙하고 있는 터였고, 일본의 사소설이니 심경소설이니 하는 전통과 맞물려 일본서도 대유행하고 있다는 거야. 상은 거기에 더 나아가 초현실주의로 작품을 써야 한다고 떠들더군. 자의식, 무의식 등을 얘기하면서 프로이트 얘기도 나오고 말이다.

구인회 대화를 나누다 보니 내가 시골 사람들이 돼 쓰는 것보다는 내 이야기를 쓰자 내 이야기를 쓰자 하는 생각이 맴돌곤 했었다. 그럼 내게 가장 절실한, 다른 사람은 느끼지 못한 게 뭐가 있나 생각하다가, 얼마 전 박록주가 아편밀수와 흡연 혐의로 기소돼 징역 6개월을 살게 됐다는 게 떠오르더군. 한편으로 록주가 얼마나 힘들꼬 하는 생각도 들었지만, 나의 열정을 알아주지도 않던 생각에 문득 괘씸한 생각도 들었다. 자네도 알다시피 내가 진정 순수한 마음으로 록주에게 연서로 내 사랑을 고백했는데, 그처럼 냉담하게 대해서 얼마나 내가 얼마나 상심했었나 말이다. 생각해보면 내 인생에 가장 정열적으로 사랑했던 여자는 바로 록주였다. 사랑하고픈 마음이 충천했을 때, 딱 내 눈에 띄인 여성이 기생이기는 했지만 바로 그녀였다. 그런 짝사랑이란 대개 사랑하고 싶은 마음이 만들어낸 일종의 이미지일 수도 있겠다는 생각도 들었지만, 심정적으로 가장 강하게 든 심경은 바로 애증이라는 감정일 듯하다.

애증.

바로 열렬히 사랑한 만큼 내 마음 한구석엔 증오가 또한 자리하고 있었던 듯하다. 때마침 구인회 기관지 『詩와 小說』에 소설을 내자는 얘기들도 나오고 해서 록주와의 사랑 얘기가 내겐 가장 리얼한 이야기가 될 것이라고 생각이 들었다. 제목을 「두꺼비」라고 한 것은 학생인 '나'(리경호)가 어느 날 길을 가다 본 기생 옥화에게 한눈에 반해 연모의 마음을 품게 되는데, 그 두꺼비 같은 눈을 가진 기생 옥화의 오빠에게 그녀에게 전해달라며 연모의 엽서를 보내는 설정에 근거한 것이다. 기생 옥화의 모습도 천하일색으로 그리지 않고 길 가다가 우연히 마주친 여자인데 쭈그렁밤송이 같다는 외모로 설정했다. 내가 록주에게 정신 팔린 것을 자조하면서 말이다. 게다가 그 두꺼비눈 오빠는 극장이니 카페니 하는 곳에 드나들며 밤을 새기 일쑤라고 설정해 놓고 이 바보 같은 주인공이 두꺼비 유흥에 쓰라고 없는 돈을 구해 줬다고 설정을 하면서 내 신세 한탄도 좀 넣었다. 지금 생각해 보면 그때는 밤낮없이 록주 생각만 자꾸 나서 아무것도 할 수 없었지. 눈에 삼삼하게 그녀의 미소가 떠올라서 내가 왜 이러지 하면서 혼자서 피식 웃었던 때도 많았고, 내 손에 들어오지 않던 그녀 때문에 자다가도 벌떡 일어나 날을 새곤 했었다. 그녀한테 쓴 편지만 해도 얼마나 많은지 필승 자네도 알 것이다. 사랑이라는 열병은 바이러스처럼 온몸을 지배했었다.

요즘 같이 '카페 걸'뿐만 아니라 산책 즐기는 남자를 부축해주는 '스틱걸', 당구장에서 손님과 함께 게임을 하는 '빌리어드 걸', 주유소의 '가솔린 걸'처럼 화려한 용모와 미소로 남자들을 유혹하는 온갖 '걸'들이 많은데도 나는 고색창연하게도 소리하는 록주한테만 끌리는 이유가 뭔지 지금 생각해봐도 알 수 없기는 마찬가지다. 한편으로 그게 바로 남녀의 연애하는 감정이겠지, 이유가 뭐가 필요하겠나 싶다. 젊은 지식인들은 가솔린 걸로 취업을 한 나이도 갓 스물도 안 된 예쁘고 고등보통학교를 졸업한 인텔리 여성과 연애를 하는 사람들도 많았었다. 내겐 그러한 모던 걸보다는 록주가 냉정하게 구니까 더 매력적으로 보였는지 알 수 없다. 그러나 생각하면 할수록 록주가 직업상 나 말고도 다른 남자를 상대한다는 사실이 어떤 땐 소스라치게 싫기도 했다. 나한테만 가끔 덧니 사이로 흘리는 예쁜 미소를 다른 남자들에게도 그럴 수 있다고 생각하면 가슴에서 불같은 것이 올라오기도 하고 말이다. 심지어 어떤 부호의 첩이라는 말도 있고 해서, 그래 돈 있는 사람만 좋아하며 나 같은 학생의 순수한 사랑을 받아주지 않는 거로군. 속물근성에 가득 차서라고 원망하면서 미워하기도 일쑤였다.

그러나 제비다방에 가서 사람이 없을 때면 록주의 단가 〈백발가〉와 흥보가 중 〈박타령〉 레코드판을 돌려 듣곤 했는데 록주의 애련하고도 처연한 목소리가 내 가슴을 파고들어 눈물이 뿜어질 지경이었다. 어릴 적 돌아가신 어머니 품속에 있는 듯 내 아픔을 알아주는 유일한 여인인 듯 느껴지기도 했다. 나이 많은 기생에게 반해 그에게 젊은 내가 온몸을 바쳐 연서를 쓴 사연은 암만 생각해봐도 나 자신에게도 탐구대상이고, 「두꺼비」에서 그린 것에 뭔가 부족한 점을 느꼈던 나는 록주에 대한 나의 사랑인지 뭔지 모를 감정에 대해 한 번 더 객관화하고 싶어지기도 한 탓에 「생의 반려」에서 다시 한번 록주에 대한 사랑의 의미를 탐구하고 싶어졌다. 록주와의 광기 어린 사랑을 떠올리며 나의 열정 뒤에 숨은 우울의 근원을 알고 싶었던 것인지도 모르지만 말이다.

필승이 너에게만 지금에서야 고백하지만 나는 예쁘고 연약해서 보호본능을 일으키는 여자에게는 비린내만 나는 것 같고 이상하게도 하나도 끌리지 않는다. 내가 록주의 판소리 공연을 보고 심금을 울리는 그 소리에 반한 것은 그녀가 지니고 있는 페이소스, 산전수전 다 겪어서 나의 내면 밑바닥에 가라앉아 있는 깊은 고민까지 다 소통할 수 있는 그 깊이에 있다고 봐야지. 특히 단가 〈백발가〉를 부를 때면 피를 토하는 듯한 그 열정과 허무가 공존하고 있는 심연 속으로 나도 모르게 끌려들어가는 것 같다. 공연을 보고는 바로 무대 뒤로 찾아가서 그녀를 만났다. 당시 그녀는 웬 어린 학생인가 해서 별반 관심을 두지 않았던 것 같았다. 이후 자주 레코드판으로 그녀의 소리를 들었는데 그때마다 내 가슴이 찢어지는 듯 패어왔다. 자네가 그 감정을 알려나 모르겠지만, 그녀가 지닌 매력은 바로 인생을 다 산 것 같은 허무감에서 비롯된 슬픔을 간직한 분위기 바로 그것이라고 생각된다. 자네도 록주의 소리를 들으면 나처럼 끌리는지 아닌지 궁금하기도 하다.

나는 록주를 생각하며 매일 연서를 보냈지만, 록주한테서 답이 없기에 하루는 레코드판에서 뜯어낸 록주의 사진 밑에 '당신을 연모합니다. 저의 사랑을 받아주옵소서'라고 적어서 편지를 보내기도 했다. 그러던 어느 날 록주가 행랑어멈을 시켜 나를 불렀다. 나는 이제야 그녀와 진정한 대화를 하겠구나 하는 기대에 가득 차 그녀를 만나러 갔으나, 학생이 공부에 전념해야지라고 하면서 오히려 따끔하게 훈계를 하는 것이다. 그런 훈계쯤에 그만둘 내가 아니고, 점점 더 단념이 되지 않아서 밤낮없이 록주 생각이 머리에 가득 차게 됐다. 왜 내 진실한 사랑을 받아주지 않는지 더 알 수 없게 되고, 어떤 땐 록주를 죽이고 나도 죽겠다는 생각까지 하게 됐다. 급기야 난 이 결심을 보여줘야겠다는 생각이 들어 손을 깨물어 혈서를 썼다. 록주가 나타날 때까지 천향원에서 추운 겨울밤을 지새운 적도 많았다. 록주가 나를 피한다는 생각을 하니 더욱 미치겠는 것이다. 소리 연습하러 간다면서 한두 달씩 돌아오지 않을 때도 난 올 때까지 문 앞에서 기다리곤 했다. 그땐 열병처럼 어찌 됐든 간에 록주를 만나지 않고서는 아무것도 할 수 없는 지경까지 이르렀다고 봐야 될 것이다. 괴로움을 달래느라 마시는 주량도 점점 늘어만 갔고, 늑막염도 점점 심해져 육체적으로도 힘들었지만, 정신적으로 더 힘들었다. 그런 열정이 어디서 나왔는지 알 수 없지만, 병들어 아픈 몸인데도 사랑의 열병 탓인지 아픈지도 모르고 록주 생각만 했다.

나는 「생의 반려」에서 록주를 나명주로 내 심경을 유명렬이라는 인물을 통해 글로 다시 내 사랑을 곱씹었다. 명주를 처음 만났던 강렬한 인상부터 나의 병적인 사랑까지도 모두 다 소설 속에 그려내고 싶었다. 소설을 쓰면서 나는 부나비처럼 사랑의 불로 다시 뛰어들고 싶었던 모양이다.

아무튼 록주에게는 애증 그 이상도 이하도 아닌 감정으로 변해버린 지금이 참으로 이상하다. 한때 그토록 잠 못 이루며 그리던 이한테 증오 같은 감정이 생기는 인간의 오묘한 심경은 도대체 무엇이란 말이냐. 또 그 후에는 다시 아무런 감정도 안 생기는 것도 기이한 일이다. 지금 록주의 레코드판을 틀어서 〈사랑가〉를 듣고 있자니 괜스레 눈물이 흘러내린다.

필승아,

문득 너는 모르는 사건 하나가 생각난다. 구인회 멤버들이 당시 인기 있었던 영화 〈청춘의 십자가〉를 보러 저녁 으스름 단성사에 갔던 날이었다. 나운규 감독의 〈아리랑〉에서 영희 역할로도 나왔던 배우 신일선이 카페 걸 영옥 역으로 나왔었다. 바를 등지고서 담배를 멋지게 피워대면서 등장하는 장면은 대담해 보이기도 했다. 돈을 벌어보려고 경성에 온 영옥 자신은 가난하지만, 그녀가 상대하는 사람들은 자동차를 몰고 골프장을 다니는 상위 1%의 사람들이고, 그녀도 양주와 삐루를 마시면서 짜즈를 들으며 상류사회의 문화를 즐기며 살아가고 있었다. 당시 많은 사람이 앞이마를 살짝 덮은 곱슬머리, 웃을 때 눈꼬리가 살짝 접히는 동양적인 가느다란 눈을 매력적으로 여겨 최고 인기 배우였잖나. 영화를 함께 본 구인회 멤버들 역시 신일선이 영화에서 역할을 제일 잘 소화했다고 입을 모으며 종로통에서 명동으로 걸어가며 얘기하던 중이었다.

구보 박태원이 먼저 입을 열었다.

"영화에서 영옥이란 캐릭터는 처음에는 오빠한테 의지하다가 또 경성 부호 장개철이 유린을 해도 그한테 또 의지하는 게 영 못마땅해. 그게 여전히 여성들이 남성에게 의존하는 모습을 보이는 거란 말이지. 담배도 피워 물고 했으면 좀 파격적으로 자유로운 캐릭터로 그려졌으면 더 좋았을 거란 말이지. 안 그런가?"

구보는 곁에서 걸어가는 상허 이태준이 답하란 듯이 상허를 바라보며 말했다.

"상허 자네의 등단작 「오몽녀」의 주인공은 영화에서의 영옥에 비하면 오히려 훨씬 모던한 여성이지 않나? 적극적으로 자신이 욕망하는 바를 취하는 점이 말이야. 헛헛헛! 그래서 적극적인 성격인 나운규 감독도 마음에 들어서 영화로 만들려는 것 아니겠어."

상허는 서양식으로 어깨를 으쓱해 보였다. 나는 평소 구인회 멤버들의 문학관이나 작품세계는 동조하지만 그들의 서양에 대한 사대주의는 참으로 못마땅했다. 도대체 양놈들 포즈는 어디서 배워가지고 언제부터 몸에 밴 듯 써먹는 것인지 알 수 없다 이 말이다. 점점 기분이 안 좋아지고 있는데, 구보는 눈치 없이 한술 더했다.

"요즘 카페에서 짜즈를 들으면 어쩐지 나른해지기도 하고 흥겨운 박자에는 신이 나기도 한단 말일세. 조선 음악이나 클래식 음악과는 다른 그 매력이 아주 그냥 보통이 아니네그려. 내 예전에는 클래식만 좋은 줄 알고 들었는데, 요즘은 짜즈 매력에 흠뻑 빠져 있네. 여보게 상! 제비에도 짜즈 레코드판을 좀 더 갖다 놓지 그래?"

안 그래도 구보가 서양 풍조를 더 높이 치는 바람에 한 마디 하려고 벼르고 있던 차였는데, 이번에 또 짜즈에 대해 말하는 통에 나는 더 비위가 거슬렸다.

"그놈에 짜즈 얘기 좀 그만하시게. 언제부터 짜즈를 들었다고, 짜즈 짜즈 거리는 거야? 귀가 다 어지럽단 말일세."

구보의 동그란 눈이 점점 커져 나한테 다가왔다.

"그러면 당신이나 조선 판소리 들으면 됐지, 왜 죄 없는 짜즈한테 화풀이를 하는 게야. 신문물을 좀 적당히 즐길 줄도 알아야지 원."

평소 같으면 농으로 웃어넘기던 구보가 그만 버럭 화를 내고 만 것이다. 나로서는 내가 문단 말석이라고 이 사람까지 은근슬쩍 나를 우습게 보나 해서 옆에서 걸어가던 구보 양복저고리를 잡고야 말았다.

"왜 이러나 이 사람이, 한판 해보자는 겐가?"

구보가 내가 잡았던 양복저고리를 손으로 밀치려다 급기야 그의 손이 내 얼굴을 스치게 됐다. 그때 내 표정을 필승이 네가 봤어야 됐다. 나도 갑자기

열이 올라와서 씩씩거리고 있었던 것이다.

"어허, 점잖은 사람들이 길에서 뭔 짓들인가. 남들 보는 눈도 많은 데서." 라면서 상허가 뜯어말리지 않았다면 순간적 혈기에 주먹다짐까지 오갈 뻔했다. 구보와 머쓱해진 내가 서로 악수를 하고 둘이서 함께 헛웃음을 짓고서야 해프닝은 마무리됐다.

시비를 하다 보니 어느새 명동 입구에 당도하게 됐고, 구인회 멤버들은 모두 자주 가던 명동돈가스 집으로 들어가 식성대로 주문하고 늘 앉았던 테이블에 앉았다. 그런데 이상이 사건을 정리한답시고 한 말이 나를 또 화나게 했다.

"오늘 당신 둘이서 구인회 역사를 새로 썼네. 혈투로 맺어진 끈끈한 구인회. 캬. 요즘 유행하는 서부영화 하나 찍는 줄 알았네. 자, 삐루 한잔 받음세."

"비유를 한다는 게 또 양놈들 영환가? 조선영화 보고서도 양놈 영화 얘기하면 조선영화는 어떻게 발전하냐고!"

내 격앙된 목소리와는 정반대로 상허는 여전히 차분한 목소리로 말한다.

"민족주의적 애국이라."

생각해보니 나도 모르게 큰 소리를 낸 터라 좀 부끄러워졌다. 소중한 문우들 앞에서 좀 추태를 보인 건 아닌가 반성도 되고 해서, 한쪽 구석에서 삐루만 벌컥벌컥 들이켰다. 식사가 끝나고 삐루 다음엔 커피로 입가심을 해야 된다며 다들 제비 다방으로 향했다.

나는 화낸 게 머쓱하기도 해서 바로 집으로 가겠다고 말했다. 어스름 달빛이 내려앉는 푸르스름한 가로등 불빛 아래로 그들의 그림자가 다 사라질 때까지 그들을 바라보았다. 그때 달빛은 참으로 아름다웠다. 가슴 속에서부터 참 좋은 친구들이다, 참 좋은 친구들이다라고 자꾸 되뇌어졌다.

필승이 너처럼 마음속 깊은 얘기까지 할 수 있는 편한 친구들은 아니지만, 경성에 와서 만난 귀한 친구들 아닌가. 내가 어느 시대에 태어나 저런 친구들을 한꺼번에 여덟이나 만나볼꼬 하는 생각도 들었다. 가히 문단의 황금시대인 것이다. 그런 시대를 함께 했다는 것만으로도 나는 몹시도 운 좋은 놈이라는 생각이 든다.

다음 날 갓 발간돼 집으로 배달돼 온 구인회 동인지 『詩와 小說』을 읽어보니 거기 실린 단 두 편의 소설은 구보가 쓴 「방란장 주인」과 내 소설 「두꺼비」였다. 구보의 소설은 마침표가 없이 장거리문장으로 돼 있었다. 5,600자에 이르는 소설을 단 한 문장으로 소설을 쓴다는 실험은 구보가 얼마나 표현에 예민하게 신경 쓰고 있는지를 보여주는 일이라고 생각된다. 내 소설 「두꺼비」도 문장을 좀 길게 쓰기는 했지만, 구보의 문장실험은 꽤나 특별한 일이라는 생각이 든다. 작가가 문장에 목숨을 건다는 사실은 글을 써 본 사람이 아니면 모를 것이다. 문장이 바로 생각이요, 얼인 것이다.

쓰다 보니 편지가 길어졌다. 자네가 읽기도 힘들게 만들었군. 이제 건강을 자신할 수 없으니 앉은뱅이책상에 앉아서 글쓰기도 어렵고 편지도 겨우 쓰고 있다. 어떤 날은 열이 오를 때도 있고, 치질도 자꾸 상태가 안 좋아져서 점점 더 우울에서 벗어나기 어렵기도 하다.

폐병은 영양가 있게 잘 먹어야 한다는데 형편이 어려운 누이가 나름 최선을 다하고 있는데 뭐라고 할 수는 없지만, 입맛이 하나도 없다. 그럼 자네도 건강 유의하고 잘 지내게. 그럼 다음에 또 편지 보내도록 함세.

1937년 3월 22일

김유정

김유정이 죽기 전 친구 안회남에게 보낸 마지막 편지를 모두 다 읽은 그녀는 김유정의 사랑과 죽음에 대해 생각해 본다. 다음에 또 편지 보내도록 한다는 마지막 말은 영원히 실현되지 못했다. 인간은 한 치 앞도 못 보며 살아가기 마련이다. 죽기 전 김유정은 자신이 가장 즐거웠던 시절, 뜨거웠던 시절을 떠올리며 병을 견뎌내는 것으로 보인다. 젊음이 있고, 뭐든 할 수 있을 것만 같은 용기가 있던 시절, 다시 올 수 없는 낭만이 진정한 삶의 의미였다고 보는 것이다. 그리고 유정의 예술과 광기에 대해 생각해 보았다. 고갱과의 갈등으로 귀를 잘랐던 고흐의 열정과 김유정은 어딘가 닮아 있다.

그녀는 문득 친구 혜리와의 여행을 떠올려본다. 빈센트 반 고흐를 좋아해 프랑스 아를에 가서 고흐가 입원했던 병원도 가보고 그가 매일 화구를 들고 그림을 그렸던 도개교도 갔었다. 별이 빛나는 밤을 그린 호수에서 석양 때 당도하여 별빛이 가득 찰 때까지 호수 곁에 혜리와 함께 있었던 기억도 새롭다. 특히 고흐가 생의 마지막을 보냈던 오베르 쉬르 와즈에 갔을 때, 까마귀는 없었지만 고흐가 마지막으로 그렸던 들판은 무척 인상적이었다. 들판에서 총을 맞고 집으로 돌아오는 고흐의 비틀거리는 걸음이 연상되기도 했다. 고흐가 살았던 좁은 다락방에는 자살자의 방이라 그 이후로 사람들이 들어오지 않아 고흐가 쓰던 물건이 고스란히 있었다. 누웠던 침대와 조그만 세면대까지 그대로 남아 있었다. 그리고 영혼의 짝이었던 동생 테오와 나란히 묻혀 있던 그곳 공동묘지 무덤가엔 그의 정열을 상징하는 새빨간 장미가 그들을 지켜주고 있었던 기억도 떠올랐다. 예술가의 죽음은 늘 강렬하게 그녀 가슴 한편에 자리하고 있었다.

헤리와 갔던 곳 중 또 기억에 남는 곳은 영화 〈베니스에서의 죽음〉에 나오는 베니스의 리도섬이었다. 카지노라는 홀을 중심으로 베니스영화제가 개최되기도 하는 리도섬은 경관이 특별히 아름답다. 그녀는 영화의 주제가인 구스타프 말러의 교향곡 5번 아다지오를 들으며 상념에 잠긴 듯 눈을 감았다. 헤리와 바다가 보이는 멋진 레스토랑에서 와인과 해물요리를 함께 먹으며, 헤리가 음식에 대해 설명했던 추억을 반추하는 그녀의 입가에 옅은 미소가 살포시 머문다. 영화도 좋아하고 클래식 음악을 좋아하던 헤리는 비스콘티 감독의 〈베니스에서 죽다〉를 얘기했었다. 영화는 작곡가 구스타프 말러를 상징하는 노 작곡가 구스타프가 병든 채 요양차 베니스에 도착하고, 그곳에서 마주친 완벽한 미소년 타지오에게 인생의 마지막 사랑을 느끼는 이야기다. 그러나 말 한번 못 걸어보고 소년의 뒤만 쫓아 헤매다 호텔 지배인으로부터 소년의 가족이 곧 리도 섬을 떠날 것이라는 이야기를 듣게 되고, 작곡가는 젊음의 가면으로 어설픈 화장을 한 채 소년을 찾지만, 노을이 지는 바닷가 저 멀리서 소년의 찬란한 모습을 바라만 보다가 숨을 거둔다. 붙잡을 수 없는 것에 대한 인생의 고뇌를 우아하게 펼쳐내는 영화와 조화되는 말러의 음악이 오래도록 기억에 남는 영화다.

문득 그녀는 미소년 타지오에 대한 구스타프의 갈망은 무엇일까 하고 생각해 본다. 소년애로 단순히 치부할 수는 없을 것이다. 비스콘티 감독의 미에 대한 갈구가 바로 주인공이 죽어가면서도 붙잡으려 하는 것일 터이다. 죽어가면서도 뭔가 갈구하고 싶은 것이 있다는 걸까. 하지만 그녀는 이제 자신의 인생에서 붙잡지 못하는 것들에 대한 미련을 다 버리고 싶었다. 미련이 다 무슨 소용인가. 그녀는 오히려 헛웃음을 웃는다. 그러나 암세포가 몸 전체로 퍼져가고 있다는 진단이 나오더라도 이처럼 태연할 수 있을까. 태연한 척 하는 걸까? 다행인지 불행인지 뇌암은 뇌세포가 죽은 탓으로 아무런 고통도 느끼지 못한다는데, 정작 죽음의 그림자가 곁에 다가 와도 느끼지 못한다면 그것 또한 얼마나 슬픈 노릇인가. 문득 첫사랑 장진수의 얼굴이 그녀에게 스쳐갔다. 그를 마지막 본 것은 작년 대학 동아리 홈커밍데이 때였다. 그는 젊었을 때와는 달리 주름살도 좀 생기고 세상일에 찌든 것도 같았지만 여전히 멋져 보였다. 그는 이미지 교수에게 다가와서 우리 모두 문학을 떠났는데, 너만 아직 문학을 하고 있구나 하면서 문학도였던 자신의 과거를 떠올리는 듯했다. 여전히 그녀 자체에는 관심이 없는 표정이었다. 그녀의 마음을 몰라주는 그가 원망스러웠지만, 어쩌겠는가. 사랑이란 알아주든 아니든 그리워하는 마음 자체인 것을. 그녀는 희미한 미소를 입가로 흘린다. 그래도 끝까지 그리워할 사람이 남아 있다는 것에 안도하는 것일까. 그녀는 가만히 눈을 감고 말러의 음악을 듣는다. 영화의 마지막 장면에서 소년을 바라보던 구스타프가 가슴을 움켜쥐며 의자에서 앞으로 꼬꾸라지듯 천천히 슬로우비디오처럼 그녀도 죽음을 맞으리라는 심경으로.

친구 경희대 식품영양학과 고 오세영 교수에게 바침

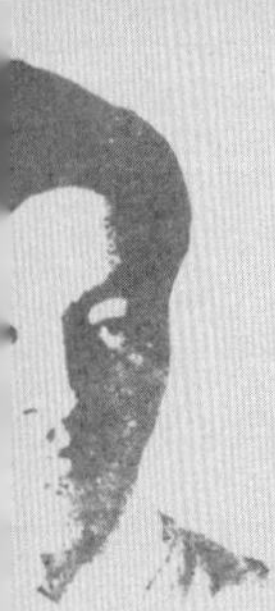

유정을 읽다

오윤주

유정은 우울한 사람이었다. 일찍 부모를 잃고, 폭력 성향이 강한 큰형 밑에서 자랐다. 큰형은 술을 먹으면 집안 식구들에게 식칼을 겨누고 여자들의 머리채를 휘어잡고 닥치는 대로 후드려 패는가 하면 우는 아기를 우물에 집어 던졌다. 겨우 큰형 밑에서 벗어나 누나의 집으로 옮겨갔지만, 누나 역시 결혼에 실패하고 악착같이 직장 생활을 해 가며 사느라 정신적으로 불안정한 사람이었다. 누나는 유정을 몹시나 아끼는 듯하다가 어느덧 돌변해서 밥을 축내는 버러지 같은 놈이라 구박을 하고 닥치는 대로 그릇을 깨부수곤 했다. 유정은 고개를 수그리고 치욕의 군밥을 얻어먹었다. 본래 부유한 집안이었지만, 많던 재산을 형이 탕진하여 그는 늘 가난했다. 어두운 가정사를 통과해 가느라 그의 마음은 늘 그늘져 있었다. 그는 눌변이고, 말을 더듬었으며, 사람들을 만나는 것을 두려워했다. 그의 사랑은 시작부터 끝까지 당최 얼척 없는 것이어서 매우 당연하게도 성공하지 못했고, 그의 학업은 번번이 중단되었다. 그는 일본 유학을 가고 싶었으나 결국 가지 못했다. 그는 젊은 나이에 병들었고, 병고 속에서 생계를 걱정하며 글을 써야 했다. 결정적으로 그의 삶은 이십 대를 넘기지 못하고 멈추어 서 버렸다. 스물아홉, 그가 죽은 나이다.

*

우울 그 자체가 아닐 수 없다. 이런 삶을 누가 택한단 말인가. 이런 삶 속에서 대체 그는 언제 웃었을까.

*

아이러니하게도 그는 한국문학에서 '웃음'을 대표하는 작가다. 중고등학교를 한국에서 다닌 이들이라면 유정의 소설을 피해가기 어려웠을 것이다. 그들은 '유정의 소설이 어떤 면에서 한국적 웃음의 전통을 이어받고 있는가'를 열심히 듣고 배우며 필기했을 것이다. 그는 명실상부 해학적 전통의 적실한 계승자로 한국문학사에 양각된 셈이다.

자전적 성격이 강한 「생의 반려」나 「형」 등의 작품이나 그가 말년(말년이라니! 고작해야 20대가 그의 말년이었다)에 썼던 수필들을 몇 개만 읽어보아도, 저 위에 간략히 요약된 유정의 짧디짧은 삶을 잠깐만 일별한다 해도 유정의 삶에 길게 가로놓인 균열을, 그의 발길을 자꾸만 어두운 허방에 빠지게 했던 구멍을 짐작할 수 있을 것이다. 그러나 그것은 다만 짐작일 뿐, 그가 헤매던 심연의 전모를 다 어루만질 수는 없을 것이다. 그것은 유정이 혼자 걸어갔던, 그 혼자 감당해야 했던 내면의 풍경이었으므로.

그런데 어떻게 해서 그는 우울한 자기 삶의 우물 속에서 「동백꽃」 같은 웃음을 찾아냈을까? 그의 인물들이 풍기는 그 웃음의 정체는 무엇일까?

그런데 읽으면 읽을수록 나는 그의 웃음이 당최 웃음이 아니라는 생각을 하게 되었다. 「봄・봄」이며 「만무방」, 「소낙비」나 「금 따는 콩밭」에 이르기까지, 그의 유머는 거칠고 투박하며, 단맛 없이 쓰디썼다. 그의 작품은 우습기도 했지만 마음 놓고 하하하 웃을 수 있는 그런 웃음이 아니었다. 그것은 말하자면, 구멍을 가진 자의 쓰고 뻐저린 언어인 것이라고, 나는 생각했다.

나의 유정에 대한 관심은 그렇게 시작되었다. 궁금함이 결국 유정을 주제로 박사논문을 쓰는 데에까지 이른 셈이다. 어쩌면 유정에 대한 나의 관심이 줄기차게 이어져 온 것은 삶 어디에서도 웃음을 길어 올릴 길 없는 나 자신이 유정에게서 비쳐 보였기 때문인지도 모르겠다.

*

누구에게나 메워지지 않는 구멍이 있다. 이미 과거에 있었던 것이지만 도무지 수습이 안 되는 채로 내버려진 것이기도 할 것이고, 예기치 못하게 마주하게 된 절망의 구렁 같은 것이기도 할 것이다. 아버지에게도 그런 것이 있었을 것이다. 어느 날 그 구멍은 아버지를 통째로 집어삼켜 버렸다.

그는 잘 나가던 대기업의 중역이었다. 그가 50대 초반에 이사가 되었을 때 그는 우리 가족을 N 타워의 빙글빙글 돌아가는 전망대 식당에 데려가서 눈이 빙글빙글 돌아가는 가격의 디너 코스를 사 주었다. 서울의 야경은 근사했고, 커다란 접시에 쥐똥만큼씩 담겨서 나오는 음식마다 별천지처럼 맛깔났다. 그는 말하자면 무수한 회사원들이 가져왔던 로망을 이룬 몇 안 되는 이에 속하게 된 것이었다. 아버지와 어머니는 평소보다 훨씬 들떠 있었고, 한 옥타브 정도 높은 경쾌한 목소리로 대화를 나누었다. 아버지에게는 기사 딸린 차가 나왔고, 골프장이 발코니로 바로 연결된 콘도 이용권이 발급된다고 했다. 연봉도 깜짝 놀랄 만큼 많았다. 우리 가족은 아버지와 함께 한 단계 높은 계급으로 승진한 기분이었다. 엄마는 콧소리를 섞어 가며 이제 '이사 사모님'이 되었으니 명품 백이라도 하나 사 줘야 하는 것 아니냐고 말했다. 아버지는 그런 것쯤 얼마든지 사라며 지갑에서 카드를 뽑아 내밀었다. 엄마는 바로 다음날 나를 옆에 호위병처럼 끼워 차고 백화점 명품관에 보무당당하게 진입했다. 엄마는 미술품처럼 혼자 진열대에 올라 앉아 있는 프라다 백을 한 치의 망설임도 없이 명료하게 가리켰다. 점원은 프라다 백이 아주 고귀한 인물인 것처럼 먼저 백을 향해 고개를 숙이고 흰 장갑을 낀 손으로 조심히 백을 들어 계산대에 올려놓았다. 점원은 무슨 비밀 편지라도 된다는 양 아주 조심스럽게 금액이 적힌 표찰을 꺼내와 엄마 쪽으로 살짝 기울여 보여 주었다. 엄마의 눈동자가 잠깐 흔들렸지만 엄마는 마치 이런 것쯤은 평소에 늘 사던 사람이라는 뉘앙스를 담뿍 담은 포즈로 침착하게 지갑을 열어 카드를 내 주었다. 나 역시 엄마의 소비가 늘 보아오던 것이고, 하나도 놀라지 않고 있다는 것을 온몸으로 드러내는 연기를 하느라 진이 다 빠질 지경이었다.

그렇게 우리집으로 진입한 프라다 백은 내 눈에는 그리 예쁘지 않았지만, 엄마에게 그 가격만큼의 기쁨을 준 것만은 분명했다. 백의 앞쪽에 선명히 박힌 삼각형의 로고는 이를테면 우리 가족의 삶이 한 단계 승급했다는 선명한 증표인 셈이었다.

*

아버지의 이사 생활은 2년 만에 끝났다. 이사가 된다는 것은 계약직이 된다는 것이라고 했다. 2년이 지나자 계약이 끝났고, 회사는 아버지와 재계약을 하지 않았다. 나는 이사라는 직책이 적체된 부장들을 합리적으로 퇴직시키는 과도기적 자리라는 것을 그때야 알게 되었다. 사람들은 '이사'가 된다는 흥분에 거리낌 없이 정규직 자리에서 비정규직이 되고, 그리고 이내 '무직자'가 되는 것이었다.

그래도 아직 이 세상에서 퇴출된 것은 아니었다. 아버지는 거금의 퇴직금을 손에 쥐었고, 그것으로 기세 좋게 이런 저런 주식 투자며 부동산 투자를 시작했다. 투자의 귀재라는 아버지의 후배에게 일부를 갈라 맡겨 두기도 했다. 그렇게 자금을 분산시켜 두는 것이 신중하고 현명한 노후 자금 관리법이라고 했다.

그런데 주식은 아버지가 투자를 시작한 이후 급락에 급락을 거듭했고, 무리를 하여 분양받은 아파트는 미분양 사태를 겪으며 분양가보다 매매가가 더 떨어지는 애물단지로 전락했다. 결정적으로 아버지가 믿고 투자

했던 후배의 사업이 망하면서 아버지의 투자금도 회수할 수 없게 되었다. 한번 시작된 악운은 또다른 악운을 불러오며 당분간 신나게 우리 가족의 삶을 분탕질쳤다. 아버지는 사기를 당하고, 급한 마음에 위험한 투자를 하다가 더 큰 손해를 보았다. 끝. 암전.

소비는 예전과 같은데 공급의 길이 막히자 가세는 급속도로 기울어지기 시작했다. 아버지와 어머니의 얼굴은 그 하강 곡선의 기울기만큼씩 날마다 더 어두워졌다. 가족들은 모두 말수가 없어졌다. 거실에 습관처럼 켜둔 TV만이 사람들을 대신하여 한 옥타브쯤 높은 음성으로 하루 종일 왕왕거렸다. 중산층 가운데서도 상층에 속했다 생각했던 삶의 추락은 생각보다 쉽고 빠른 것이었다.

집 근처 도서관에 서류 가방을 들고 출퇴근하던 아버지는 어느 날 집에 돌아오지 않고 전철역에서 생을 마감했다. 아버지의 인생에 진정한 암전이 찾아온 것이었다. 끝. 암전. 영원히 어둠.

*

석 달 후, 우리는 남은 빚을 청산하기 위해 강남에 있던 집을 팔고 수도권 위성도시의 낡은 아파트로 이사하기로 했다.

엄마는 유령처럼 테두리가 무너진 모양새로 이삿짐센터 일꾼들 사이에 멍하니 서 있었다. 일꾼들이 '이건 어디다 놓을까요, 사모님?'하고 물어도 엄마는 그냥 아무렇게나 여기 혹은 저기를 가리키기만 할 뿐 도무지 자기 집 이사를 치르는 사람 같지 않게 굴었다. 저녁 무렵 이사가 마무리되고 우리 가족만이 휑한 거실에 남게 되자 그제야 엄마는 이전의 명료한 얼굴을 되찾았다.

"네 아버지는 나쁜 사람이다."

거기에는 우리에게 온 이 모든 불행이 아버지의 탓이라는 명토를 박아야겠다는 단호함이 서려 있었다. 엄마는 한 번 더 힘주어 말했다.

"아주 나쁜 사람이야."

나도 엄마의 분노를 이해할 수 있었다. 아버지는 우리에게 아무런 설명도 해 주지 않았다. 남은 이들은 순식간에 피해자이자 가해자가 되었다. 사람들은 퇴직하고 힘을 잃은 아버지를 가족들이 멸시했을 것이라 생각할 것이다, 라고 우리는 생각했다. 엄마와 나는 스스로에게 타인들의 시선을 경유하여 벌을 주었다. 우리는 아버지의 구멍 속으로 함께 휘말려 들어갔다. 하지만 아버지가 뉴스에 종종 나오는 흔한 아버지들처럼 '동반자살'이라는 이름으로 가족들 모두를 몰살시키려 하지 않은 것만 해도 어디인가. 그것만 해도 얼마나 다행스런 일인가 말이다. 나는 '이만한 게 어디인가'라는 생각으로 갑작스레 닥쳐 온 불행을 조금이나마 축소해 보려 애쓰곤 했다.

*

도서관은 버스로 십 분 거리. 전철을 탈 필요가 없는 곳이었다. 아버지는 어디로 가려던 길이었을까. 오직 자살을 하려고 전철역 1회권 카드를 구입했던 것일까.

*

스물아홉, 유정이 죽은 나이. 그리고 지금의 내 나이이다. 엄마는 이제 공부는 그만하면 됐으니 서둘러 취직을 하고 좋은 자리 골라 결혼을 해야 한다고 날마다 성화였다. 중고등학교 때에는 그렇게나 공부를 하라 하더니만 막상 내가 엄마가 생각한 선을 넘어 더 공부를 한다고 하니 엄마는 대놓고 싫은 기색을 내비쳤다.

"공부도 적당히 해야지. 여자가 그렇게 공부 많이 하면 좋아할 사람 없다."

나는 누가 좋아하라고 공부를 하는 게 아니라고 항변하기도 했지만, 엄마의 불편한 심기는 좀체 가라앉질 않았다. 엄마에게는 내가 그리고 있는 인생의 경로가 도대체 세상 물정을 모르는 순진해 빠진 것이라 여겨진 모양이었다. 나는 '공부를 계속하여 교수가 될 수도 있다'며 나 자신도 확신하지 못하는 논리로 엄마를 설득해 보려 했다.

"교수는 누가 떡하니 갖다 바친다니? 너는 박사 따는 것도 허덕허덕하면서 어느 세월에 교수를 한다니? 세상 별처럼 많은 게 박사라더라. 게다가 여자를 누가 교수로 써 준다니?"

"요즘 여자 교수들도 얼마나 많은데."

나는 헐떡거리며 또 항변에 나섰다.

"그 사람들 다 주변에 지원군들이 있는 사람들이야. 너처럼 생판 천둥벌거숭인 줄 아니?"

엄마는 나보다 몇 배는 더 인생 고수였다. 불투명한 미래를 애써 내다

보지 않으려 하는 나보다 몇 수나 더 앞서 내 미래를 보고 있었다.

하지만 그렇다고 해서 엄마가 그려 주는 내 인생이 딱히 더 나은 것도 없어 보인다는 게 문제였다. 거기에는 자기 존재를 들여다볼 힘도 여력도 없는 평범한 아줌마가 아파트 대출금에 아이들 학원비를 걱정하며 닭장 같은 아파트의 이곳저곳을 매일매일 쓸고 닦고 있었다. 아줌마가 피아노 위에 자랑스레 올려 둔 검은 박사논문집에는 매일매일 어디선가 먼지가 날아와 금박으로 빛나던 글씨들의 광택을 빼앗고 세월의 더께를 남길 것이었다.

*

내가 그리는 나의 미래가 엄마의 미래에 비해 그리 소망스럽다고는 결코 말할 수 없다는 게 실은 진짜 문제일지 모른다. 엄마의 말마따나 이 땅의 별처럼 흔한 박사 중에 한 명이 된다. 게다가 국문과 박사. 딱히 효용성이 있는 학위도 아니다. 눈독을 들일 만한 인재가 될 리도 없다. 나는 박사가 되더라도 오래 보따리 강사가 되어야 할 것이고, 어쩌다 교수 자리가 나면 무수한 경쟁자들과 함께 피 터지는 싸움을 벌여야 할 것이었다. 더 심각한 문제는 내가 정말 공부를 할 만한 사람인지, 공부를 하면 할수록 확신을 가지지 못하고 있다는 것이었다.

박사논문이 이미 최고봉이었던 이들이 있다. 들뢰즈의 「차이와 반복」은 그의 박사학위 논문이었다. 박사논문이 별것 아니라 다만 이제 도로에 나가도 좋다는 운전면허증 정도의 의미라는 이들도 많지만, 인생의 역작을 써내면서 박사가 되는 이들도 있는 것이다. 나의 실력은 그래도 내가 쓰고 있는 논문이 이미 완성되기 이전부터 너무나 부족한 물건이란 걸 알 정도는 되었다. 유정에 대해서는 너무나 많은 사람들이 제각각 빛나는 통찰로 이런 말 저런 말을 덧붙여 왔다. 나의 하루는 자료와 자료를 쫓다가, 그에 대해 말한 사람들의 꼬리를 물다가 내가 지금 어디에 있는가를 잃어버리게 될 때쯤 끝나곤 했다. 어쩌다 아주 작은 새로운 생각의 꼬투리를 찾으면 금방 논문을 다 완성하게 될 듯 희희낙락하다가, 누군가 비슷한 이야기를 이미 했다 싶으면 다시 풀이 죽어 질투심 반 경외심 반의 심경으로 그의 글을 읽어 나갔다. 논문들 속의 무수한 말들은 때로 빛나는 통찰의 편린을 비추기도 하였지만, 그보다 더 많은 경우에는 부질없는 디테일들을 붙잡고 하나마나한 소리를 하는 것도 같았다. 어쨌든 그들은 김유정의 한 편린을 붙들고 무언가 자기 소리를 할 수 있는 장을 발견한 것이었다. 길은 멀고, 그 많은 무수한 유정에 대한 언설들 속에서도 여전히 유정은 내게 미스테리였다.

*

유정은 공원 잔디밭에 팔베개를 하고 누워 있었다. 도시의 높은 곳에 위치한 공원에서, 그는 그가 오늘 거기 있어야 할 휘문고보를 내려다보고 있었다. 그는 나를 흘낏 쳐다보고는 눈을 감아 버렸다. 나는 그의 누이 같은 심정이 되어 책망하듯 잔소리를 늘어놓았다.

"대체 학교는 안 갈 셈이야?"

그는 들은 체 만 체 콧노래를 흥얼거린다. 세상 따윈 관심 없다는 듯이. 아무래도 다 좋다는 듯이. 대체 저 아래에 내가 있을 자리나 있냐는 듯이. 나도 유정 곁에 벌렁 누웠다. 에라 간사 따위가 무어고, 학회 발표 따위가 또 무어냐. 박사는 또 무어고 결혼은 또 무어냐. 봄 햇살이 노곤하게 이마 위에 내려쬐자 세상사 다 별것 아니라는 생각이 들어 몸과 마음이 다 흐물해졌다.

*

엄마는 집안을 다시 일으키려 하지 않는 나를 이기적이라고 했다. 하지만 그건 좀 억울한 비난이었다. 나는 공부할 시간을 쪼개어 부지런히 과외 알바를 했다. 내 등록금도 대 가며, 없는 돈에 남동생의 등록금까지 지원해 가며 스스로 살아가고 있었다. 적지만 생활비도 매달 내놓고 있었다. 그것이 엄마의 눈에 도무지 차지 않을 뿐이었다. 엄마는 이미 혼자 사는 법을 잃어버린 사람이었다. 아버지가 이사가 된 직후부터 여기저기 불려 나가던 사교 모임들이 점차 끊어지면서 엄마의 화증은 본격적으로 깊어졌다.

"너는 엄마가 불쌍하지도 않니?"

왕년의 이사 사모님은 그렇게 자기 설움에 북받쳐 떨리는 목소리로 말하곤 했다. 도서관에서 하루 종일 되도 않는 글자들의 밀림들 속을 헤매며 논문에 넣을 한 줄을 애타게 찾다 지쳐 돌아오면, 엄마는 어두운 아파트 거실에 TV의 화면을 조명 삼아 목석처럼 앉아 있다가 기다렸다는 듯

벌떡 일어나 나를 향해 하루 동안 쌓인 분노를 쏟아내었다. 그것은 대체로 긴 하소연으로 이어졌다. 나에 대한 책망으로 시작해 졸업이 코앞인데도 취업 준비를 시작하지 않고 있는 남동생에 대한 원망으로 이어지고, 아버지에 대한 깊은 분노로 넘어갔다가 이 모든 것이 언니 때문이라는 결론으로 치달아갔다.

"언니만 그렇게 되지 않았어도……. 그게 이 모든 일들의 시작이었어."

아버지에 대해서까지는 묵묵히 참았다가도, 언니의 이야기에 이르면 나도 이성을 잃고 폭발하곤 했다.

"제발 언니 얘긴 안 하면 안 돼?"

내가 으르렁대면, 엄마는 다시 처음으로 돌아가 애잔한 눈빛으로 '엄마가 불쌍하지도 않니?' 하고 판에 박은 듯 대사를 읊어댔다. 되돌이표, 되돌이표, 다시 되돌이표.

나는 집을 나가고 싶었지만, 그런 의사를 슬쩍 내비칠 때마다 엄마의 저 '엄마가 불쌍하지도 않니' 레퍼토리는 더욱 증폭되어 히스테리로 폭발했다. 우유부단한 나에 비해 남동생은 과감하고 결단력이 있었다. 대학 졸업 학기인 남동생이 독일로 유학을 가겠다고 선언하자 엄마의 화증은 그야말로 대폭발에 이르렀다.

엄마는 남들이 뭐라겠냐며 악을 썼다. 자식 먼저 보내고, 남편 먼저 보내고, 딸이라고 공부한답시고 생떼같이 늙어 가는데, 딱 하나 있는 아들이 엄마를 버리고 바다 건너가겠다는 거냐고 유행가 가사처럼 진부한 타령을 소리 높여 부르고 있었다. 남들이 대체 뭐라고 하겠니. 날 얼마나 불쌍하다 하겠니. 난 부끄러워서 못 산다, 못 살아! 내가 친구들한테 우리 자식들 얼마나 자랑을 했는데, 걔들이 나를 얼마나 우습게 보겠니!

남동생은 냉정했다. 그 애는 어머니 쪽은 보지도 않고, 한국이 지긋지긋하다고, 장학금을 받게 될 것이고, 나머지 유학 자금은 제가 지금까지 꿍쳐 놓은 돈으로 해결하겠다고, 자꾸 자기 앞길을 막으려 들면 엄마와도 연을 끊을 수밖에 없다고 한 마디 한 마디 꾹꾹 눌러가며 말했다.

"그 돈은 또 누구 돈이니! 네가 공으로 큰 줄 아니? 넌 어쩌면 그렇게 잔인한 거니! 네 아버지도 그렇게 가버렸는데, 다들 정말 너무들……."

엄마의 목소리가 젖어들기 시작하더니 이내 엄마는 대성통곡을 하며 거실에 엎드러졌다.

"이제 난 어떻게 사니!"

엄마는 손에 잡히는 것을 닥치는 대로 던져가며, 손바닥으로 철퍽철퍽 바닥을 쳤다. 그것은 매우 연극적인 동작이었다.

"나도 할 만큼은 했어요. 그리고 그렇게 남 부끄러운 일을 하려는 것도 아니잖아요. 엄마도 이제 혼자 사는 법을 익히셔야 해요. 누구나 다 언젠가는 그래야 하는 거 아니에요?"

남동생은 고개를 돌리고 차갑고 낮은 목소리로 말했다. 그의 말에는 틀린 구석이 없었다. 엄마는 차마 그의 말에 반박하지 못하고 그저 "어떻게 그럴 수가 있니"라는 말만 줄기차게 반복하고 있었다. 이제 그는 우리 가족의 아수라에서 혼자 탈출할 참이었다. 그는 아버지의 잘못까지 뒤집어 쓸 생각이 전혀 없어 보였다. 나는 그의 결단력이, 저 차디찬 냉정함이 부러웠다. 나는 차마 그럴 수가 없었다. 우리가 함께 살아온 세월이, 한때 좋았던 기억이, 혹은 그저 다만 오래 함께 있었다는 원죄가 몽땅 다 일말의 부채감으로 몰려와 내게 환수를 요구하고 있었다. 엄마의 저 파리지옥 같은 끈끈이로부터 영 벗어날 수 없을 것 같은 예감에 벌써부터 숨이 막혀 왔다.

*

어린 유정은 아버지의 곁에 웅크리고 숨어 있었다. 엎드린 그의 등 가운데를 지나는 척추의 굴곡들이 부르르 떨고 있었다. 이제 겨우 아홉 해, 아직 덜 여문 뼈마디들이 애잔했다. 나는 어찌할 바를 모르고 그저 그의 등을 토닥여 주며 어쩌나, 어쩌나 하고 가쁜 숨을 몰아쉬었다.

오랜만에 집에 찾아온 형은 손에 닿는 대로 아무에게나 주먹을 내지르는 중이었다. 누이며 일하는 이들은 비명을 지르며 도망 다니다가 형의 손에 붙잡혀 치도곤을 당했다. 오래 병석에 누웠던 아버지는 혼자 몸을 일으키지도 못하고 주먹으로 방바닥을 푹푹 칠 뿐이었다. 형수를 두고도 이 여자 저 여자 만나며 난봉질을 해 대던 형을 아버지는 내놓은 놈 취급하며 이를 갈며 미워했다. 집을 나가 살던 형은 저렇게 때때로 쳐들어와 온 집안을 쑥대밭으로 만들어 놓았다. 유정 역시 형을 피해 가장 안전하다 싶은 아버지에게로 피난 중인 것이었다. 하지만 아버지도 이제는 유정을 지켜 줄 방패가 되어 주지 못했다. 갑자기 장지문이 열리더니 누이가 아버지의 방으로 뛰어 들어왔다. 설마 여기까지 쳐들어오랴 싶은 마음이었을 것이다. 하지만 이내 뒤따라 쳐들어온 형은 누이의 머리채를 휘어잡고 마루까지 질질 끌고 나가더니 댓돌 아래로 내동댕이를 쳤다. 누이의 자지러지는 비명에 아버지는 옆에 있던 이에게 자기를 업어다 대청 마루로 데려다 달라 했다. 겨우 마루까지 나간 아버지는 마당에서 눈을 부라리고 있던 형에게 이노옴! 하고 있는 힘을 다해 고함을 질렀다. 하지만 형이 그런 불호령 정도에 꼬리를 내릴 리가 없었다. 아버지는 옆에 놓인 커다란 식칼을 집어 형에게로 힘껏 던졌다. 그 광경을 보고 있던 식솔들은 일제히 아이구 저런! 하고 숨을 삼켰다.

식칼은 형을 맞추지 못하고 그 발치께에 힘없이 떨어졌다. 병자가 던진 것이니 힘이 충분하지 못했던 것이 천만다행이었다. 일시에 온 집안 식구들이 통곡을 놓았다. 유정도 그 통에 참았던 울음을 끄아아 터뜨렸다. 아버지가 형에게 던진 그 식칼은 유정의 마음에 두고두고 날아드는 시커먼 암흑이 되었다.

*

간혹 아버지가 계속 잘 나갈 수 있었다면 하고, 부질없는 평행우주의 미래를 상상하곤 했다. 아버지가 조금 더 오래 이사 계약을 연장하고, 조금만 더 승승장구해서 부사장 정도까지 되었다면, 나는 생계 걱정 없이, 미래 걱정 없이, '이사의 딸'로 한가한 취미로 공부를 하면서 살아갔을 것이다. 엄마 역시 자신의 불행을 호소하며 나와 동생을 들들 볶으며 살아가지 않아도 되었을 것이다. 아버지에 대한 그리움 때문이 아니라 아버지가 내게 주었을지도 모르는 다른 인생의 행로에 대한 아쉬움 때문에, 나는 아버지를 종종 생각했다. 그럴 때마다 아버지에 대한 미움이 솟구쳐 올랐고, 그런 스스로에 대해 희미한 죄책감이 따라 올라왔다.

*

실은 내가 늘 상상했던 평행우주는 언니와 함께 사는 곳이었다. 나는 쌍둥이로 태어나 열여덟 해를 그렇게 살았다. 언니와 나는 일란성 쌍둥이였는데, 엄마도 간혹 우리 둘을 구분하지 못할 때가 있을 만큼 아주 유사한 외모를 가지고 있었다. 우리는 꽤나 사이가 좋은 편이었고, 누구보다도 서로를 잘 아는 영혼의 짝꿍들이었다.

언니는 농담처럼 한 순간에 세상에서 사라졌다. 고등학교 2학년 때였다. 언니가 타고 가던 수학여행 버스가 굽이 길에서 굴러 떨어져 불이 났다. 그리고 일부는 유리창을 깨고 뒤집어진 버스에서 기어 나왔지만, 일부는 버스에서 탈출하지 못했다. 언니는 탈출하지 못한 이들 중의 하나였다. 그 버스는 내가 탄 버스 바로 앞에서 달리고 있었다.

기사는 졸음운전을 했다고 했다. 그는 열두 시간째 운전 중이었고, 나쁜 마음이라고는 전혀 없었으며, 그저 격무에 시달리고 있을 뿐이었다. 그의 버스회사는 인력을 효율적으로 사용해서 경비를 절감하기 위해 탄력적 교대 근무제를 실시하고 있었다. '탄력적'이라는 것은 꽤나 탄력적인 용어였다. 그것은 어제 밤새 일한 기사도 경우에 따라서는 오늘 바로 또 근무할 수 있다는 것을 뜻했다. 버스회사 사장도 나쁜 마음으로 그런 것은 아니었다. 운전기사는 충분히 쉬지 못한 채 운전대를 잡았고, 다만 잠깐 졸았을 뿐이었다. 그 찰나의 졸음 때문에 버스에 타고 있던 서른아홉 명의 학생 중 열 명의 학생과 담임선생님이 죽고, 나머지 학생들도 크게 다치게 되었다. 그는 결코 나쁜 사람이 아니었다. 게다가 그 역시 사고로 목을 크게 다쳐 하반신을 쓰지 못하게 되었으므로, 말하자면 그 역시 사고의 피해자인 셈이었다.

어쨌거나 그 찰나의 졸음으로 인해 언니는 세상에서 사라졌다. 그것은 영원히 메워지지 않는 심연이었다.

나는 깊은 상실감에 빠졌다. 나는 심연에 먹히지 않으려 사력을 다했다. 언니 몫까지 살아야 한다고 생각하고 무슨 일에나 지나치다 싶을 만큼 기를 쓰고 자기를 쏟아 부었다. 나는 '내가 살아있다는 건 영원한 루머에 지나지 않았다'는 시구를 등에 지고 걸어갔다. 누군가가 나에게 사랑한다 말하면, 의구심이 먼저 떠올랐다. 그는 나를 배반할 것이다. 사랑은 언젠가 멈추어 설 테니까. 친구들은 나를 떠날 것이고, 나는 나마저 저버릴 것이다. 나란 존재는, 하찮고 하찮고 하찮은 별 먼지이니까. 결국 사라져버릴 테니까.

공부의 길을 택하게 된 것 역시 그런 이유에서였을 것이다. 내가 아무것도 아니라는 생각이 들 때면 논문을 읽고, 정리하고, 논문의 한 장을 쓰고, 또 지웠다. '나'가 들어가지 않은 문장들로 글을 읽고 쓰는 것은 어쩐지 세상의 보편을 만드는 데에 참여하고 있다는 안도감을 주었다. 어쩌다 학회지에 논문이 실리기라도 하면, 사라지기 쉬운 먼지 하나가 아니라 단단하고 견고한 보편의 성전에서 일하는 사제가 된 기분이 들었다.

하지만 그러다가도 어느 순간 그 모든 것이 무슨 소용인가 하는 무력감에 빠져 버렸다. 어차피 이러다 끝날 텐데. 합리적 이유라곤 손톱만큼도 없이, 어느 날 갑자기 인생이 툭, 멈추어버릴 텐데, 그렇다면 이게 다 무언가 말이다.

*

누군가 사라진 빈 자리는 다시 메워지지 않고 빈 자리인 그대로 남아 있는 것인지도 모르겠다. 그것은 다른 무엇으로 메울 수 없는 그냥 도저한 구멍이다. 시간이 지나도 그 빛이 바랠 수는 있겠으나 그런 것일 뿐, 한 존재를 다른 존재로 대체할 수는 없는 것이다.

유정은 일곱 살에 어머니를 잃었다. 형과의 사건 이후 아버지도 얼마 지나지 않아 세상을 떠났다. 집안의 어른이 된 형은 그 후로 오래 망나니 짓을 하며 가족들을 괴롭혔다. 그래서 어머니의 부재는 더더욱 유정의 삶 전체에 생생한 상처로 드리워졌다. 유정은 어머니의 사진을 소중히 간직하고 다니다가 간혹 꺼내어 참 고운 분이 아니냐며 친구들에게 자랑하곤 했다. 그는 어떻게든 어머니의 빈 자리를 메워보려 했지만 좀처럼 뜻대로 되지 않았던 듯 싶다. 그의 뜬금없고 가련한 애정행각들은 어머니의 대체물을 찾고자 하는 부질없는 노력의 소산이었을 것이다.

*

유정은 박녹주의 집 앞 골목에 쭈그려 앉아 있었다. 그는 이번에도 박녹주를 만나는 데 실패한 모양이었다. 그의 곁에는 전하지 못한 편지와 선물 꾸러미가 아무렇게나 떨어져 있었다. 그의 얼굴은 세상 모든 시름을 다 짊어진 듯 잔뜩 그늘져 있었다. 하이고, 하는 한숨이 저절로 나왔다. 이번에는 유정의 등짝을 한번 기세 좋게 내려치고 싶은 심정이었다.

당대에 꽤 이름 있는 소리 명창이었던 박녹주는 유정의 줄기찬 구애에도 끄떡도 하지 않았다. 유정은 막무가내로 그의 집 앞에서 진을 치고, 그에게 편지를 보내고, 선물 공세를 펼쳤다. 혈서를 써 보내기도 했다.

유정은 '금사빠'였던 모양이다. 목욕 갔다 나오는 맨 얼굴의 박녹주를 보고 그 꾸밈없음에 반하고, 잡지의 기획기사에 함께 실린 인연 아닌 인연으로 박봉자에게 무한한 애정을 맹서한다. 그러나 여자들은 유정의 사랑을 통 받아주지 않았다. 세상과 여인들은 유정에게 무척이나 무정했다. 그도 그럴 법한 것이 유정은 도대체가 상대를 고려하지 않는 '직진에 또 직진' 구애 전법을 구사하였는데, 그것은 그리 달콤하지도, 감동적이지도 않은 것이었다. 박녹주는 이미 남편이 있었던 데다가 유정의 혈서를 보고 질색팔색을 하며 유정을 더욱 멀리하려 하였다. 박봉자는 '어떤 배우자를 만날 것인가'이라는 잡지의 기획에 따라 자신은 '문학하는 이를 남편으로 맞을 것'이라 썼는데, 이를 보고 단번에 매료된 유정은 얼굴도 모르는 박봉자에게 줄기차게 연서를 보내기 시작한다. 하지만 박봉자는 이미 그 칼럼을 쓸 당시 문학하는 이인 평론가 김환태와 결혼하기로 약조를 한 상태였으니 유정이 비집고 들어갈 틈이라곤 전혀 없는 이였던 것이다.

나는 유정의 옆에 함께 쭈그려 앉았다.

"다정하고 따뜻한 사람을 만나 봐. 그대를 보듬어줄 수 있는 사람. 그대 마음의 응어리를 풀어줄 수 있는 사람."

유정은 이 말 저 말 다 듣기 싫은 듯 저리로 고개를 돌려 버린다.

"그도 아니면 제발 그런 편지는 쓰지 말라고. 그게 어디 연애편지야.

제발 나를 사랑하지 말라는 우격다짐이지.”

그 말에는 좀 뜨끔했던지 유정의 어깨가 흠칫 굳는다. 얼마 전 유정은 박녹주에게 ‘당신에게서 화장과 의장 혹은 장신구를 벗겨내고 보면 거기에 남는 것은 별건, 먹지도 못하는 고깃덩어리일 뿐’이라는 편지를 보내었다. 그래 놓고도 사랑이 응답받기를 바라다니 어이없는 일이 아닌가 말이다.

유정의 어깨가 푸르르 떨리기 시작하는가 싶더니, 이내 그는 무릎에 얼굴을 묻고 어린 아이처럼 울음을 터뜨렸다. 마치 아홉 살 무렵 그가 그랬던 것처럼, 순진무구한 울음이었다.

*

유정은 자신의 집 툇마루에서 아이들을 모아놓고 글을 가르치고 있었다. 가르치는 순간의 유정은 제법 의젓하고 진지한 표정을 짓고 있었다. 그런 일도 하였던가, 유정. ‘금병의숙’의 시기는 유정의 인생에서 유독 다른 결로 도드라져 보인다.

하지만 유정은 농민들 속에서 희망을 발견했을까? 그들에게 생활은 참혹하고 도덕은 의미 없을 뿐이었을 터인데 말이다. 유정의 시대는 도덕이 무너진 시대였다. 다른 게 아니라 그저 죽지 않고 살아내는 것이 도덕이었다. 유정의 소설 속에서 여자들은 생계를 위해 들병이로 떠돌고 들병이의 남편들은 아내에 기대어 하루 밥을 번다. 제 아내와 한 이불을 덮은 사내를 보아도, 그저 묵묵히 머리맡에서 담뱃대에 불을 붙이고 그가 다 자고 일어나기를 기다릴 뿐이다. 제 논의 벼를 제가 훔치고, 황금에 눈이 어두워 서로를 죽고 죽인다. 남편은 아내를 무시로 때리고 아내는 그런 폭력을 당연한 듯 수용하며 살아간다. 매춘은 그리 거리낄 것 없는 일이고, 인간들은 도무지 부끄러움을 모른다.

하지만 그뿐이랴. 세계 전체가 거대한 부도덕인 시대였다. 도덕이 거꾸로 선 시대에서 바로 산다는 것은 곧 잘못 산다는 것이 될 수 있었다. 말 되는 것이 아무 것도 없으니 말 안 되는 것도 없을 터였다. 그러니 유정, 그대는 참 얼마나 고단했었나.

*

유정은 나를 딱하다는 듯 쳐다본다. 언제는 그렇지 않은가, 하고 그의 웅숭깊은 눈은 묻고 있다. 그러고 보니 할 말이 하나도 없다. 나의 시대라고 유정의 시대와 다른가. 인터넷의 진지한 뉴스들마다 음탕한 사진들이 들러붙어 있다. 누구에게랄 것 없이 무수한 음란 메일들이 폭탄처럼 쏟아진다. 강남의 클럽에서는 으레 여자들에게 물뽕을 먹이고 강간을 한다는 흉흉한 소문이 돌고, 연인과의 성관계 동영상을 몰래 찍어 인터넷 사이트에 올리는 이들이 북적북적 들끓는다. 그런 영상들을 밤마다 핏발 선 눈으로 찾아다니며 친구들과의 카톡방에 올려 주거나 '직박구리'며 '딱새' 폴더에 저장하는 인간들은 하도 많아 이런 이들이 '안 그런 남자가 있는 줄 아느냐'고 당당히 이야기할 수 있을 정도다. '스와핑 관심 있으신가여?', '골뱅이 먹으러 오세요. 선착순입니다' 따위로 시작되는 메시지들이 여기저기 디지털 공간에 떠다닌다. 같은 반 여학생들의 치마 속을 몰카로 찍는 남학생들과, 미성년자와 채팅 앱에서 만나 성매매를 하는 점잖은 어르신들과, 환자를 추행한 의사와, 학생을 희롱한 교수들과, 성상납에 얽히고설킨 정치인과 연예인과 언론인과 경제인들이 한반도 하늘을 별처럼 메우고 있다. 돈과 돈과 돈, 섹스와 섹스와 섹스, 사람들이 생각하는 것은 온통 그 언저리쯤에 있는 모양이다.

*

"여기서부터가 「동백꽃」의 배경이 된 동백 숲입니다. 이 고장에서는 노란 생강나무꽃을 동백꽃이라 불렀지요."

박 교수는 굽이굽이 산길을 돌 때마다 정성껏 설명을 덧붙여가며 일행을 이끌어가고 있었다. 김유정 학회가 끝난 후, 학회에 참여한 이들이 함께 실레마을 탐방에 나선 참이었다. 발표를 하고 난 끝이라 정장에 구두 차림인 사람들도 적지 않았다. 탐방의 여정이 가파른 언덕길로 접어들자 사람들의 호흡이 조금 가빠졌다. 보통의 학회에서는 보기 드문 풍경이었다. 이 그룹은 유정의 연구자들이면서 한편 성지의 순례자들과 같은 엄숙하고도 친밀한 분위기를 공유하고 있었다.

나는 아직 발표의 여운이 끝나지 않아 조금은 상기된 채 묵묵히 걸음을 옮기고 있었다. 내 발표의 주제는 '유정의 소설 속 인물들의 정동 분석'에 관한 것이었다. 수박 겉핥기만 한 데다 뻔한 소리만 늘어놓은 것 같아 스스로 얼굴이 홧홧해지는 참이었다. 나는 몇 시간 전 떠들어댔던 내용을 복기하며 혼자 폭폭한 한숨을 쉬느라 박 교수의 설명을 자꾸만 놓치고 있었다.

어느 사이엔가 유정이 내 옆에서 함께 걷고 있었다. 그는 생각에 잠긴 듯 느릿하게 걸음을 옮기고 있었다. 그는 사람들을 무서워하였고, 그래서 사람들을 싫어했다. 사람들로부터 사랑받지 못한다 생각했다. 그런데 그가 살던 동리에 무수히 사람들이 찾아들고, 그를 연구하는 학회가 매년 열린다. 그의 이름을 딴 기차역까지 생겨났다. 그의 문학촌을 방문하는 이들로 인해 온 고장이 다 북적인다. 그는 어떨까. 그는 당황스러울까. 혹은 마음 속 깊이 기쁨을 느낄까. 유정은 내 속 이야기를 알아들은 듯 나를 흘깃 쳐다보며 보일 듯 말 듯 웃음을 흘렸다.

어느 틈에 또 한 옆에서 언니가, 걷고 있다. 저만치 앞에는 아버지가, 걷고 있다. 형체를 알 수 없는 무수한 사람들이 여기저기서 나타나 함께 걷고 있다. 날은 청명하고 바람도 산책하기 딱 좋은 날씨다. 나는 반가운 마음에 언니의 손을 꽉 맞잡으려 하지만 내 손은 자꾸 허공을 긋기만 했다. 아버지는 내가 쫓아갈 수 없을 만큼의 거리를 두고 한 번도 나를 돌아보지 않은 채 앞서 가고 있었다. 여전히 나는 그들과 함께일 수 없었다. 묵직하게 가라앉은 마음은 춥고 검은 바다 밑에 있었다.

"유정, 사는 게 너무 슬픈데, 여기저기 첨벙첨벙 다 늪인데, 슬픔의 바다를 어떻게 헤쳐 왔어? 그대는 그 와중에, 그대의 인생 어디에서, 어찌 웃음을 길어 올렸어?"

유정은 또 말이 없다. 그는 어깨를 으쓱하며 저기를 보라는 듯 우리가 막 지나온 동백나무 덤불속을 가리켰다. 그가 가리킨 곳에서는 단발머리

계집애가 웬 남자애의 가슴팍을 훽 떠다 밀고 있었다. 숲길 여기저기에 또 다른 사람들이 나타났다 사라졌다. 머리를 곱게 빗어 올리고 부지런히 걸음을 옮기는 저 아낙네는 춘호 처가 분명하다. 한껏 꿈에 부풀어 노다지를 캐러 가는 사내들과, 들병이가 왔다는 소문을 듣고 주막으로 몰려가는 뭉태네 패거리들이 나타났다 사라졌다. 남의 닭을 막 잡아먹고 아무렇게나 쓱쓱 입가를 문지르는 저 사내는 응칠이임에 틀림없다. 묵직한 자루를 등에 지고 화난 얼굴로 걷고 있는 저 사내는 아마도 응오일 것이다. 아이를 들쳐 업은 들병이 여인의 뒤로 살림살이를 짊어진 그의 남편이 걷는다. 웬 사내 하나가 솥단지를 거머쥐고 주춤주춤 그들의 뒤를 따른다. 저들은 슬픈가, 기쁜가, 불행한가, 행복한가, 가엾은가, 우스운가.

숲길은 영영 끝나지 않을 듯이 뻗어 있다. 이것이 진짜인가 하고 유정을 향해 손을 뻗어 보는데 저만치 앞서 가던 사람들이 무슨 이야기 끝엔지 와하하 웃음을 터뜨린다. 당연히 진짜지. 리얼! 누군가가 나를 이렇게 꾸짖는 듯 하다. 하지만 유정의 실루엣은 희미하고, 내 손은 언니의 손을 영 붙잡지 못한다. 지나간 것은 그저 지나간 것이고, 사라진 것은 다만 사라진 것이다.

그는 갑자기 걸음을 뚝 멈추어서더니 간절한 표정으로 나에게 작은 나무 상자를 내민다. 1930년대쯤에 만들어진 게 아닌가 싶을 만큼 낡고 낡은 상자다. 이런, 유정은 이제 나에게까지 반한 모양이다. 나는 이게 무슨 뜻인가 하는 질문을 담아 유정을 바라보지만 유정은 그저 말없이 어서 열어보라는 턱짓을 할 뿐이다. 나는 힘주어 상자를 열어 본다.

*

상자 안에는 고운 흙이 담겨 있다. 아주 깊은 잿빛의 흙이다. 우습거나 슬프거나, 그렇게 어떤 생이든 흙이 된다는 듯이. 조금 이르거나 조금 늦게 흙이 될 뿐이다. 우스웠던 흙이거나 슬펐던 흙이거나, 그 흙이 생전에 어떠했는지는 알 길이 없다. 생전의 웃음과 슬픔과 사랑과 미움들은 다 어디로 간 것일까. 그것들은 존재했던 것일까. 혹은 잠깐 머물렀던 찰나의 빛 같은 것이었을까.

어느 틈엔가 유정도 언니도, 아버지도, 함께 걷던 사람들도 모두 사라지고 없다. 날이 저물어 사위는 컴컴한데, 산새만 어디선가 후여 후여 운다.

필자 소개

박영기(朴英琦, Park Young-gi)
한국외국어대학교 교육대학원 조교수. 저서로 『한국 근대아동문학교육사』, 『아동문학프리즘』, 『동시의 길을 묻다』 등이 있다.

심재욱(沈在昱, Sim Jae-uk)
강원대학교 국어국문학과를 졸업하고 동대학원에서 박사학위를 받았다. 강원대학교와 한림대학교에 출강하고 있다. 사고와 표현, 대중문화 등을 강의하고 있으며, 「대학 글쓰기 수업에서 장르영화를 활용한 비평문 쓰기 교육 방안 연구」, 「1970년대 '증상으로서의 대중소설'과 최인호 문학 연구」 등의 논문을 썼다.

양문규(梁文奎, Yang Mun-kyu)
저서로 『한국 근대소설사연구』, 『한국 근대소설과 현실인식의 역사』, 『한국 근대소설의 구어전통과 문체형성』, 『한국 근대소설연구방법이론의 역사와 실제』가 있다.

오윤주(吳允珠, Oh Yun-joo)
고려대학교 국어국문학과에서 국문학을 전공하였고, 서울대학교 국어교육과 대학원에서 소설 교육을 전공하여 석사와 박사학위를 받았다. 2008년 『광주일보』 신춘문예로 등단하여 소설가가 되었다. 중학교 교사로, 대학의 교수자로, 국어교육 연구자로 살아가며 소설과 사람, 그리고 세계의 일에 몰두하고 있다. 작품으로는 『마술극장』, 『비밀의 정원』, 『얼룩』 등이 있으며 주요 논문으로는 「심미적 문식성 신장을 위한 소설 교육 경험 연구」가 있다.

우신영(禹臣映, Woo Shin-young)
명지대학교 교육대학원 교수를 거쳐 현재 인천대학교 국어교육학과 교수로 재직 중이다. 중학교 '국어' 검인정 교과서 개발, 고등학교 '문학' 검인정 교과서 개발, 고등학교 '문학개론' 인정 도서 개발, 2018년 교과용 도서 검정 심의 등에 참여하였다. 저서로 『소설 해석 교육론』, 『근대, 삶 그리고 서사교육』(공저) 등이 있다.

이규정(李揆定, Lee Gyu-jeong)
한국외국어대학교 한국어문화교육원 강의전담강사.

이학주(李學周, Lee Hak-ju)
강원도 정선군 임계면 문래리 출생이며, 강원대학교에서 공부했고, 성균관대학교에서 문학박사학위를 받았다. 광주예술대학교에서 교수를 했으며, 2020년 현재 강원대학교에서 '글쓰기와 말하기' 강의를 하고 있으며, 한국문화스토리텔링연구원 원장으로 스토리텔링 관련 활동을 하고 있다. 저서는 『사랑과 낭만의 도시 춘천』(2011) 외 60여 권, 논문은 「평창 판관대설화의 문화콘텐츠 발굴 및 활성화 방안」(2020) 외 70여 편이 있다.

장수경(張壽慶, Jang Su-kyung)
충남대학교를 졸업했고 고려대학교 국어국문학과에서 문학박사학위를 받았다. 2000년부터 아동문학작가로 활동해왔고, 현재 목원대학교 기초교양학부 교수로 재직하고 있다. 저서로 『학원과 학원세대』(2013), 공저로 『김유정문학의 감정미학』(2018), 『이원수—세계의 겹과 틈을 응시하는 작가』(2016), 『생각하고 표현하는 말하기』(2020) 등이 있다. 창작동화로 『오줌멀리싸기시합』(2000), 『전교모범생』(2005), 『피어라 못난이꽃』(2008) 등이 있다.

최배은(崔培垠, Choi Bae-eun)
숙명여자대학교 국어국문학과에서 박사학위를 받았다. 현재 숙명여자대학교 한국어문학부, 서강대학교 전인교육원 강사. 저서로는 『한국 근대 청소년소설의 정치적 무의식』(2016), 『문화산업 시대의 스토리텔링—OSMU를 중심으로』(공저, 2018)가 있고, 주요논문으로 「『청소년 토지』의 대중화 전략 비판」(2016), 「신명균의 글쓰기와 국문의 현대화」(2019) 등이 있다.

홍인영(洪寅榮, Hong In-young)
백석대학교 어문학부 조교수. 서울대학교 국어교육과 대학원 졸업.

황영미(黃榮美, Hwang Young-mee)
숙명여자대학교 기초교양학부 교수, 숙명여자대학교 교양교육연구소 소장, 한국영화평론가협회 회장, 전 국제영화비평가연맹 한국본부 회장, 전 한국사고와표현학회 회장. 『세계일보』 「황영미의 영화산책」 연재 중. 1992년 『문학사상』으로 소설 등단, 소설집 『구보씨의 더블린 산책』, 학술서 『필름 리터러시』(2018), 『영화와 글쓰기』(2009), 공저로 『영화로 읽기, 영화로 쓰기』(2015), 『영화로그인—사고와표현교육』(2018) 외 다수.